PLENTYN Y BWTIAS

Alun Jones

Gwasg Gomer
1989

Argraffiad Cyntaf—1989

ISBN 0 86383 584 8 (Clawr caled)
ISBN 0 86383 589 9 (Clawr meddal)

Dymuna'r cyhoeddwyr gydnabod cymorth a chyfarwyddyd Adrannau'r Cyngor Llyfrau
Cymraeg a noddir gan Gyngor Celfyddydau Cymru.

Argraffwyd gan J. D. Lewis a'i Feibion Cyf., Gwasg Gomer, Llandysul

i
Ann a'r hogia

PENNOD 1

'Pob hwyl i chi ymhlith y bonedd.'

''Rydw i wedi 'ngeni i fod yn eu canol nhw.' Rhoes Sioned wên fechan o werthfawrogiad wrth agor drws y lori. 'Nid mewn peth fel hyn y bydda i'n tramwyo'r ardaloedd o hyn ymlaen.'

'Naci, m'wn. Hannar milltir neu well ar hyd y lôn 'na ac mi ddowch at y giatia. Peidiwch â chyffwrdd pen ych bys ynddyn nhw. Maen nhw'n sanctaidd.'

'Ella 'i fod o'n dweud yr un peth am ych lori chi.'

''Fydd y gŵr bonheddig ddim yn siarad am loris.'

'Na fydd, debyg.' Chwarddodd wrth neidio i lawr a cheisio peidio â glanio yn y glaswellt trwchus ar ochr y ffordd fawr. 'Diolch am y reid.'

'Croeso.'

Caeodd y drws ar ei hôl a chodi'i llaw. Daeth dwy donc aflafar o grombil y lori wrth iddi gychwyn. Gwenodd Sioned yn fodlon hapus. Am yr eildro yn ei bywyd cawsai reid mewn lori. Y tro cyntaf, 'roedd yn ffawdheglu adref o'r ysgol gyda chyfeilles, a chawsai'r ddwy eu sgrytian yn ddidrugaredd am chwe milltir mewn lori cario-pob-dim-dan-haul, a'u pensgafnu yr un pryd gan aroglau disel a baw a byd di-frys. 'Roedd ceg y gyrrwr wedi'i lapio am sigarét gartref denau, a 'doedd waeth iddi fod felly ddim oherwydd ni fyddai posib ei glywed pe bai wedi'i dadlapio i ddweud rhywbeth. 'Roedd yn wahanol y tro hwn. Lori ddistaw, gyffyrddus, yn sgubo'n ddiffwdan heibio i bob math ar drafnidiaeth heb fod yn rhaid iddi hi godi dim ond y mymryn lleiaf ar ei llais i ymateb i barabl diddiwedd y gyrrwr, gyda'i watwar difalais o berchennog a giatiau ac awyrgylch Gartharmon.

Arhosodd ar fin y ffordd fawr am ychydig i ddilyn hynt y lori. 'Roedd y teimlad o fod yn tra-arglwyddiaethu ar bawb a phopeth o'i sedd uchel bron â'i meddwi; 'doedd ryfedd fod barn a dedfryd gyrwyr lorïau am eu cydfforddolion mor bendant a therfynol. Ymhell o flaen y lori, dair milltir i ffwrdd o bosib, gwelai gasgliad cymysglyd o doeau ac adeiladau, yn annelwig yn y tarth. Honno, mae'n debyg, oedd y dref. Fe gâi ei chyfle i ddod i'w hadnabod.

Rhyw ganllath o'i blaen 'roedd pont afon. Gan fod ganddi ddigon o amser, penderfynodd fynd ati i gael sbec. Oherwydd darbodaeth neu dlodi neu ryw reswm arall, ni chawsai llafn yr un peiriant Cyngor Sir ymyrryd â min y ffordd, a thyfai'r gwair a'r chwyn hyd at ei phen-gliniau. Gan ddychmygu am nadroedd dirifedi'n wardio'n barod ac yn unswydd amdani, osgôdd yr ochr a cherddodd ar y ffordd. Ar y bont efallai y câi gyfri pysgod os arhosai'n ddigon llonydd uwch eu pennau. Ac 'roedd yn ddigon posib fod yr afon yn llifo drwy dir Gartharmon. Byddai hynny'n well fyth.

Daeth sŵn. Aeth y Plas a'r afon a'r nadroedd dychmygol yn angof wrth i awyren filitaraidd reibio drwy'r awyr tuag ati, ac un arall ar ei hôl mewn cystadleuaeth sgrechlyd i gael bod yn gyntaf i arswydo'r dref. Rhuthrodd gyrr o ddefaid o ganol y cae gyferbyn i bobman cyn i reddf droi rhai ohonynt yn ôl i ruthro ar ôl y lleill i'r un cyfeiriad dinodded. Safodd Sioned yn stond ar y ffordd, yn crynu gan ofn a chasineb. Nid agorodd ei llygaid i weld yr awyrennau'n crymanu dros y dref cyn diflannu i'r bryniau. Toc, trodd yn ôl. 'Roedd diben cyfri'r pysgod wedi peidio â bod. Gadawodd y briffordd, a chychwyn ar hyd ffordd gulach a âi â hi tuag at y Plas a'i giatiau breintiedig, ac ymdrechu'n benderfynol i beidio â gadael i'r awyrennau ennill drwy ddifetha'i dydd.

Cerddodd ymlaen. Gwelai dŷ ar ochr y ffordd yn y pellter. Wrth ddynesu ato gwelai ardd orlawn rhwng y tŷ a'r ffordd a dyn penwyn yn llewys ei grys yn ei thrin. Cododd y dyn ei ben fel pe bai wedi cael cyfarwyddyd cyfrin i wneud hynny, a'i gweld. Cododd ei ben yn sythach y munud hwnnw, a dechrau ei gwylio. Safodd yno'n hollol lonydd, heb geisio cymryd arno'i fod yn gwneud dim arall. Onestrwydd, meddyliodd hithau, a phenderfynu fod ganddo hawl i fusnesa. Daeth gyferbyn ag ef, a gwelodd yr enw Tyn Ffordd mewn llythrennau pres bychain gloyw ar y llidiart fach.

'Pnawn da.'

Efallai mai ei dychymyg hi oedd yn gweld tristwch yn gymysg â charedigrwydd yn y llygaid dyfal. Safai yno'n edrych arni, trywel fechan yn ei law, a blychaid o flodau unflwydd wrth ei draed yn barod i'w trawsblannu. 'Roedd croen ei wyneb yn gryf ac yn iach a'r awyr wedi'i dywyllu ymhell o dan ei wddf gan ei fod yn gwisgo crys heb goler. 'Roedd hefyd wedi troi llewys ei grys i fyny bron hyd at ei geseiliau. Debyg iawn mai ei dychymyg hi oedd yn creu. Yng nghanol gardd mor gywrain, nid oedd ganddo hawl i fod yn drist.

'Mae'r ardd 'ma'n hyfryd. Hon ydi'r ffordd i Blas Gartharmon?'

Yna fe welodd. Nid oedd ei dychymyg wedi creu dim. Er na pharodd ddim ond ennyd, 'roedd yr ansicrwydd sydyn a ddaeth i'r llygaid yn ddigamsyniol. Ond y munud nesaf 'roedd y dyn yn ceisio'i guddio gyda chwarddiad bychan.

'Am fynd i'r Garth ydach chi? Ia, i fyny'r ffordd 'na mae o.'

Daeth dynes atynt o'r tŷ, yn amlwg wedi clywed eu lleisiau. Rhoes y gŵr gip sydyn arni cyn troi'n ôl at Sioned.

'O'r dre y cerddoch chi?'

'Na. O'r cyfeiriad arall. Mi ges reid mewn lori i ben y lôn.'

'Mae'r ferch ifanc am fynd i'r Garth, Janw.'

Mwmianodd y ddynes o dan ei gwynt a daeth cuwch i'w llygaid. Daeth yn nes at ei gŵr, a sefyll wrth ei ochr, a chreu ar amrantiad ac yn ddiarwybod iddi ddarlun bron yn ddelfrydol o warnineb syml. Creodd y darlun difyfyr deimlad o gynhesrwydd a oedd bron â bod yn eiddigedd yn Sioned, gan chwalu pob ansicrwydd, a phenderfynodd y byddai'n rhaid iddi ei gadw yn ei chof am byth, i orchfygu pob atgof anghynnes am ruadau awyrennau llofruddiog ac edrychiadau amheus. Yr oedd pethau ar i fyny.

'Ydw,' atebodd yn siriol, ''rydw i'n gobeithio cael gwaith yno.'

'Gwaith?'

'Ia. Cyfweliad y pnawn 'ma.'

'O.'

Gwyddai'n iawn fod y gŵr yn ei lonyddwch tynn yn ceisio rhybuddio'i wraig rhag dweud dim. 'Roedd hithau'n benderfynol o anwybyddu'r boen sydyn a ddaeth i lygaid y ddynes.

'Ydi gerddi Gartharnion mor daclus â hon?'

''Dydan ni ddim wedi bod yn fan'no ers blynyddoedd.'

'Roedd atebiad y ddynes yn sydyn, bron yn frathog. Daeth Sioned i'r casgliad amlwg, a phenderfynu gadael y Plas allan o'r hyn a fyddai'n weddill o'i sgwrs. 'Roedd chwynnu gardd yn llawer haws na chwynnu teimladau.

'Nid un o'r pen yma ydach chi?'

'Na. 'Fûm i 'rioed yma o'r blaen. Mae hi i'w gweld yn ardal ddymunol.'

'Ydi, mae hi. Mae'r ardal yn iawn.'

'Roedd gofyn dod i adnabod pobl cyn mentro barn amdanynt. Gadawodd Sioned i ychydig o fân siarad ddirwyn eu cyfathrach i ben am y tro, ac ar ôl ffarwelio â'r ddau ailgychwynnodd ar ei thaith gan fod yn ymwybodol o lygaid pryderus, a drwgdybus o bosib, yn ei gwylio. Hen ffrae, gobeithiodd, un o sgerbydau olaf yr hen hen hanes am orthrwm y plasau mawrion ar y tai a'r tyddynnod bychain.

Dechreuai'r wlad o'i hamgylch fynd yn fwy coediog yn raddol. Dros y ddeuglawdd o boptu iddi tyfai coed rhododendron, a fu unwaith yn addurn drud ond a oedd bellach wedi hen feddiannu'u plwy. Cyn hir, darfu'r coed ar y dde mewn mur gyfuwch â'i hysgwyddau ac wrth edrych ar ei hyd gallai ei weld yn troi i fynedfa. Yr hyn a ddaeth i'w meddwl y munud hwnnw, fel pob tro arall y cawsai gyfweliad, oedd a fyddai'r lle o ryw arwyddocâd iddi trannoeth.

Ond pan gyrhaeddodd y fynedfa eang arhosodd yn stond. O'i blaen gwelai'r bwa cywrain o ffens haearn a'r ddwy lidiart enfawr yn y canol, a'r ddau ben ceffyl yn gadwedig urddasol yn eu canol hwythau. Ond nid eu hysblander a'i hataliodd. Unwaith y'u gwelodd fe ddaeth o rywle dryblith o deimladau ac iasau i wau drwy ei meddwl a'i chorff a'i deffro i bobl a phethau a digwyddiadau blith draphlith na fedrai ond fferru yn eu canol. Yr oedd dyn, un dyn. Yna yr oedd merch, merch a oedd rywfodd yn anesboniadwy glwm wrthi hi ei hun, eto nid hi ydoedd. Daeth yn ymwybodol o brofiadau dieithr, ond eto'n hen brofiadau, ac ni wyddai a oeddynt yn ddychrynllyd ai peidio am fod ei holl allu i ymresymu fel pe wedi'i golli. Yr oedd rhybudd, yno yn rhywle. A thrwy'r cwbl yr oedd ynddi hi ymwybyddiaeth o'r Plas yn ei gyfanrwydd, pob twll a chongl ohono, yn ystafelloedd, yn ddodrefn, yn llwybrau a ffyrdd o'i amgylch, yn un talp cynhyrfus o fodolaeth hollol wir. A'r teimlad cryfaf ohonynt i gyd oedd y sicrwydd fod y cyfan wedi digwydd o'r blaen.

Dim ond am ychydig eiliadau y parodd. Ond pan ddaeth cân gynnil mwyalchen i darfu arno ac iddi hithau ddod ati'i hun yr oedd yn union fel pe bai'n dod dros bwl sydyn o benysgafnder. Cerddodd braidd yn betrus at y giatiau, heb fedru penderfynu a oedd yn chwil ai peidio. Sylweddolodd yn sydyn ei bod fel pe'n gweld bai ar y byd o'i chwmpas am fod yn union yr un fath â chynt, heb fod wedi rhannu na chymryd sylw o'r profiad yr oedd hi newydd ei gael. Neu ei ddioddef. 'Roedd y bwtias trwchus ar y llethr bychan yr ochr arall i'r ffens yn ddigon digyffro i synnu rhywun, a rhoesant hwb iddi i ddod â hi ati'i hun. Cerddodd ymlaen, gan geisio bychanu'i phenbleth. Wrth ddynesu at y giatiau, gwelodd dolc digamsyniol yn un ohonynt.

Arhosodd i'w harchwilio. 'Roedd yn dolc pur fawr, wedi'i wneud gan rywbeth trwm. 'Roedd cryn hanner dwsin o'r ffyn wedi plygu at i mewn, a bwa a oedd yn gwau rhyngddynt wedi'i sigo'n ddrwg. Yma ac acw 'roedd y paent gwyn wedi'i ddifwyno neu ei grafu'n llwyr oddi arni i ddangos yr haearn noeth odano, ac yma ac acw hefyd 'roedd olion paent glas. Dechreuodd chwerthin. Trwmbal glas oedd ar y lori y cawsai reid ynddi. 'Roedd bod yn dditectif bach yn gymorth derbyniol iawn i ddileu profiadau rhyfedd.

Clywodd sŵn car. Trodd, a'i weld yn arafu ar y ffordd ac yn troi tuag ati. Dechreuodd hithau deimlo'n annifyr, fel pe bai'n tresmasu, eto ni wyddai pam y dylai. Arhosodd y car yn ei hymyl a gwenodd y gyrrwr arni. 'Roedd yn ddyn tua thrigain oed, ei wallt cyrliog llawn yn dechrau britho, a siwt felynlwyd braidd yn rhy daclus amdano.

'Ydach chi'n mynd i'r Plas?'

'Ydw.'

'O. Ym . . .' Chwaraeodd bysedd glân ar y llyw am ennyd. 'Miss Davies?'

'Ia.'

'O. Da iawn. 'Roeddwn i'n ofni y byddech chi wedi cyrraedd o 'mlaen i. Ylwch, dowch i mewn. Mi gawn sgwrs ar y ffordd i fyny.'

Plygodd y dyn i agor drws chwith y car ac aeth Sioned i mewn. 'Roedd llaw yn barod i'w hysgwyd.

'Fi ydi Watcyn Lloyd. Hefo fi y buoch chi'n siarad ar y ffôn. Mae'n dda gen i ych cyfarfod chi.'

Gwenodd Sioned yn nerfus i geisio cuddio'i hatgasedd o gyflwyniadau.

'Mae'r fynedfa'n werth 'i gweld. Be ddigwyddodd i'r giât?'

Daeth dicter i'r llygaid llwydlas.

'Rhyw ffŵl o ddreifar lori. Cadw'n rhy agos wrth fynd drwodd, medda fo.'

'Tewch.' 'Roedd yn rhaid iddi edrych drwy'r ffenest chwith.

'Mi geith 'i thrwsio yr wythnos nesa. 'Roedd gynno fo lathan bob ochor yn sbâr i fynd â'i lori wirion drwodd. 'Doedd dim gofyn iddo fo gadw mor agos.'

Yr oedd y gŵr bonheddig yn siarad am loris. 'Roedd yn anodd iawn arni.

'Rŵan, dyma ni.' Pwyntiodd o'i flaen i ddangos lle'r oedd y ffordd yn fforchio ychydig lathenni i ffwrdd. 'Mae'r lôn ar y chwith yn mynd i'r ffarm, heibio i'r llyn. Wedyn mae hi'n mynd

11

reit o amgylch y stad ac yn dod yn ei hôl heibio i gefn y Plas ac i'r lôn arall 'ma.'

Trodd y car i'r dde. Deuai gwers ddaearyddiaeth Watcyn Lloyd â'r profiad wrth y giatiau yn ôl i feddwl Sioned. Ceisiodd ei ddarlunio eto, ond er ei syndod ni fedrai. Ni allai fanylu ar un dim a fu drwyddo. 'Roedd yn dal yn llwyr ymwybodol o'r realaeth a'r presenoldeb a'r synnwyr o gyfanrwydd a ddaeth iddi, ond dyna'r cwbl. Bron, am funud, na theimlai siom.

'Roedd y ffordd wedi'i thario ar ei hyd, a llwyni o amrywiol uchder a thrwch o boptu iddi. Yma a thraw y tu hwnt i'r llwyni lleiaf gallai weld gwrych isel a ffens gam ar ei ben. Cafodd gip sydyn ar fflach yr haul yn adlewyrchu ar rywbeth yn y pellter. Cyn hir, fel y dynesai'r car at fforch arall yn y ffordd, gwelodd reseidiau o dai gwydr anferth mewn pant ar y chwith.

'Dyna'r blanhigfa. Mae hwnna'n lle prysur a hynod amrywiol.' 'Roedd balchder yn llais Watcyn Lloyd. 'Syniad digon syml a diddychymyg oedd o, ond mae o wedi gweithio. Mae o'n llwyddiant. Mae'r stada a'r tai mawr yma wedi mynd yn dipyn o broblem erbyn heddiw.'

Trodd y car i'r dde eto. Aeth y llwyni'n brinnach ac yna nid oedd dim oddeutu'r ffordd ond glaswellt cwta ac ôl blynyddoedd o'i warchod arno. O'i blaen troai'r ffordd yn un bwa hir a llyfn i'r dde ac yna, ar ddiwedd y tro, 'roedd Plas Gartharmon yn adeilad trillawr hirsgwar taclus a'r ffordd yn ymrannu'n hirgylch o'i flaen.

''Chydig iawn o ddefnydd sydd i'r drws ffrynt.' Âi'r car yn araf heibio i'r grisiau cerrig a'r colofnau a'r ddau ddrws trwm caeëdig. 'Mae'r oes honno ar ben.'

Trodd y car gydag ochr y Plas dan fwa cerrig ac i iard sgwâr gysgodol. Gyferbyn, yn y pen draw, âi'r ffordd dan fwa cerrig arall drwodd i'r cefnau. 'Roedd grisiau cerrig rhwng y bwa a'r Plas yn cysylltu'r iard â balconi llydan y gwelid ei gwr yn ymestyn allan o gefn yr adeilad, gyda mur isel o'i amgylch. Ar y dde i'r bwa, ac ar hyd yr ochr arall, 'roedd rhes o adeiladau, cytiau a hen stablau, a'u drysau i gyd newydd eu peintio'n ddu sgleinus. Uwchben rhai o'r drysau 'roedd pennau ceffylau wedi'u cerfio mewn carreg. Tyfai planhigion yma a thraw hyd yr ochrau, yn goed a llwyni bychan a blodau mewn casgenni a thybiau. Darfuasai'r tar o dan y bwa a daeth sŵn crinsian braf wrth i'r car groesi'r graean ar yr iard. Arhosodd wrth ddrws yng nghanol y Plas, drws eto wedi'i amgylchynu gan golofnau, ond rhai llawer llai eu maint a'u rhwysg na'r lleill.

'Dyma ni. Mi awn i mewn.'

Agorodd Watcyn Lloyd ei ddrws, a chamu allan. Agorodd Sioned ei drws hithau'n frysiog rhag ofn iddo ddod i agor iddi. Daeth o'r car. Y peth cyntaf a welodd oedd pen uchaf ffenest seler, a gratin o'i blaen, yn debyg iawn i seleri mewn strydoedd trefi, ond nad oedd papurau a mân sbwriel o gwmpas hon. Daeth Watcyn Lloyd ati.

''Does gynnoch chi ddim bagia, Miss Davies?'

'Bagia?'

'Ia. 'Ddaethoch chi â dim efo chi?'

Nid oedd Sioned yn deall.

'Fel be?'

'Wel—ym—dillad, a . . .'

'I be mae isio dillad sbâr i gyfweliad?'

'Cyfweliad?' Edrychodd y dyn yn syn. Rhoes ei fysedd ar ei dalcen yn ffrwcslyd. 'O, ia, wrth gwrs.' Chwarddodd yn gynnil, nerfus. 'Cyfweliad.' Cerddodd at ddrws y Plas, i fyny dwy ris lydan. 'Mi awn ni i mewn.'

Agorodd y drws, a'i ddal. Gwenodd ar Sioned wrth iddi fynd heibio iddo. Aeth hithau i mewn.

Dim ond am ennyd. Dim ond am ennyd y parodd y tro hwn. Ond dychwelodd, yn ei gyfanrwydd. Yr un mor fyw â chynt, a hithau'n rhan annatod ohono. 'Roedd y cyfan fel pe bai o safbwynt ychydig yn wahanol y tro hwn, gyda'r Plas ei hun yn fwy canolog ynddo, a'r bobl yn fwy annelwig, ond yn yr ennyd fechan honno 'roedd hi'n ymwybodol o fod yn ymdrechu ac yn methu cyrraedd at yr union beth yr oedd i fod i'w wybod am y profiad, beth oedd y rhybudd.

'Mi awn ni drwodd i'r stafall yma. Rhyw fath ar swyddfa sydd gen i ydi hon.'

'Roedd yr ymwybyddiaeth wedi mynd. Gwnaeth ymdrech sydyn benderfynol i geisio cofio'i fanylion ond 'roedd y cwbl wedi mynd yn annelwig unwaith yn rhagor. Edrychodd ar Watcyn Lloyd. 'Roedd yn amlwg nad oedd ef wedi sylwi. Agorodd ef y drws cyntaf ar y chwith. Rhoes Sioned gip sydyn ar y cyntedd o'i blaen cyn mynd i'r ystafell.

'Fel y gwelwch chi, nid fi ydi'r clarc taclusa yn y byd.'

Eisteddodd Sioned ar gadair fechan o flaen desg fahogani ar hytraws yng nghornel yr ystafell. Odani, 'roedd carped llwyd-wyrdd a fu'n ddrud. 'Roedd bocsys ac amlenni a ffeiliau ym mhobman o'i hamgylch. Aeth Watcyn Lloyd i eistedd yr ochr arall i'r ddesg. Bu distawrwydd am funud tra ystyriai beth i'w

13

ddweud. Nid oedd y carped yn cyrraedd y mur a thu draw iddo gwelai Sioned lawr pren bloc. Fe'i cafodd ei hun yn cyfri blociau.

'Y peth gora am 'wn i,' meddai Watcyn Lloyd yn y man, 'ydi i mi ddisgrifio'n fras y drefn sydd ohoni yma a'r gwaith yr ydan ni'n 'i gynnig, a mi gawn ni weld be ddaw o hynny.' Gwenodd. ''Dydw i ddim yn cofio be ddwedis i i gyd ar y ffôn, ond 'ta waeth. 'Fyddwn ni ddim yn hir.' Rhwbiodd ei fysedd yn ei gilydd, yn araf. 'Fel 'roeddwn i'n dweud yn y car, mae'r plasdai mawr yma wedi mynd yn broblem erbyn heddiw. 'Dydi'r cyfoeth a'u cododd nhw ddim yn hanner digon i'w cynnal nhw. Ar un wedd, mae hynny'n drueni. Mae 'na wedi'r cwbwl gyfoeth pensaernïol a hanesol i lawar ohonyn nhw. Maen nhw'n gofnod o fywyd oedd ddim yn ddrwg i gyd. 'Roeddan nhw yn 'u dydd yn cyflogi a chynnal teuluoedd a chymdeithasa cyfan.'

Ystwyriodd yn ei gadair, a rhoi cip sydyn arni. Edrychai'n union fel pe bai wedi cael ei ddal yn achub cam rhywbeth tra gwrthun.

'Ar y llaw arall,' ychwanegodd, 'mi ellir dweud wrth gwrs mai cynnyrch cyfoeth a gasglwyd drwy ysbeilio eraill ydi'r plasdai yma. Mi gasglwyd y cyfoeth drwy ysbeilio gwledydd tlotach, a hynny yn enw gwareiddio, a mi godwyd y plasdai eu hunain drwy fanteisio ar lafur a oedd yn ffiaidd o rad. 'Dydi'r ysbeilio ddim ond megis dechra, ond mae'r llafur rhad ar ben. 'Wn i ddim be ydi'ch barn chi am betha fel hyn.'

Tro Sioned ydoedd i fod yn anghyffyrddus.

'Wel,' meddai, oddi ar ei hechel, ''dydw i ddim wedi meddwl llawar am y peth yn nhermau plasdai.'

'Am gadw'ch barn i chi'ch hun, ella,' meddai Watcyn Lloyd dan wenu. Nid arhosodd i gael ymateb i hynny. ''Doedd gen i ddim diddordeb mewn troi'r lle'n westy, fel sy'n digwydd mor aml. Mae 'na ffarm ar y stad a hi sy'n gofalu am y rhan fwya o'r tir. Am y Plas, 'rydw i'n byw yn y gwaelod, ac mae'r llofftydd wedi'u rhannu'n dri fflat, dau fawr ac un bach—wel, fflatia a llofftydd iddyn nhw. Mae'r mab Rhodri a Lleucu'i wraig yn byw yn un ohonyn nhw, a Robin Owen—un o'r gweithwyr—a'i wraig yn byw yn y llall. Mae'r un bach yn wag ar y funud. Mi ddaru'r rhannu ddatrys y broblem ynglŷn â'r tŷ ei hun yn llwyddiannus dros ben.'

'Da iawn.' Teimlai Sioned ei fod yn disgwyl gair o longyfarch.

Plygodd ef i agor drôr yn y ddesg, a thynnodd ffeil ohoni.

'Gyda llaw,' meddai'n dawel, 'gŵr gweddw ydw i. Mi fu fy mhriod farw naw mlynedd yn ôl.'

Cymerodd Sioned ormod o amser i ystyried a oedd cydymdeimlo ar ôl naw mlynedd yn beth hurt i'w wneud.

'Rŵan 'ta, y gwaith,' meddai Watcyn Lloyd ar ôl y saib. 'Yn syml, cadw cyfrifon y busnas a gweinyddu'r gwaith papur. Mi fyddai'n werth i chi weld Rhodri a Lleucu'n gweithio. Ond dangoswch ddarn o bapur a gwaith clarcio arno fo iddyn nhw ac mi fydd y ddau am y cynta'n sgrialu i'w ffeua. A gwaetha fi yn fy nannedd yr ydw i'n gwneud yr hyn yr ydw i'n 'i wneud. Felly, pan mae'n adeg mynd â'r petha i'r Cyfrifwyr bob blwyddyn, mae'n draed moch bob tro. A mi ellwch fentro bod y fwlturiaid hynny'n manteisio i'r eithaf ar ein blerwch ni.'

Daeth sŵn tractor yn tanio yn y cefnau ac yn cychwyn yn syth. Sylweddolodd Sioned mai hwnnw oedd yr arwydd cyntaf o fywyd, ar wahân i Watcyn Lloyd ei hun, a glywsai neu a welsai yn y lle. Am a wyddai hi gallasai'r dyn fod yn cyfansoddi'r cwbl a ddywedai.

''Wn i ddim a oes gynnoch chi farn ar gyfrifwyr, Miss Davies?' 'Roedd awgrym o her gellweirus yn ei lais.

'Mae'n ddigon hawdd gweld drwyddyn nhw.'

'Ha!' 'Roedd ei hateb wedi plesio. 'Addawol iawn.' Gwenodd, yn fodlon. 'Wrth nad oes trefn ohoni ar ein system gyfrifon 'does 'na ddim gwaith dysgu. Chi fydd yn gyfrifol am greu'r drefn a'i gweithio fel y bydd yn hwylusaf i chi.'

'Roedd hwn yn gyfweliad rhyfeddach na'r lleill. 'Roedd y dyn yn siarad yn union fel pe bai hi ar ben ei restr am y swydd, ac iddi hi 'roedd hwnnw'n brofiad newydd iawn. Ceisiodd ganolbwyntio ar wers y codi gobeithion cynnar yr oedd wedi'i hen ddysgu bellach.

'Wyddoch chi rywbeth am ddosbarthu, am gatalogio?'
Cwmwl.

'Na. Fawr ddim. Catalogio be?'

Sylwasai'r dyn ar yr amheuaeth yn syth.

'Peidiwch â dychryn,' chwarddodd. 'Ella 'mod i'n defnyddio gair rhy grand i'r hyn sydd gen i mewn golwg. Dim ond dosbarthu a threfnu 'chydig o bapura a dogfenna. Wel, nid 'chydig chwaith.' Chwarddodd drachefn. 'Tunelli. Holl bapura'r stad, o'r dechra un. Ac mae'r stad a'r Plas yn dathlu'u pen-blwydd yn gant a deugain eleni.'

A oedd hynny hefyd yn gofyn am air o longyfarch? Gwingai Sioned.

'Rŵan, 'dydi Rhodri'n dangos dim diddordeb ynddyn nhw, a 'does gen i mo'r amsar i fynd drwyddyn nhw. Ond mae o'n waith y mae'n rhaid 'i wneud.' Tawodd am ennyd. 'Pa bryd y medrwch chi ddechra?'

Dychrynodd Sioned.

'Dechra?'

Rhythai mewn annealltwriaeth ar y dyn. Edrychodd yntau'n ôl braidd yn syn arni.

'Wel ia,' meddai, 'wedi dod yma i weithio'r ydach chi, 'te?'

'Ond—cyfweliad.' 'Roedd Sioned yn ffrwcslyd i gyd. ''Oes 'na neb arall yn dod i gael cyfweliad?'

Aeth syndod y dyn yn debycach i arswyd.

'Bobol annwyl, nac oes!' Cododd yn ebrwydd. 'Dowch. Mi ddangosa i y fflat i chi. Mi eglura i ar y ffordd i fyny.'

*   *   *

Credai Janw mewn prydau bwyd hen drefn. 'Roedd y te'n barod drwy orchymyn y cloc ac eisteddai'r ddau'n dawelach nag arfer wrth y bwrdd. Oddi allan, 'roedd y blychaid blodau wedi'u trawsblannu a'u dyfrhau, a'r pridd o'u cwmpas wedi'i hofio'n daclus. Fel rheol byddai meddwl Mathonwy ar waith y prynhawn, neu ar ryw orchwyl i ddyfod, a byddai'n rhaid mynd a dod o'r meddyliau hynny yn achlysurol i ymateb i feddyliau llafaredig Janw. Ond nid oedd ei feddyliau ar yr ardd heddiw, ac nid oedd angen porthi Janw. Ceisiai Mathonwy beidio ag edrych gormod ar y darlun ar ganol y dresel y tu ôl i'w wraig.

''Doedd dim golwg morwyn arni.'

Rhyw fwyta digon peiriannol a wnâi Janw hefyd. Torrodd sgonsan gyda phwt o gyllell,—peth newydd iawn yn ei hanes.

'A ph'run bynnag, 'does 'na neb yn cyflogi morynion heddiw. Yn y Plas na nunlla.'

Nid oedd y wên yn amlwg yn y darlun heddiw. 'Roedd Mathonwy wedi sylwi ers talwm, ac wedi cadw'r peth iddo'i hun, rhag ofn i bobl chwerthin am ei ben. 'Roedd wedi darganfod nad gwên wedi'i dal gan gamera ac wedi'i fferru ar gyfer tragwyddoldeb oedd ar yr wyneb, ond gwên yn gallu amrywio yn ei chynildeb, o'r awgrym lleiaf lled-drist i ddireidi a edrychai fel y gallai fyrlymu'n afiaith ar yr anogaeth lleiaf. 'Roedd hwnnw wedi bod yn ddarganfyddiad gwerthfawr, ac yn ddarganfyddiad a lanwai fwy a mwy o'i fywyd.

'Pa waith sydd 'na i hogan o'i hoed hi yn y lle 'na?'

Gorffennodd Mathonwy ei baned a gwthiodd y gwpan a'r soser oddi wrtho i ganol y bwrdd. Cododd Janw, a mynd heibio i'r dresel a'r darlun a thrwy'r drws i'r cefn. Edrychai a symudai fymryn bach yn hŷn heddiw. Daeth yn ei hôl gyda thebot pridd yn ei llaw. Tywalltodd baned i'w gŵr, a llenwi'i chwpan ei hun. Rhoes y tebot ar blât ar ochr y bwrdd, ac eisteddodd gan roi ochenaid fechan. Troes ei the yn araf.

'Hogan ddiarth ydi hi. Mi ddylai gael gwybod.'

Rowliai Mathonwy'r mymryn briwsion a oedd yn weddill ar ei blât yn belen fechan. Edrychodd arni am ennyd, a'i fys yn llonydd uwch ei phen, fel pe bai'n ystyried priodoldeb rhyw ateb yn ei feddwl. Rowliodd fymryn ar y belen drachefn cyn ei chodi rhwng ei fys a'i fawd i'w geg. Dechreuodd gnoi'n bwyllog fel pe bai'n ddanteithfwyd.

'Mi ddylai rhywun ddweud wrthi.'

Aeth y bws pedwar heibio am y dre. Gwelai Mathonwy ddwy ddynes ynddo, a neb arall heblaw'r gyrrwr. Pwyntiodd un o'r merched at yr ardd yn sydyn. Lleihaodd y sŵn yn raddol.

'Be fedrat ti'i ddweud wrthi?'

Bu bron i Janw ag ateb yn syth. Yna ystyriodd. Ysgydwodd ei phen ac edrychodd yn ddiflas ar ei phaned.

'Ond mi ddylai gael gwybod.' Daeth arwydd bychan o argyfwng i'w llais. 'Be 'tasa . . .'

Tawodd. Tro Mathonwy ydoedd i ochneidio.

*   *   *

'Gwna le i 'nghamelia i.'

''Rarglwydd! Eto fyth? 'Rwyt ti'n cario honna fel masgot.'

'Mi'i gwertha i hi ryw ddiwrnod.'

'Dangos.' Cymerodd Rhodri'r goeden oddi ar Gwydion. 'Pam mae pob camelia ond hon yn gwerthu?'

'Am fod hon yn edrach yn rhy fawr i'w phwcad.'

'Ond 'dydi hi ddim.'

'Nid dyna sy'n bwysig. Mae'n edrach felly, ac mae hynny'n ddigon.'

'Roedd Gwydion wedi dysgu egwyddorion marchnata a rhagfarnau prynwyr yn drylwyr ddigon bellach. Derbyniai Rhodri ei farn am bethau felly bron yn ddieithriad.

'O'r gora 'ta. Mae gen i le iddi. Mae un o'r llwyni banadl 'na ar ochor y lôn wedi mynd a golwg digon llegach arno fo. Mi neith honno joban iti at bora dydd Gwenar. Tynnu hwnnw a phlannu dy fasgot yn 'i le o.'

'Hen 'nialwch misi. 'Does 'na ddim digon o gysgod iddi yn fan'no.'

'Tybad?'

''Fydda i ddim yn gyfrifol am dyngad y diawl.'

'Aha! Gwerthwr mawr a dim ffydd yn ei stwff. Cetyn!'

Cariai llais Rhodri'n ddiymdrech ar draws y lle heb iddo orfod codi dim ond y mymryn lleiaf arno. Daeth pen a chetyn gwag ynghlwm wrtho i'r golwg drwy ddrws y tŷ gwydr pellaf oddi wrthynt.

'Be sy' rŵan eto? 'Fedrwch chi ddim llwytho'r moto 'na ych hunain?'

'Yn rhyfadd iawn, mi lenwodd hwnnw ohono'i hun tra buost ti'n sugno yn y cwt 'na. Wyddost ti'r llwyn 'roeddan ni'n sôn amdano fo bora ddoe, 'neith hon yn 'i le o? Mae 'na ran o'r farn gyhoeddus yn rhyw led-awgrymu nad oes 'na ddigon o gysgod iddi.'

'Hm.' Dynesodd y cetyn yn hamddenol atynt. Crafodd y llaw y coryn o dan y cap cam, a gwnaeth pâr o lygaid bychain beirniadol arolwg manwl o'r goeden. Wedi cyrraedd, plygodd i chwynnu mymryn ar y pridd yn y bwced ac ysgydwodd y boncyff yn ysgafn. Ysgydwodd y bwced yn ufudd i'w ganlyn. 'Ia. Ella bod y farn gyhoeddus yn werth gwrando arni hi amball dro, Ciaptan Llwyd.'

'Damia unwaith. 'Fydd dim dichon byw hefo fo am wythnosa rŵan.'

'Ond mi wn i am le iddi.'

'Mi fydd yn chwith gen i ar 'i hôl hi.' Anwesai Gwydion y brigau. 'Mae hi wedi bod yn gydymaith ffyddlon iawn yn ôl a blaen hyd yr hen lonydd 'ma. Byth yn atab yn ôl.'

'Lle rhoi di hi, Cetyn?'

'Yn yr iard.'

'Y?'

'Yn y gongl bella, gyferbyn â'r tŷ. Mae 'na ddigon o le iddi yn fan'no.'

'Ond mi fydd rhyw ffŵl wedi bagio iddi hi, Cetyn. 'Pharith hi ddim pythefnos.'

Rhegai Gwydion yn rhugl a distaw. Fis ynghynt 'roedd wedi ceisio bagio i'r garej dros ferfa.

'Mi ofalwn ni am hynny hefyd. Mi dalith hon am 'i lle. Rho flwyddyn ne' ddwy iddi i ddod ati'i hun a mi fydd hi'n ddigon o sioe ddechra'r gwanwyn i ti. Mi wna i dwll iddi fory.'

'Ia'n Duw.' Caeodd Gwydion ddrysau'r fen. 'Tylla'n ddigon

dyfn ac ella y tari di ar faco.' Trodd yn ôl, yn falch o'i jôc, a thynnwyd ei sylw gan symudiad yng nghefn y Plas. 'Wel yr Arglwydd annw'l! Ylwch chi!'

'Roedd y tai gwydr a'r brif blanhigfa dipyn yn is na'r Plas, er eu bod yn agos ato. Trodd y ddau arall i gydfusnesa. Gwelent ŵr a merch ifanc yn cerdded ar hyd y balconi.

'A phwy sydd gynno fo, tybad?'

'A!' Gafaelodd Rhodri yn ysgwydd y dyn a'r cap. 'Cetyn, mae'n ddigon posib dy fod yn cael dy olwg gyntaf ar dy gymdoges newydd. Hi fydd yn byw 'gosa atat ti ac yn talu dy gyflog di. Mi fydd yn rhaid iti folchi y tu ôl i dy glustia bob wythnos o hyn ymlaen.'

'Wel Duw annw'l, taw ditha! Rwbath yn smart ynddi hi hefyd, yr hen beth fach. Be mae o'n 'i wneud hefo hi yn y cefn, tybad?'

'Dangos iddi lle mae hi i fod i barcio, mae'n siŵr.'

'Ia, ella. Beidio'i fod o am fynd â hi i mewn, 'dwch?' Daeth y cetyn o'r geg yn syfrdan. 'Wel ydi, wir Dduw! Wel wel wel! Mae'n beryg amdani, Ciaptan Llwyd. Mi gei di frawd ne' chwaer fach i dyfu hefo'r goedan 'ma eto.'

Gweryrodd y dyn. Diarhebai Rhodri wrth ei ochr. 'Roedd Gwydion wedi pwyso'n ôl ar ddrws y fen, yn swp o chwerthin.

*   *   *

Wrth glywed y chwerthin islaw trodd y ddau ar y balconi.

'A, dyma nhw, Miss Davies.' Cododd Watcyn Lloyd ei fys. 'Dyna Rhodri, yn y crys glas. Fo sy'n gofalu am y rhan fwyaf o'r busnes, yn enwedig yr ochr ymarferol. Yr un wrth ei ochor o hefo'r cap a'r cetyn ydi Robin Owen sy'n byw yn y canol fan hyn. Mae o yma ers cyn cof, ac yn gwrthod cydnabod ei fod ar ei bensiwn ers bron i bum mlynedd. Mab y ffarm ydi'r llall. Gwydion. Ond yma mae o'n gweithio. Dowch, mi awn ni i mewn i chi gael gweld y lle.'

Tynnodd Watcyn Lloyd allwedd ar gylch o'i boced.

'Mae'r drws 'ma'n dueddol o chwyddo weithia.' Gwthiodd. Agorodd y drws yn ddiffwdan. 'A, mae o'n iawn. Dowch i mewn.'

Aethant i mewn i gyntedd bychan. 'Roedd grisiau yn syth o'u blaenau, a drws derw ar y dde.

'Mae dwy lofft a stafell 'molchi i fyny, ac mae'r gegin fyw a'r gegin fach yn fa'ma.'

Agorodd Watcyn Lloyd y drws, ac estyn ei law i'w gwahodd. Camodd Sioned i'r stafell.

'Dodrefn y Plas ydi'r rhain. 'Fu 'na 'rioed brinder dodrefn yma. Maen nhw'n hen ond mewn cyflwr ardderchog fel y gwelwch chi.' Trodd ati, a rhyw olwg awyddus i blesio arno. 'Wrth gwrs, mi fyddai croeso i chi ddod â'ch dodrefn eich hun yn eu lle nhw, 'tasach chi'n dymuno.'

'Na, dim o gwbwl.'

'Roedd yn stafell fawr, a'i nenfwd yn uchel. Yn ei ganol 'roedd patrwm crwn o betalau a bwâu wedi'u cerfio mewn plaster. Efallai eu bod yn eu dydd wedi'u lliwio'n gywrain chwaethus fesul un, ond bellach 'roeddynt mor unffurf wyn â gweddill y nenfwd. 'Roedd dresel wag a dau gwpwrdd derw, yn lân yn eu hadnewyddiad, wrth y parwydydd a bwrdd bychan a thair cadair wedi'u ffitio'n daclus wrtho o dan y grisiau yn ei hymyl. 'Roedd soffa a dwy gadair freichiau'n ddigon mawr i guddio rhywun ynddynt ar ganol y llawr. Ysai Sioned am gael eistedd arnynt.

''Roeddech chi'n gofyn gynna oedd rhywun arall yn dod i gael cyfweliad,' meddai Watcyn Lloyd. Symudodd ar draws y stafell at y lle tân. 'Mae hon yn gweithio, gyda llaw,' meddai, fel pe bai'n falch o gael rhywbeth arall i'w ddwued. 'Mi gewch danllwyth iawn os byddwch chi isio. Er mae'r trydan yn twymo hefyd, wrth gwrs.'

Trodd ati, a'i law yn chwarae ar hyd y silff-ben-tân.

'Gadwch i mi egluro i chi. Mae'r stori'n mynd yn ôl rai blynyddoedd, a dweud y gwir. 'Does dim rhaid dweud mai teulu Plas Gartharmon oedd pobol fawr y cylch ar hyd y blynydd-oedd. Nhw oedd yr ustusiaid, iddyn nhw 'roedd yr Eglwys a phawb arall yn cowtowio. A phan sefydlwyd y Cynghora Sir ddiwedd y ganrif ddiwethaf mi ellwch fentro nad oedd neb o'r ardal am feiddio sefyll yn erbyn y teulu yma. Mae hanas am un o'r milwyr cyffredin yn dod adra o'r Rhyfel Mawr ac yn cymryd geiriau sebon Mr. David Lloyd George i'w galon. Mi gredodd fod y gwerinwr oedd yn abl i gael ei alw'n arwr ar faes y gad yn abl hefyd i fod yn Gynghorydd Sir. 'Roedd y frwydr yn un ffyrnig a budr. Fy nhaid a enillodd, hefo mwy o fwyafrif nag o anrhydedd mae arna i ofn. Hwnnw oedd yr unig etholiad Cyngor Sir i'w gynnal yma mewn bron i ddeng mlynedd a thrigain.' Daliai'r llaw i chwarae'n hanner breuddwydiol â'r silff-ben-tân. 'Pan ddaw'r adeg i sgrifennu hanes democratiaeth, Miss Davies, 'fydd o ddim yn gyflawn heb y ffaith fach yna. A channoedd o rai cyffelyb.'

Arhosodd, fel pe bai'n disgwyl ategiad. Yna, yn sylweddoli ei fod ef a'i fyd yn rhy ddieithr iddi, cododd ei ysgwyddau'n gynnil.

''Roedd fy nhad hefyd yn yfad awdurdod. Yn 'i gyfnod o 'roedd y stad yn gallu byw yn lled fras ar 'i chyfoeth heb iddo fo orfod chwysu llawar. 'Roedd ganddo fo ddigon o amsar i'w gynghora. Yn wir, cymaint o amsar ac awydd fel pan fuo fo farw'n sydyn ryw ddydd Llun y Pasg 'roedd o'n aelod ar hannar cant a saith o bwyllgora.'

Plygodd Sioned ei phen, a dechrau gwrido. Clywodd Watcyn Lloyd yn rhoi chwarddiad bach sydyn.

'Peidiwch â phoeni, Miss Davies. 'Dydi marwolaeth sydyn ddim yn ddigri, ond mae'n anodd dweud yr un peth am fod ar dros hannar cant o bwyllgora. Chwerthin 'rydw inna erbyn heddiw. Mi ddaru gohebydd y papur lleol gael rhestr gyflawn o'r holl bwyllgora yma ac 'roedd o'n benderfynol o'i chynnwys hi yn adroddiad yr angladd. Mi ges dipyn o drafferth i berswadio golygydd y papur i beidio â gwneud hynny. Ond mi lwyddis, drwy drugaredd.'

'Ydi, mae hanner cant a saith yn dipyn o nifer.' 'Roedd yn anodd meddwl am ddim arall i'w ddweud.

'Fy nhro i oedd hi wedyn, siŵr iawn. Yr olyniaeth wedi'i rhagordeinio. Pawb at y peth y bo. 'Doedd gen i ddim diddordeb. Mae gofyn cael math arbennig ar berson i fynd ar y cynghora 'ma. Dyna pam maen nhw'n gallu troi cynghorwyr newydd brwd i ddilyn y llif mor hawdd. Mi sylweddolis i'n fuan iawn nad oedd gen i stumog i'r gwaith nac i'r cyhoeddusrwydd. Mi sylwodd pobol erill hefyd. Mi ddaeth "Ddaw o byth i sgidia'i dad" yn ymadrodd pur gyffredin amdana i.'

'Annifyr iawn.' 'Roedd Sioned yn dechrau gobeithio nad oedd seiadau profiad yn ddigwyddiadau beunyddiol yn y Plas.

''Doedd o'n poeni fawr ddim arna i. 'Roeddwn i wedi penderfynu. Ond mi lusgodd petha ymlaen yn lled-oddefol nes i mi 'nghael fy hun ar ryw banel penodi. 'Rydw i'n methu dallt, Miss Davies, sut y medr neb fod gymaint o dan bawen awdurdodgarwch i ddymuno cael pobol hen ac ieuanc o'i flaen fesul tri ne' bedwar a'u harteithio'n feddyliol am awr ac wedyn mynd i ddweud wrth bawb ond un ohonyn nhw am fynd adra. Yn wir, 'doeddwn i dim yn ffitio. Mi fu'n rhaid i mi roi'r gora iddi, rhwng dwy lecsiwn.'

Gwelodd Sioned y rhyddhad amlwg yn ei wyneb am iddo gael cyfle i ddweud ei bwt. Yn araf bach, 'roedd yn dechrau hoffi'r dyn.

'A dyna ni. Mae arna i ofn 'mod i wedi rhoi pregath go hir i chi i ddim ond i egluro i chi pam nad oes neb arall yn cael cyfweliad am y swydd yma. 'Fedrwn i byth gael tair ne' bedair ohonoch chi yma am bnawn i mi gael eich trin chi fel 'tasach chi o flaen eich gwell dim ond er mwyn i mi gael lluchio 'mhwysa.'

Daeth o'r lle tân. Pwyntiodd at ddrws y cyntedd.

'Mae 'na soced ffôn drwodd, felly mater bach fydd cael ffôn yma os byddwch yn dymuno. Yn y cyfamser, mi gewch ddefnyddio'r ffôn sydd yn y llyfrgell pryd ac fel y mynnoch chi. Pa bryd y medrwch chi ddechra?'

'Wel—ym . . .' 'Roedd mor hawdd fel na wyddai beth i'w ddweud. ''Rydw i'n cael y gwaith, felly?'

'Wel ydach siŵr.'

'O—ym—diolch. Pryd hoffech chi imi ddechra?'

'Roedd yn dal i fod yn anodd coelio.

'Heddiw, os mynnwch chi.'

'Heddiw?'

'Pam lai?' Gwenai Watcyn Lloyd wrth weld ei syndod, yn amlwg falch o gael gwneud tro da â hi. 'Ylwch, mi wn i be wnawn ni. Mi gewch ych cyflogi o heddiw, a mi gewch ddechra o ddifri fora Llun. Dyna i chi bedwar diwrnod a heddiw i wneud be fynnoch chi a dod i nabod y lle. Mi gewch aros yma heno os mynnwch chi. Peidiwch â phoeni am ddillad gwely a bwyd. Mi ofalith Lleucu a Miriam Owen am bethau felly.'

Aeth Watcyn Lloyd at ddrws y cyntedd. 'Roedd rhyddhad a bodlonrwydd yn amlwg ar ei wyneb.

'Dyna ni 'ta. Mi'ch gadawa i chi i chwilio o gwmpas. Peidiwch â bod ofn busnesa. Mae hannar y gwaelod, o'r drws ochor i'r neuadd, yn gorad.' Agorodd y drws. Trodd, a rhyw olwg nerfus, bryderus yn dod i'w lygaid. 'Gyda llaw,' ychwanegodd, 'y cyflog. Ym . . .' 'Roedd yn dechrau ymbalfalu. 'Fel y dwedis i ar y ffôn, mae arna i ofn na fedra i gynnig yr hyn a gaech chi fel athrawes neu yn y Cyngor Dosbarth neu rywle felly.' 'Roedd ei lais yn feddal, ostyngedig, wrth ymddiheuro. 'Ond mae'r lle am ddim, dim rhent na threthi. Dim ond bilia trydan a glo fydd yn rhaid i chi'u talu. A fel rheol mae 'na stoc o goed tân i'w cael am ddim yma yn y gaea p'run bynnag, heb sôn am lysia a llefrith. 'Rydw i'n siŵr y byddwch chi'n darganfod 'i bod hi'n bosib i chi fyw'n rhad iawn yma.'

22

'Mae'r telera'n ddigon derbyniol gen i, Mr. Lloyd.'

''Synnwn i ddim na fyddwch chi'n gallu cynilo mwy na 'tasach chi mewn swydd frasach ac yn talu am ych lle.' 'Roedd yn amlwg ar ei wyneb ei fod yn poeni ac yn dymuno sicrwydd.

'Mae'r cyflog yn iawn, Mr. Lloyd. 'Fyddwn i ddim wedi dod yma o gwbwl fel arall.'

Petrusodd y dyn, a daeth golwg hapusach ar ei wyneb.

'Wel ia,' meddai, a'i lais yn swnio ychydig yn syn. 'Mae hynny, mae'n siŵr.' Gwenodd eto, gyda rhyddhad. 'Wel dyna ni 'ta. Mi fydd Lleucu a Miriam Owen adra cyn hir. Maen nhw wedi mynd i rwla,—i'r Dre, o bosib. Mae'r ddwy'n hawdd iawn gwneud hefo nhw a mi helpan nhw chi i setlo ar unwaith.'

Gwenodd arni, braidd yn swil, fe dybiodd, a chau'r drws. Eisteddodd Sioned ar un o'r cadeiriau. 'Roedd yn deimlad hen-ffasiwn o esmwyth, a mynnodd aros ynddi am funud neu ddau er gwaetha'i chwilfrydedd. Yna cododd. Aeth at y cypyrddau, a'u hagor. Digonedd o le gwag. Aeth at y dresel. Honno yr un fath, a'i silffoedd yn crefu am gael eu llenwi. Chwaraeodd ei bys ar hyd y pren derw cadarn, llyfn, wedi'i lyfnhau gymaint nes ei bod yn teimlo ei bod yn ei fwytho dim ond wrth gyffwrdd ynddo. Daeth llonder drwyddi, a rhoes lam sydyn fel llam plentyndod a chodi'i breichiau cyhyd ag yr aent. Llamodd drachefn, a gweiddi 'hwrê' yn ddistaw bach wrthi'i hun rhag ofn nad oedd Watcyn Lloyd wedi mynd yn ddigon pell.

Cofiodd am ei mam. Cofiodd am Watcyn Lloyd yn sôn am y ffôn yn y llyfrgell. 'Roedd wedi addo ffonio cyn gynted fyth ag y gallai. Heb oedi i sbaena rhagor ar ei chartref newydd brysiodd allan. Rhedodd yn wyllt hapus ar hyd y balconi ac i lawr y grisiau cerrig i'r iard. Aeth i mewn drwy'r drws ochr ac ar hyd y cyntedd gan agor y drws yn ei ben draw a throi i'r chwith gyda'r grisiau yn y neuadd a rhuthro i'r llyfrgell a chau'r drws a dychryn am ei bywyd.

Dychrynodd gymaint fel na fedrai wneud dim ond pwyso'n ôl ar ddrws caeëdig y llyfrgell ac aros yno gyda'i llygaid yngháu a chan anadlu fel pe bai newydd redeg yr holl ffordd o'r dref. Dechreuodd grynu. Ymhen ychydig agorodd ei llygaid. Gwyddai eu bod yn bŵl. Ymdrechodd i ddod ati'i hun. Edrychodd o'i chwmpas. Heb os nac oni bai, 'roedd yn y llyfrgell, ac 'roedd y ffôn ar fwrdd bychan o'i blaen. 'Roedd Watcyn Lloyd yn iawn. 'Roedd wedi dweud ymhle'r oedd y ffôn. Ond nid oedd wedi dweud ymhle'r oedd y llyfrgell.

Mewn penbleth fawr, agorodd y drws, ac aeth drwyddo. 'Roedd yn y neuadd, a'r lle'n hollol ddieithr iddi. Gyferbyn â hi yr ochr arall i'r neuadd gwelai le tân mawr a gwag, a drysau o boptu iddo. Ar y chwith 'roedd ffenestri a'r drws ffrynt rhyngddynt mewn cyntedd iddo'i hun. Ar y dde iddi, bron yn syth o'i blaen, 'roedd gwaelod y grisiau, gyda'u canllawiau llawn cerfiadau'n troi'n fwa urddasol fel pe bai'n lledu breichiau mewn croeso. 'Roedd cyntedd rhwng y grisiau a'r llyfrgell ac 'roedd hi bron yn sicr mai ar hyd hwnnw y daethai. Ystyriodd am ennyd, gan leoli'r drws ffrynt a'r drws ochr yn ei meddwl. 'Roedd ei dyfaliad yn dal dŵr.

Aeth ar hyd y cyntedd yn araf. Cyntedd llydan, gyda charped patrwm India coch a du ar hyd ei ganol. Bron o dan y lle'r oedd y grisiau'n troi ac yn creu ei nenfwd isel ei hun i'r cyntedd, 'roedd drws ar y dde. Agorodd ef yn betrus. 'Roedd cyntedd hir o'i blaen, a drws yn ei ben draw. Adnabu'r drws. 'Roedd ei dyfaliad a'i daearyddiaeth yn gywir.

Brysiodd ar hyd y cyntedd ac at y drws, a'i agor. Camodd i'r iard. 'Roedd yn wag, a distaw. Daeth dwy frân o'r cefnau un ar ôl y llall a throi uwchben yr iard cyn mynd yn eu holau. Camodd i'r iard i gael clywed y graean yn crinsian dan ei thraed. Yna trodd yn ôl yn benderfynol ac aeth i mewn. 'Roedd pob arlliw o ofn wedi diflannu a'r chwilfrydedd a'i dilynodd yn llawer haws ei oddef.

Cyfrodd y drysau. Adwaenai'r drws cyntaf ar y chwith. Drwy hwnnw y cawsai ei chyfweliad. Heblaw am hwnnw a'r drws allan 'roedd dau ddrws arall ar y chwith a thri ar y dde ar hyd y cyntedd. 'Roedd wedi mynd heibio i'r rheini i gyd heb gymryd sylw ohonynt. Agorodd y drws ym mhen draw'r cyntedd. Gallasai fod wedi troi i'r dde i'r cefn, lle'r oedd rhagor o ddrysau, ond ni wnaethai. 'Roedd wedi troi i'r chwith ac wedi agor y drws cyntaf wedyn ar y chwith yn union fel pe na bai ganddi ddewis arall.

Ceisiodd gofio'i siwrnai, ond ni fedrai. Cofiai fwytho'r dresel, a'i phwl sydyn o hapusrwydd, a neidio a chofleidio'r awyr. Cofiai benderfynu mynd i ffonio, a chofiai gyrraedd y llyfrgell. A dim arall. Ceisiodd ail-fyw'r profiadau eraill wrth y giatiau ac wrth y drws, ond ni fedrai. 'Roedd rhywbeth yn afreal mewn ceisio'u hailbrofi.

Aeth yn ei hôl i'r llyfrgell ac at y ffôn. Chwiliodd yn y llyfr am y côd. Ffoniodd adref. Daeth ateb yn syth.

'Mam, 'rydw i wedi cael y gwaith.'

24

Daeth ebychiadau gorfoledd i'w chlustiau a gorfu iddi lacio'r ffôn rhag i'r sŵn fynd drwy'i phen. Bu'n ateb ac yn porthi am ysbaid bur hir cyn i bigyn o gydwybod euog darfu arni pan sylweddolodd yn sydyn mai Watcyn Lloyd oedd yn talu am yr alwad.

'Mam, ydw i wedi bod yma o'r blaen?'

Daeth ei chwestiwn annisgwyl pan oedd ei mam ar ganol rhyw sylw. Ataliodd y llifeiriant.

'Be wyt ti'n 'i feddwl?'

'Fûm i yma ryw dro cyn heddiw?'

'Be wn i? 'Fyddi di byth yn dweud wrtha i lle byddi di'n crwydro.'

Nid oedd hynny'n wir, ond 'roedd yn syniad digon cyffredinol i fod yn ateb munud hwnnw.

'Nid yn ddiweddar. Ers talwm.'

'Cyn i ti ddechra galifantio dy hun? Naddo'n wir. Pam?'

'Cael rhyw deimlad 'mod i wedi bod yma o'r blaen ddaru mi.'

Cafodd deimlad arall fel 'roedd yn siarad, teimlad na fedrai fyth egluro i neb arall sut brofiadau a gawsai, ac na fyddai neb yn ei chymryd o ddifri. Efallai y byddent yn chwerthin am ei phen, neu waeth. Cafodd ennyd o ofn. Ond 'roedd ei mam yn siarad eto.

'Os nad wyt ti wedi bod dy hun, fuo neb arall â chdi yna. Ella dy fod yn cymysgu hefo rhwla arall.'

'Na. 'Roedd y peth yn rhy fyw i hynny.'

'Yn rhy fyw?' Arhosodd ei mam am eiliad. 'O, ia. Mi wn i be sy' gen ti. Mi fyddwn inna'n cael yr un teimlad yn union bob tro y byddwn i'n mynd drwy dwnnal Penmaenmawr.'

Chwarddodd Sioned dros y lle, chwarddiad iach y penderfynodd ei fod yn gwneud byd o les iddi.

'Bob tro?'

'Duw, be haru ti, hogan? Mi wyddost be 'dw i'n 'i feddwl.'

'Gwn, Mam bach. Bob tro.'

*   *   *

Canodd y ffôn. Rhoes ei bapur newydd o'r neilltu a chodi i'w ateb.

'Be 'di hyn 'dw i'n 'i gl'wad?'

'Be?'

'Hogan newydd.'

'Oes. Pam?'

25

'Be wyt ti'n 'i feddwl, pam? Be fydd 'i gwaith hi?'
'Gweinyddu.'
'A busnesa.'
'Paid â rwdlan.'
''Rwyt ti wedi rhoi rhwydd hynt iddi fusnesa fel y mynno hi.'
'Pwy ddwedodd hynny?'
'Fi. Mi ddwedodd Rhodri wrth Gwydion dy fod ti wedi dweud wrthi am fynd drwy'r cwbwl i gyd.'
'Papura busnas a hen lythyra.'
'Yli, 'dw i'n dweud wrthat ti . . .'
'Wyt, 'rwyt ti wedi dweud llawar o betha yn dy ddydd. Nos dawch.'

Rhoes y ffôn i lawr yn ddiamynedd. Ysgyrnygodd arno.

*   *   *

'Roedd hi tua hanner nos, a'r byd yn lle braf i fyw ynddo. Gorweddai Sioned yn swat yn ei gwely newydd clyd. Pan ddychwelodd i gael golwg iawn ar y fflat ar ôl bod yn ffonio canfu un gwely gwag a'r llall heb fatras arno hyd yn oed. Canfu brinder cyffelyb yn y gegin fach. Er ei bod yn llawn offer, nid oedd dim mwy cyntefig megis cyllell a fforc a phlatiau a chwpanau ar ei chyfyl, a gwelodd mai anymarferol braidd fyddai dechrau begera i le mor wag. Ond yna daethai Lleucu a Miriam Owen yn eu holau.

Miriam Owen oedd wedi mynd â'r fatras i'w heirio. Cyn pen dim 'roedd Robin Owen wedi cael gorchymyn reit siort i fynd â hi'n ôl i'w phriod le. 'Roedd ef wedi tynnu'i gap cyn ysgwyd llaw yn ddwys a ffurfiol hefo hi, a Rhodri a Lleucu'n chwerthin am ei ben. Ymhen munudau 'roedd dillad ar y gwely a llestri yn y gegin a hithau'n dechrau teimlo ei bod yn cael ei difetha. Ac i'w difetha'n iawn 'roedd Rhodri am drefnu i rywun fynd â hi adref ddydd Gwener i nôl ei phethau. 'Roedd bywyd yn braf, a phrofiadau rhyfeddaf y dydd yn cael eu gwthio i gefn ei meddwl gan y gwmnïaeth newydd ddiddan. Am y gwmnïaeth y meddyliai wrth iddi ddechrau mynd yn swrth fel y dynesai cwsg.

*   *   *

'Roedd yn hanner nos. Ambell noson fe fyddai Mathonwy wedi mynd i gysgu cyn clywed cyhoeddiad y cloc mawr yn y gegin. Ond ei glywed neu beidio, byddai ar ei draed cyn chwech bob bore, wedi cael hen ddigon o gwsg i'w anghenion.

26

Nid felly Janw. 'Roedd hi'n fwy o dderyn nos, ac ni fyddai'n ddim ganddi aros ar ei thraed tan un y bore yn gwylio ffilm ar y teledu neu'n darllen y papurau wythnosol neu ei phapur bro hoff. Ond nid heno. 'Roedd wedi dod i'w gwely yr un adeg ag ef heno, ac er na fu gair rhyngddynt er pan darodd y cloc un-ar-ddeg, gwyddai'r naill fod y llall yn effro.

Teimlodd Mathonwy symudiad yn ei ymyl, a theimlodd ei llaw yn chwilio am ei law ef. Trodd ati, yn araf, a mwytho'i boch gyda'i fys. Nid oedd yn syndod iddo ddarganfod fod y rudd yn wlyb. Gobeithiai'r nefoedd na chlywai hi nag ef y cloc yn taro un.

PENNOD 2

Aeth Sioned i'r dref bore trannoeth. 'Roedd wedi meddwl mynd i gael sbec ar y pentref yn gyntaf, a oedd ryw filltir o lidiardau'r Plas meddai Lleucu, ond bu'n loetran cymaint ar ei ffordd i lawr o'r Plas i fusnesa yma ac acw ar lwyni a chaeau a'r olygfa fel mai prin ddal y bws a wnaeth ar ôl cyrraedd y ffordd.

'Roedd y bws yn fwy na thri chwarter llawn. Teimlai Sioned yn rhy swil i chwilio am sedd wag wrth iddi ddisgwyl am newid gan y gyrrwr am ei bod mor sicr fod pawb yn edrych arni. Clywodd lais dynes yn dweud ei fod yn beth newydd iawn i fws aros wrth lidiardau Gartharmon, a llais arall yn ei hategu. Cafodd ei newid, a cherddodd ar hyd y cyntedd gan afael yn sydyn yn un o'r seddau wrth i'r bws gychwyn yn ddirybudd. 'Roedd y lle gwag mwyaf cyfleus wrth ochr un a oedd i'w weld ychydig yn ifancach na hi, a gwallt tywyll fymryn yn gyrliog ganddo. Eisteddodd yn ei ymyl. Gwingodd ef i'w wasgu'i hun yn nes at y ffenest, ac edrychodd drwyddi gan wrido. Daeth diriedi i'w llygaid am ennyd.

Dim ond ar ôl i'w chlustiau ymgynefino â sŵn y peiriant a grynai'r llawr yn union o dan ei thraed y daeth yn ymwybodol o'r siarad ar y bws. 'Roedd cefnau'r seddau'n uchel ac nid oedd yn hawdd busnesa, ond deuai amryfal bytiau o sgyrsiau i'w chlustiau. 'Roedd hynny'n beth braf. Mor aml y bu'n teithio ar fwsiau llawn at yr ymylon a neb yn dweud dim arnynt ar wahân i ambell feddwyn achlysurol a ddiflasai bawb yn y gred ei fod yn eu diddanu neu eu haddysgu.

Aeth y bws heibio i'r tŷ yr arhosodd hi wrtho y diwrnod cynt. Ceisiodd gofio'i enw. 'Roedd y drws yngháu ac ni welai neb yn yr ardd. Cofiodd am y ddrwgdybiaeth a'r pryder anesboniadwy yn llygaid y ddau a dechreuodd deimlo'n annifyr. Nid oedd llawer o arwyddion fod ei chyd-deithiwr yn barod i ymuno ag unrhyw ymddiddan a fyddai'n gyfrwng i osgoi gori ar deimladau. Bob tro y troai hi ei phen at y ffenest fe'i teimlai ef yn tynnu'i gorff a'i wynt ato. Felly penderfynodd roi tasg iddi'i hun, sef ei gael i barablu o'i wirfodd cyn i'r bws gyrraedd pen ei thaith.

''Ddaru mi ddim meddwl y byddai'r bws mor llawn.'

Troes ei ben i roi cip sydyn arni cyn troi'n ôl i astudio'r cloddiau.

'Diwrnod marchnad ydi hi.'

'Roedd y geiriau wedi rhuthro o'i enau.

'Sut?'

'Mae'n ddiwrnod marchnad yno. Bob dydd Iau.'

Eisoes 'roedd hi wedi llwyddo i'w gael i droi ei ben ac i edrych ar gefn y sedd o'u blaenau yn hytrach na thrwy'r ffenest. Rhagwelai na fyddai ei thasg yn un afresymol o anodd.

'Roedd yn iawn. Erbyn i'r bws gyrraedd y dref 'roedd Tecwyn a hithau'n ffrindiau garw. 'Roedd Tecwyn ar ei drydedd flwyddyn yn y chweched dosbarth ond nid oedd yn yr ysgol heddiw am fod dau o'i athrawon yn wael, diolch i Dduw Dad drugarog am hynny. Hanes a Daearyddiaeth oedd ei bynciau ac 'roedd hynny'n hen ddigon. Os oedd hi wedi gweld Gwydion yn y Plas, wel, 'roedd Gwydion yn gefnder cyfan iddo ac yn hen fôi iawn ac yn uffar o gês. Yn y pentref 'roedd o'n byw. 'Roedd hi'n dawel iawn yno ond 'doedd wahaniaeth ganddo fo am hynny. 'Roedd pobl y pentrefi'n gofyn llai ac yn swnian llai na phetha'r trefi. 'Roedd o'n mynd i weithio i'r Plas bob cyfle a gâi, yn enwedig yn y gwyliau. Ella y gwelai o hi yno, os na fyddai hi'n dod adref ar yr un bws ag o. Erbyn iddynt gyrraedd y dref ni fyddai waeth gan Sioned pe bai ganddi ddeng milltir arall o siwrnai.

Ffarwelio wnaeth â'i chyfaill newydd, fodd bynnag, a gwyliodd ef yn croesi'r stryd gan osgoi'r drafnidiaeth yn ddeheuig. 'Roedd criw o hogiau yr un oed ag ef yn disgwyl amdano ar y pafin yr ochr arall, ac wedi iddo gyrraedd atynt cododd law arni. Cododd hithau fawd hapus yn ôl arno.

Gan fod bron bawb a oedd ar y bws wedi dechrau cerdded i'r un cyfeiriad, dilynodd hithau'r ffasiwn a mynd ar eu holau. 'Roedd y bws wedi aros ar waelod stryd gul ac 'roedd tipyn o allt i'w cherdded, gyda swyddfeydd a siopau o boptu, mwy o'r cyntaf nag o'r ail. Tynnai afalau mawr melynwyrdd ei sylw lathenni cyn iddi gyrraedd atynt. Methodd faddau iddynt a phrynodd un. 'Roedd aroglau ffrwythau a llysiau lond y siop a'r siopwraig yn diolch iddi yn Gymraeg a Saesneg bob yn ail fel pe bai hi wedi prynu hanner y lle. 'Roedd y ffrwyth mor flasus â'i olwg.

Cyrhaeddodd ben yr allt a phen draw'r stryd. 'Roedd yng nghanol y dref, mewn sgwâr eang. Ar ei hochr hi 'roedd siopau a dau fanc ochr yn ochr â'i gilydd. Deuai ffordd llawn trafnidiaeth swnllyd i'r sgwâr yn y gongl yn ymyl y banc pellaf a llenwid yr ochr tu hwnt i'r ffordd gan adeilad anferth a cholofnau a grisiau cerrig o'i flaen, Neuadd y Dref os bu un erioed. Siopau a dwy dafarn oedd gyferbyn â hi ac wrth iddi droi i edrych heibio i gofgolofn ar ganol y sgwâr gwelai gapel yr ochr arall, capel a oedd bron cymaint â'r neuadd gyferbyn ag ef, yn gystadleuaeth amlwg rhwng adeiladau yn hyder trefol y bedwaredd ganrif ar bymtheg.

Aeth i'r banc, gan ymlafnio rhwng posteri a'i cyhuddai o fod yn anghyfrifol os nad oedd yn fodlon ac yn awchus i dreulio gweddill ei hoes yn talu llogau. 'Roedd Watcyn Lloyd wedi addo cyflog buan, felly gallai dynnu swm gweddol daclus o'i chyfrif. 'Roedd y peiriant rhannu arian yn barod amdani yn y cyntedd. Rhoes ei phlastig yn ei geg, yn argyhoeddedig y byddai gwichian a phrotestio disymwth a digyfaddawd yn ymdarddu o'i grombil ac y bydddai'n chwydu'r gwrthodedig blastig yn ôl i'w dwylo. 'Roedd y peiriannau'n fwy cyndyn o dalu na'u perchenogion. Pwysodd fotymau'n herfeiddiol, a disgwyl am yr anochel. Rhyfeddodd. Daeth ei phlastig yn ôl yn dawel a di-stŵr, ac mewn eiliadau afreal 'roedd drôr fechan wedi ymddangos ac wedi agor ohoni'i hun a chynnig iddi ei harian mewn papurau newydd sbon.

Wedi'r fuddugoliaeth ryfeddol, aeth allan. 'Roedd yn etholiad. Oedd siŵr. 'Roedd Tecwyn wedi'i hatgoffa yn y bws pan ddywedodd mewn gorfoledd ei fod ef yn cael ei bleidlais gyntaf. Daeth car llawn posteri a chyrn siarad ar hyd y sgwâr i'w hatgoffa drachefn. Anogodd y corn dwyieithog hi i bleidleisio i Lafur y tro hwn er mwyn popeth. 'Roedd Plaid Cymru a'r Rhyddfrydwyr ffasiwn-newydd yn ddi-rym. 'Roedd y Ceidwadwyr yn ddiawliaid mîn a barus a hunanol, meddai wedyn, ond gan ddefnyddio'i eiriau bach dethol ei hun i ddweud hynny. Y tro yma, meddai wrthi gan edrych ym myw ei llygaid wrth ddynesu, pleidleisiwch dros synnwyr cyffredin. Cododd dyn mewn siwt law lecsiwn arni wrth i'r car fynd heibio'n araf. Gwenodd hithau. Gloywodd ei wyneb yn syth, yn sicr o bleidlais. Aeth ei gwên hithau'n chwerthin.

Prynodd ychydig gelfi mewn siop fechan benderfynol ei pharhad hen drefn rhwng dwy o siopau cadwyn newydd a oedd yn sgleino ac yn sêls am y gorau. 'Roedd teledu bychan yn ffenest un, a'r fargen arno mor arallfydol â'i safon, yn union fel popeth arall yn y ffenest. Temtiwyd hi am eiliad, ac aeth i'r siop. Daeth arbenigwr ifanc nad oedd erioed wedi gweld y tu mewn i blwg ati i gynnig ei gymorth a'i gwrteisi proffesiynol. Damiodd hithau a throi a mynd yn syth allan yn ôl a'i adael yno'n rhythu'n syn friwiedig ar ei hôl. Cerddodd ymlaen ar hyd y pafin nes dod at fwyty. Aeth i mewn. Daliai'r corn siarad i annog synnwyr cyffredin mewn stryd arall. Ond 'roedd y bwyty'n llawn a swnllyd, gyda rhes hir o bobl yn aros eu tro wrth y cownter. Aeth allan. 'Roedd tyrfa'n mynd a dod ar hyd y ffordd heibio i'r capel a dilynodd hithau'r drefn gan adael i'w stumog ei hatgoffa ei bod yn amser cinio.

'Roedd wedi anghofio am fodolaeth y farchnad nes iddi'i gweld wedi'i stwffio i faes parcio y tu ôl i'r capel. Trodd i mewn i ganol y stondinau. Nid oedd raid iddi oedi wrth yr un ohonynt. Gwelai ar amrantiad mai sâl a rhad oedd y cynnyrch, yn ddillad, celfi, offer trydan, i gyd yn gynnyrch ffatrïoedd unffurf diddychymyg. Yma ac acw 'roedd stondinau un-peth, a'u gwerthwyr yn clodfori ag uchel lef. 'Roedd un wrthi'n ddiwyd a brwdfrydig yn torri moron gyda chyllell hud a lledrith na fedrai yn ei byw bara am lai na thragwyddoldeb. Ymhellach draw addawai un arall y byddai ei gadach lledr ffasiwn-newydd ef yn glanhau ac yn sugno dyfroedd anchwiliadwy ar un cynnig. Eich ateb i'ch problemau oll, genod. Nage, genod lwcus, sylwodd Sioned wrth wrando'n fwy astud. Ychydig oedd nifer y genod lwcus a arhosai i wrando ac edmygu, fodd bynnag, ond nid oedd y gwerthwr i'w weld yn codi'i ben i edrych ar ei gynulleidfa heb sôn am falio am ei maint. Gofynnodd dyn a safai o'i flaen gwestiwn iddo ynglŷn ag agwedd y cadach gwyrthiol at olew. Rhywbeth liciwch chi, Madam, atebodd y lladmerydd. Be ddwedsoch chi? gofynnodd y dyn. Mae'n sugno popeth, Madam, cariad, meddai'r gwerthwr drachefn cyn ailafael yn ei bregeth barod. Ynfytyn diawl, ebychodd y dyn a cherdded ymaith i gyfeiliant pwffian yr ychydig genod lwcus eraill.

Gan nad oedd y farchnad yn diwallu angen neb heblaw am y stondinwyr eu hunain 'roedd Sioned wedi cael digon arni ymhell cyn iddi orffen y gylchdaith. 'Roedd yn falch o weld mynedfa arall y gallai ddianc drwyddi i arbed mynd drwy'r stondinau ailadroddus i'r fynedfa gyntaf. Yna, yn y pen draw un, gwelodd stondin blanhigion, a chofiodd rywbeth a ddywedasai Rhodri ynghanol sgwrs y noson cynt. 'Roedd wedi amau ynddi'i hun fod rhywbeth heblaw chwilfrydedd a busnesa wedi'i thynnu yno.

'Roedd Gwydion newydd fod yn gwerthu ac wrthi'n tywallt arian mân i fag a hongiai o amgylch ei wddf. Eisteddodd ar stôl yng nghefn ei stondin o flaen rhesiad o silffoedd pren yn llawn o blanhigion blodau. 'Roedd stôl arall yn ei ymyl a phecyn

31

brechdanau wedi'i agor arni. Ni chafodd ddim ond prin roi brechdan yn ei geg nad oedd rhywun arall yn swnian am ei sylw. Wrth godi i ateb cwestiynau'r darpar brynwr gwelodd Sioned yn syllu arno. Syllodd yn ôl arni am eiliad cyn i wên adnabydd-iaeth ddod dros ei wyneb. Aeth hithau'n nes at y stondin. O'i blaen plygai dynes dros flwch o blanhigion ffarwel haf. Dywedodd Gwydion rywbeth wrthi cyn troi at Sioned.

'Ydi'r farchnad yn plesio?'

'Nac ydi. Di-ddim a dibwrpas.'

Cododd y ddynes a throi arni.

'I be daethoch chi yma 'ta?'

Cynhyrfodd Sioned. Rhwng cyfarthiad y ddynes a'r syniad fod posib cael neb heb ran uniongyrchol ynddi i achub cam y farchnad cafodd ei thynnu oddi ar ei hechel yn lân. Chwarddai Gwydion.

''Dydw i 'rioed wedi bod o'r blaen,' cynigiodd hithau'n llywaeth, a theimlo'n edifar yn syth am swnio mor ymddiheurol.

''Rydw i'n siŵr bod yma well marchnad na be sy' gynnoch chi, o ble bynnag yr ydach chi'n dŵad,' arthiodd y ddynes. Crafangodd yng ngwaelod bag, a thynnu pwrs. 'Mi gymra i stribed o'r ffarwel haf yma gynnoch chi,' meddai wrth Gwydion gan nodio'n benderfynol arno i'w sicrhau fod dyfodol enw da'r farchnad yn ddiogel tra byddai hi o gwmpas. ''Does 'na ddim plesio ar rai. Maen nhw'n meddwl 'u bod nhw'n glyfar os ydyn nhw'n beiriniadu a beirniadu bob munud, yn gweld bai ar bob dim. Hy! Pam na wnewch chi rwbath eich hun 'ta?' meddai wrth Sioned, ond gan ddal i edrych ar wyneb Gwydion i chwilio am borthwr.

'Roedd Sioned yn dechrau gwylltio ac 'roedd Gwydion yn sylweddoli hynny. Aeth ei wên yn lletach. Plygodd i dorri stribed o flodau i'r ddynes, a'i roi mewn bag papur. Agorodd y ddynes ei phwrs.

''Rhoswch chi. I mi gael talu i chi.' Crafodd. 'Be 'di hwn?'

'Deg ceiniog.'

''Rhoswch chi.'

Tro Sioned ydoedd i wenu. 'Roedd y ddynes yn dal i durio a chrafu a chinio Gwydion yn dal ar ei ganol a mygaid o de'n prysur golli'i ager y tu ôl iddo.

'Ella bod gen i rwbath yn hwn.'

Caewyd y pwrs yn ddeddfol a'i roi yn y bag yn ofalus.

Tynnwyd pwrs arall ohono, a'i agor. Siaradai'r geg heb ddweud dim wrth y pwrs.

'Oes 'na rywfaint yn hwn, ys gwn i?'

'Chi ŵyr, cariad.'

'Ar ych cinio ydach chi?'

'Ia, dyna chi. Ar fy nghinio. Mae o'n flasus hefyd.'

'Roedd un llaw Gwydion allan a'i chledr at i fyny mewn gobaith, a'r llall wedi'i chau'n ddwrn y tu ôl iddo.

''Wela i ddim yn hwn chwaith.'

Dechreuodd Sioned siglo chwerthin. Caeodd y ddynes ei phwrs a'i roi'n ôl yn y bag. Estynnodd y pwrs arall.

'Mi fydd eich te chi wedi oeri.'

'Tewch. Sut hynny, tybad?'

'Mae'n siŵr bod 'na rywfaint yn hwn.' Tyrchodd. 'Drud ydi petha, 'te?'

O'r diwedd daeth y geiniog olaf gyndyn i'w law, a chynhaliodd Gwydion seremoni fyrfyfyr i'w throsglwyddo hi a'i chymdeithion i'w fag. Gwenodd ffarwél diffuant, fel gwleidydd, ar y ddynes cyn troi at ei stôl a'i fwyd.

'Ydach chi'n siŵr fod y rhain yn iach? Mae'r rheina yr ochor arall yn edrych yn gryfach i mi.'

'*Miserere nobis, Domine, et dona nobis pacem* myn uffar.'

'Be oeddach chi'n 'i ddeud rŵan?'

'Mi fydd yr ha'n gyndyn o ffarwelio pan welith o y bloda fydd gynnoch chi.'

'Meddach chi, mae'n siŵr. Gwyliwch chi'ch hun.'

Aeth y ddynes ar ei hynt, a sythu wrth fynd heibio i Sioned. Eisteddodd Gwydion dan ddamio ac ailafael yn ei frechdan.

'Ga i helpu?'

'Be? Yma?'

'Ia, tra byddi di'n cael dy ginio. Mi wna i y symud ac mi gei di wneud y siarad os bydd angan. Ne' mi gei di stumog ddrwg.'

'Caf, nyrs.' 'Roedd Gwydion yn falch o'r syniad. 'Can croeso. Mi gaiff Rhodri ne'r Dyn Mawr dalu i ti.'

'Mae o wedi gwneud eisoes. 'Rydw i'n cael cyflog ers ddoe.'

'Croeso i'r Emporiym.'

'Be 'dw i i fod i'w wneud?'

'Mae prisia ar y llwyni a'r planhigion unigol 'na. Gwertha'r lleill 'ma fesul stribed. Un stribed am ddim os ydyn nhw'n prynu pedwar o'r un peth.'

Ymhen dim 'roedd Sioned yn dechrau gwerthu, a Gwydion yn cynghori bob hyn a hyn o'i stôl. 'Roedd Sioned wrth ei bodd, a sglein wythnos gwas newydd yn dechrau dod i'w llygaid yn barod.

'Lle dysgist ti Ladin?'

'Lladin?'

'Mi ofynnist am drugaredd y Goruchaf i d'atal di rhag rhoi'r ddynas 'na rhwng dy frechdana.'

'O, hwnnw. Lladin ydi o?'

'Ia. 'Wyddat ti ddim?'

'Ella 'mod i wedi anghofio. Gan C .yn y ces i o. Dyna fyddai o'n 'i ddweud pan fyddai o wedi met. 1 agor powltan trwmbal 'i lori bob ffordd arall. Mi fyddai'n damio ac yn dawnsio, yn estyn gordd, yn cau'i lygaid yn dynn ac yn gweiddi'i Fiserere ac yn rhoi uffar o warog i'r bowltan nes byddai honno'n saethu dros y cloddia.'

'Mae'n dda nad oedd gen ti ordd hefo'r ddynas 'na.'

'Paid â sôn, wir Dduw. Maen nhw'n treulio traean o'u hoes yn cysgu, traean arall yn busnesa a hel straeon, a hanner y gweddill yn bustachu a chrafu gwaelodion pyrsia i ddod o hyd i geinioga.'

'Ydyn nhw, yn wir? Pa nhw?'

Gwenodd Gwydion.

'Nhw, siŵr.' Trodd y stori. 'Gest ti afael ar y ffôn ddoe?'

Trodd Sioned ato'n syn.

'Ffôn?'

'Ia. Pnawn ddoe.'

Rhythai arno.

'Be wyt ti'n 'i feddwl?'

'Mae dy go di'n fyr iawn. 'Roeddat ti'n rhedag ar hyd yr iard. Mi pasist fi wrth y drws fel 'tasa'r byd ar ben. Isio mynd i'r llyfrgell i ffonio. Dyna'r cwbwl ges i gen ti.'

'Esgusodwch fi.'

Edrychai dyn yn annifyr ar y ddau. Diolchodd Sioned amdano, a theimlodd fod Gwydion yn synhwyro hynny hefyd. Cododd ef oddi ar ei stôl a mynd at y dyn blin. Arhosodd hi a'i chefn atynt, wedi cynhyrfu gormod i chwilio am esgus. Am a wyddai hi yr eiliad honno efallai ei bod wedi gwneud pob math ar bethau ynfyd gerbron y byd i gyd y prynhawn cynt, a'r cyfan yn ddiarwybod iddi hi'i hun. 'Roedd yn waeth na phe bai wedi cael ei dal yn lladrata. Chwiliodd fel dynes orffwyll am rywbeth i'w chyfiawnhau'i hun.

Nid oedd plesio ar y dyn, a chododd Gwydion ddau fys

34

cyfrinachol ar ei ôl. Gwnaeth hithau hynny o ymdrech a fedrai i swnio'n naturiol.

'Mae'n ddrwg gen i d'anwybyddu di hefo'r ffôn,' meddai, yn falch fod y syniad cyntaf a ddaeth iddi'n swnio'n lled argyhoedd-iadol, 'ond 'roeddwn i mor falch 'mod i wedi cael gwaith o'r diwadd ar ôl y fath drio a methu nes 'mod i wedi gwirioni cymaint fel na fedrwn i feddwl am ddim ond am ffonio adra i ddweud.'

Prin gymryd sylw o'r esgus a wnaeth Gwydion a phender-fynodd hithau ei fod yn esgus da am hynny.

'Paid â phoeni,' meddai'n ddi-hid. 'Hyd yn oed 'tasa gen ti reswm arall, 'fyddai hynny'n ddim byd newydd hyd y lle 'cw. Mi fydd Cetyn yn treulio diwrnod cyfa amball dro'n ymresymu ac yn ffraeo hefo fo'i hun, ac yn anwybyddu pawb arall yn llwyr.'

A dyna'r argyfwng bach yna drosodd. Mor braf fyddai iddi allu'i pherswadio'i hun i fod yn fwy gofalus y tro nesaf. Ond gwyddai na fedrai sicrhau dim o'r fath beth.

*   *   *

Ond hwnnw oedd yr unig gwmwl, am y tro beth bynnag. Treuliodd Sioned brynhawn annisgwyl o ddifyr yn cynorthwyo ar y stondin. Deuai pob math ar synau aflafar o'r stondinau eraill, o'r canu pop bythol orfodol o'r setiau radio gyda'u bas chwyddedig i grochlefain y gwerthwyr, gyda Saesneg Pacistan yn gwneud ei orau i ddynwared mamiaith Lerpwl a Birming-ham, o ran cynnwys a goslef. Ar gyfarwyddyd eiddgar Gwydion, cawsai ginio cario allan o fwyty bychan a oedd bron gyferbyn â'r fynedfa i'r farchnad. Buan iawn y daeth i allu gwerthu rhai pethau heb orfod swnian am gymorth, ac ymhell cyn canol y prynhawn 'roedd yn ddigon hyderus i allu rhoi ambell gyngor yma ac acw pan nad oedd gofyn i'r cyngor hwnnw fod yn rhywbeth heblaw arwynebol.

Eisteddai yn y bwyty bychan lle cafodd ei chinio. Cawsai hoe o'r stondin am fod ganddi fymryn o waith siopa i'w wneud, ac addawsai ddod yn ôl i gynorthwyo Gwydion i glirio ac i gael reid yn ôl i Gartharmon yn y fen. Bob hyn a hyn deuai cwmwl stori'r ffôn yn ôl i'w hawyr, ond ceisiai ei anwybyddu. Buasai fwy nag unwaith yn ystod y prynhawn yn ceisio ail-fyw ei siwrnai o'r fflat i'r llyfrgell y prynhawn cynt, gan ganolbwyntio ar Gwydion i edrych a ddeuai hynny â rhyw gof o'r digwyddiad yn ôl iddi.

Ond ni thyciai dim. Yng nghefn ei meddwl 'roedd yn anniddig am fod arni ofn nad oedd y broblem mor fach ag yr oedd yn mynnu honni wrthi'i hun. Dymunai esboniad. Yn well fyth, dymunai ei diflaniad.

'Lle gwag, gobeithio?'

Daeth o'i synfyfyrion, a chododd ei phen. 'Roedd llawer o bobl leol wedi bod wrth y stondin yn ystod y prynhawn a chyflwynasai Gwydion hi i rai ohonynt a ddangosai ddiddordeb yn ei phresenoldeb yno. Un o'r rhai mwyaf brwd ei groeso oedd y Person lleol, ac ef a safai wrth y bwrdd yn awr, gyda chwpanaid o de yn un llaw a theisen fechan ar blât a chrac ynddo yn y llall. Amneidiodd hithau ei chytundeb y munud hwnnw, ac eisteddodd ef gyferbyn â hi.

'A! 'Rhoswch chi.' Caeodd ei lygaid am ennyd. 'Sioned, 'te?'

'Ia.' Gwenodd Sioned. ''Rydw i'n cofio'n well. Y Parchedig Ganon Peredur Cummings.'

'Hawdd iawn i chi frolio'ch cof, 'y ngeneth i. Mae gynnoch chi un pymtheng mlynedd ar hugian yn llai o rwd o'i gwmpas o na sydd gen i.' Trodd ei de. 'Ac mae Gwydion yn rhoi teitla i bobol hefyd, ydi o? Wel wel! Mae 'mhen i'n dechrau chwyddo.'

'O ble daeth y Cummings?'

'Hwnnw? Yr hen greadur. Un o'r hendeidia, yn Berson Plwy fel finna. Ond yn wahanol iawn i mi, 'roedd o â'i fryd ar fod yn Esgob. Mi gredodd y byddai ganddo fo well siawns o gyrraedd 'i uchelgais yng Nghymru nag yng nghyffinia Caer-gaint. Hyn yn yr oes pan oedd hi'n ofynnol i bob Esgob yng Nghymru fod yn Sais uniaith. 'Roedd o'n nabod y bobl iawn, ond y stori ydi 'u bod nhwtha'n 'i nabod ynta hefyd.'

'A 'dydi'r uchelgais ddim gynnoch chi?'

'Bobol annwyl! 'Fyddwn i ddim yn Ganon oni bai am brinder.'

Mentrodd hithau sylw arall.

'Mae'n rhaid 'i fod o yn y pridd.'

'Hm. Sylw addas i ddynas stondin blanhigion,' atebodd yntau ar ei union.

'Chi ydi'r ail ddyn mewn deuddydd i frolio'i ddiffyg archwaeth at uchelgais wrtha i.'

'Yr ail? Mae'n rhaid ych bod yn teimlo fel dynas mwytho cwynwrs. A phwy gafodd flaen arna i, tybed?'

'Roedd ei chwilfrydedd yn amlwg yn ddiffuant.

'Watcyn Lloyd.'

'Ha!' Rhoes y Canon ei gwpan i lawr ar y soser wen, a

phlethodd ei ddwylo. 'Watcyn. Ac 'rydach chi wedi'i gyfarfod o, ydach chi?'

'Do. Fo roddodd waith imi.'

'Wel ia, debyg iawn. A mi wn i y gweddill.'

'Mae o'n dweud ei gân wrth bawb, felly?'

'Nid wrth bawb.' Edrychai'r Canon yn ddyfal arni, fel pe bai'n sylweddoli arwyddocâd ei phresenoldeb yn y stondin am y tro cyntaf. 'Mae'n rhaid ych bod wedi plesio. Sut daethoch chi i'r fei?'

'Atab hysbyseb. Cyfweliad ddoe, a fi oedd yr unig un yno, a finna wedi disgwyl rhestr fer a phob math ar ffurfioldeb.'

'Be fydd ych gwaith chi yng Ngartharmon? Nid helpu Gwydion i werthu chwyn, 'does bosib?'

Chwarddodd Sioned dros y lle, a throdd llawer i edrych arni. Gwridodd hithau.

'Peidiwch â gwneud wynab mor edifeiriol, wir. Mi neith fyd o les iddyn nhw glywed pwt o chwerthin iach.'

'Chwara teg, 'rydw i wedi bod wrthi drwy'r pnawn yn ceisio 'mherswadio fy hun mai stondin Gartharmon oedd yr unig beth lled-wareiddiedig yn yr holl farchnad. Chwyn!'

'Yr hen ŵr, wermod wen, rhosmari. Maen nhw'n tagu'i gilydd hyd y gwrychoedd a'r ochra 'ma. A dyma chitha'n 'u rhoi nhw mewn potia bach oren ac yn rhoi enwa crand Saesneg neu ffug-Ladin arnyn nhw ac yn dod â nhw i'r farchnad fel 'tasa'r Bod Mawr yn rhy grintachlyd i'w lledaenu nhw'i hun. 'Rydw i newydd dalu crocbris am flychaid o farigold i felynu tipyn ar y rheithordy llwydaidd acw. Be 'di'r rheini ond chwyn tramor?'

'Wel ia.' 'Roedd Sioned ymhell o'i byd, ond yn benderfynol o beidio ag ildio. 'Ond mae gwaith edrach ar ôl y planhigion, y tai gwydra,—pob dim.'

'Myfi sy'n rhannu'r compost, myfi sy'n mwytho'r chwyn. 'Rydach chi'n achub cam ych cyflogwr yn barod. Mi ddweda i wrthoch chi,—'dydw i ddim wedi dweud hyn wrth Gwydion rhag ofn i mi gael bai am roi syniada yn 'i ben o, ond mi welis i stondin chwyn fel 'i un o mewn un farchnad yn gwerthu llwyni bychain mewn pwcedi duon plastig am chwephunt yr un. Enw'r llwyn oedd *Rubus vulgaris* a ''Tyfwch Eich Mwyar Duon Blasus Eich Hunain'' wedi'i deipio odano fo. Punt y fodfadd am fiaren. 'Tasach chi'n lluchio un i ganol pwti, mi fyddai wedi gwreiddio erbyn trannoeth.'

37

'Ydi Gwydion yn gwybod be ydach chi'n 'i feddwl o'i lafur o?'

'Mae o'n gwybod be 'dw i'n 'i ddweud am 'i lafur o. 'Dydach chi byth wedi dweud wrtha i be fydd ych gwaith chi yn yr Eden ffasiwn-newydd.'

'Chwynnu.'

'Debyg iawn.'

'Ia, wir. Chwynnu papura a bilia a phob geriach. Cadw'r cyfrifon a gweinyddu'r gwaith papur ydi teitl swyddogol Mr. Lloyd am y peth.'

'Chi sydd i ddweud a ydi hynny'n waith diddorol ai peidio.'

'Mae hynny'n golygu na fyddai o ddim gynnoch chi.'

''Rydw i wedi clarcio unwaith ne' ddwy. Gofynnwch i'r musus acw.'

Y musus acw. Fe atgoffodd y geiriau Sioned o ffurfioldeb 'fy mhriod' a glywsai gan Watcyn Lloyd y diwrnod cynt. 'Roedd rhywbeth yn annymunol bell ynddynt. Nid oedd arlliw o ffurfioldeb ar gyfyl y Canon. Fe'i cafodd Sioned ei hun yn ceisio dychmygu sut drefn yr oedd yn ei chadw ar ei wasanaethau.

'Nid dyna fydd o i gyd,' ychwanegodd. 'Yn ôl Mr. Lloyd, mae holl bapura a dogfenna'r Stad ar chwâl hyd y Plas a'i selerydd. Mae o isio rhoi'r rheini mewn trefn cyn penderfynu be mae o'n mynd i'w wneud hefo nhw. Dyna fydda i'n 'i wneud rhwng clarcio.'

'Roedd y Canon wedi eistedd i fyny'n syth ac yn dangos diddordeb newydd sbon.

'Dogfenna Gartharmon?' gofynnodd, bron fel pe bai'n methu credu. 'Ac mae Watcyn am roi trefn arnyn nhw, ydi o? 'Rydw i wedi bod yn swnian digon arno fo i wneud hynny. Ac mae'r hen begor am gredu o'r diwedd. Wel wel!' Ymysgydwodd. 'Sioned, os nad oes arnoch chi isio chwaneg o de, ella y byddai'n well i ni symud. Mae 'na gip ne' ddau edliwgar braidd wedi dod aton ni o'r ochor arall i'r cownter yna ers meitin. Fel'na byddan nhw pan fydd hi'n llawn.'

'Ia, mae'n rhaid i mi fynd, p'run bynnag.' Cododd Sioned, ac estyn ei bag. 'Diolch am y cwmni,' ychwanegodd yn llawen, ''rydw i wedi dysgu llawer am chwyn.'

'Mi ddysgwch fwy, 'ngeneth i, os gwrandwch chi arna i. Cofiwch ddweud hynna wrth Gwydion.'

Aethant allan, gyda'r Canon yn dal y drws yn agored iddi hi fynd o'i flaen, gweithred braidd yn ddianghenraid gan fod y drws eisoes ar agor led y pen. Ond 'roedd cadw arferiad yn amlwg yn bwysicach na rhyw fanylyn felly. Fel y deuent i'r pafin, clywsant sŵn sydyn corn siarad yn dynesu.

'Ha!' meddai'r Canon, gan aros, 'y Brynhawnol Ddogn o Ddemocratiaeth. Ust, gwrandewch.'

'Y Blôid Gâhid-wha-dhowl,' cynigiodd y corn yn rhydlyd a phetrus. Ailadroddodd ei neges, wedi'i datgyfieithu i'r Saesneg, yn llawer coethach a mwy hyderus.

'Lwcus ydan ni 'te?'

Gwrandawai'r Canon fel plentyn. Chwarddai Sioned. Cyhoeddodd y corn enw'i berchennog a dymuno prynhawn da i'r gwrandawyr. Soniodd am grogi a chadw prisiau'n isel. Ailadroddodd ei neges. Ailadroddodd ei enw. Ailadroddodd ei neges eto, ond gan roi blaenoriaeth i chwyddiant y tro hwn. Daeth heibio iddynt, a nodiodd y darpar grogwr-ddarbodwr yn gwrtais ar y Canon gan awgrymu fod y ddau ohonynt yn gwybod y drefn.

'Nid y goler gron yma, 'ngwas i,' meddai'r Canon yn sur ar ei ôl.

'Golwg hunanfodlon arno fo,' meddai Sioned.

'Hen jarffyn bach annymunol,' ategodd y Canon. 'Ond nid dyna'r math o beth y dylai Canon yn yr Eglwys yng Nghymru ei ddweud am ei gyd-ddyn. 'Rydw i'n mynd, 'ngeneth i, rhag ofn mai chi ydi'r dylanwad drwg arna i. Mi gawn ni sgwrs eto.'

Cododd ei law arni, a chychwyn ymaith. Trodd hithau i fynd y ffordd arall, gan wenu gwerthfawrogiad o gwmni diddan mewn lle dieithr. Yna clywodd lais o'i hôl.

'Sioned.'

Trodd. Cerddai'r Canon tuag ati.

'Sioned, y rheithordy ydi'r tŷ cyntaf yn y pentref o gyfeiriad Gartharmon. 'Fedrwch chi ddim mo'i fethu o. Dowch acw ar unwaith, ddydd ne' nos, os byddwch chi isio sgwrs, ne' gymorth, ne' unrhyw beth arall, beth bynnag fydd o. Peidiwch â phetruso. Ydach chi'n addo i mi y gwnewch chi?'

Rhythai Sioned yn ddiddeall arno, wedi dychryn. 'Roedd pob arlliw o'r direidi a'r hiwmor wedi diflannu.

'Ydw. Ym—diolch,' meddai, heb syniad beth i'w ddweud wrtho.

'Dyna ni. Cofiwch rŵan. Unrhyw adeg.'

Rhoes un wên fechan arni cyn troi a mynd. Trodd Sioned i'w ffordd hithau, yn llawer mwy petrus. Nid ei eiriau oedd wedi'i synnu hi,—'roedd wedi bod yn hanner disgwyl rhyw wahoddiad cyffelyb ers meitin. Ond nid oedd wedi rhag-weld y difrifoldeb

39

sydyn yn llais a holl osgo'r Canon wrth iddo roi ei wahoddiad. Bron nad oedd wedi gwneud i'w eiriau swnio'n gymaint o rybudd ag o ddim arall. Brysiodd yn ôl i'r farchnad i gael rhywbeth arall i roi ei meddwl arno.

*　　　*　　　*

Rhyw led-obeithio y byddai'r stribyn pridd rhwng y lawnt a'r llwybr wedi'i glirio a'i ddarparu oedd y Canon, ond cafodd ail fel arfer. Gosododd ei flwch blodau i lawr ar y llwybr wrth y drws ac aeth i mewn. 'Roedd ei wraig yn crafu tatws uwchben y sinc yn y gegin fach ac yn gwenu'n ddel ar lun ŵyr bach newydd sbon ar y sil ffenest o'i blaen. Eisteddodd y Canon ar stôl wrth y bwrdd a syllu arni hi a'r llun bob yn ail.

''Tawn i'n claddu'r llun 'na yn yr ardd bach ella y cawn i hi wedi'i phalu erbyn heno.'

'Meiddia di. Papura di'r llofftydd, mi bala inna'r ardd.'

'Y tegwch arferol wrth fargeinio, mi welaf.'

''Tasat ti'n Esgob mi fedrat fforddio gwas. Yli.' Cododd daten. 'Mi ddaeth Robin Owen â nhw o'r Plas tra buost ti yn y dre. 'Chymra fo ddim amdanyn nhw, chwara teg iddo fo.'

'Chwara teg i'w galon o. Enaid mawr. Mae 'na hogan newydd yn y Plas.'

'Mi wn i. Mi ddwedodd Robin Owen.'

'Ddwedodd o? Yr hen Getyn mewn cryndod wrth ganmol, m'wn.'

'Methu dallt sut 'roeddan nhw'n cael eu gwneud mor ddel y dyddia yma.'

Gorffennodd Rhiannon grafu'r tatws a thywalltodd y dŵr budr i lawr y sinc, gan ddal hynny a fedrai o'r crwyn yn ei llaw rhag iddynt fynd i ganlyn y dŵr. Gwasgodd y crwyn yn belen yn ei llaw cyn eu taflu i'r bwced fechan wrth ei thraed. Edrychodd yn feirniadol ar flaenau'i bysedd a gwenodd unwaith eto ar y darlun.

''Dydi'i datws o ddim yn melynu bysedd, beth bynnag,' meddai. 'Sut cest ti wybod am yr hogan?'

''I gweld hi wrth y stondin.' Edrychai'r Canon yn synfyfyriol. 'Ac am funud . . .'

'O, na.'

Daeth y Canon o'i synfyfyrion yn ebrwydd.

'O be?'

'Nid gwair rhaffa ar gyfer y ddamcaniaeth fawr eto.'

Nid oedd mymryn o wawd yn llais Rhiannon.

'Na, 'pharodd o ddim ond eiliad ne' ddwy. Dyna'i gyd.'
'Roedd y Canon wedi ystyried sylw'i wraig ac wedi'i roi o'r neilltu. 'Ond am yr eiliada prin hynny mi ges i'r teimlad rhyfedda fyw. 'Roeddwn i'n ymwybodol o rwbath yn dweud wrtha i fod yr atab yna, 'i fod o'n ofnadwy o agos,—bron na fedrwn afael ynddo fo, a'i nabod o. Ond yna mi aeth i rwla, a'r cwbwl oedd ar ôl oedd Gwydion yn 'y nghyflwyno i i'r hogan.'

''Rwyt ti wedi mwydro dy ben gymaint hefo problem y Plas fel bod dy ddychymyg di'n cael gwneud be fynno fo â chdi. Un hogan ddiarth yn stondin Gartharmon a dyna hi. I ffwrdd â chdi y munud hwnnw.'

'Na. 'Roedd o'n llawer rhy gry i hynny. P'run bynnag, mae 'na genod erill wedi bod yn helpu Gwydion o dro i dro. 'Rydw i wedi'u gweld nhw. 'Ddigwyddodd dim bryd hynny.' Cododd, ac aeth at y ffenest. Cododd y llun, a gwenu arno. 'Ond mi ges i deimlad arall hefyd.' Diflannodd y wên wrth iddo droi i edrych ar ei wraig. 'Mi gawsom banad hefo'n gilydd ym Modlondeb. Mae hi'n hogan ddymunol dros ben. Ond y munud y ffarwelis i â hi ar y pafin mi ges deimlad 'y mod i wedi anghofio'i rhybuddio hi ac y dylwn i wneud hynny ar bob cyfri. 'Roedd hwnnw'n deimlad mor gry nes iddo 'ngorfodi i i droi'n ôl a galw arni hi.'

Aeth sosban yn glep ar y sinc.

''Ddaru ti 'rioed ddychryn yr hogan, debyg?'

'Naddo siŵr. Dim ond dweud wrthi hi am ddod yma unrhyw adag y byddai hi'n dymuno cael sgwrs ne' gymorth ne' rwbath.'

'Ac yn dy ffordd di o ddweud petha mi ddychrynist yr hogan druan am 'i bywyd mae'n siŵr.' Rhoes y sosban o dan y tap yn chwyrn a rhuthrodd dŵr swnllyd iddi. 'Ac os ydi hi wedi dod i hynna mae'n hen bryd i ti anghofio'r cwbwl. 'Tasa 'na rwbath i ddod o hyd iddo fo, mi fyddet wedi gwneud hynny mewn chwarter canrif, siawns gen i.'

''Ddaru mi ddim dychryn yr hogan,' atebodd y Canon. Aeth yn ôl at y bwrdd ac eisteddodd. 'Ac mae 'na atab,' ychwanegodd, yn dawel argyhoeddedig. ''Tawn i'n cael fy ngalw i gyfri fory nesa am fy ngwaith ar y Plas mi fedraf roi fy llaw ar 'y nghalon a dweud na ddaru fy ymchwil i godi bys bach at neb heb sôn am wneud i neb ddiodda o'i herwydd o. 'Dydw i 'rioed wedi cyhuddo neb o ddim. Ond mi ddalia i ati am 'y mod i'n sicr fod yr atab yno. Os daw o ryw dro, mae'n ddigon posib mai drwy ryw ffliwc y bydd hynny. Y peth pwysig ydi bod 'na rywun yn chwilio ac yn chwalu ac yn barod i dderbyn ac i nabod y ffliwc pan ddaw hi. A mi ddalia inna ati tan ddaw'r atab,—os ydi o i ddod o gwbwl. Mae'r egwyddor wedi mynd yn brin a hen-ffasiwn a diwerth ers blynyddoedd, ond yr enw arni hi ers talwm yn y pen acw i'r byd oedd dyfalbarhad. Ac mi wnaiff honna bregath at y Sul.'

'Pregath at y Sul?'

'Gwnaiff. Llnau mymryn arni a thynnu'r Plas ohoni. Mi wnaiff y tro iddyn nhw,—hynny wrandawan nhw, a chditha hefo nhw.' Cododd. 'Be wna i? Palu'r ardd 'ta gwneud pregath? Palu'r ardd. Mi gaf feddwl am 'y mhregath wrth wneud hynny ac erbyn y bydd tatws talu-hefo-peint Cetyn yn barod mi fydda i dri chwartar y ffordd drwodd.'

'Newid dy drowsus yn gynta.'

'Ia. Mae hynny.'

'Oedd 'na rwbath tua'r Dre, heblaw am dy hogan newydd di?'

'Y cawdel arferol. A'r Torïaid.'

''Daethost ti ddim i ffraeo hefo'r rheini debyg?'

'Naddo. Mynd yn 'i gar 'roedd o. Maen nhw'n siarad Cymraeg pan mae hi'n dod yn lecsiwn ac yn 'u bradychu'u hunain gyda'r gair cynta un sy'n dod o'u genau truan nhw mai dyna'r unig adag y maen nhw'n gwneud hynny. Mi fyddai'n well gen i 'tasan nhw'n peidio.'

'Ia. Gonestrwydd. Mi wnaiff hwnnw destun pregath y Sul wedyn i ti.'

'Un Sul ar y tro, Mrs. Canon Cummings. Offeiriad ydw i, nid ffatri.'

*   *   *

Cymerodd taith siopa Sioned fwy o amser nag a ragwelasai ac 'roedd ar ben pump arni'n dychwelyd i'r stondin. Teimlai'n euog am adael i Gwydion glirio'r cwbl ei hun a hithau wedi addo'i gynorthwyo, ond pan ddaeth at gefn y fen i ymddiheuro y cyntaf a welodd oedd Tecwyn yn gosod yr ychydig blanhigion a oedd heb eu gwerthu gyda'i gilydd ynddi. Wedi dod i grafu am reid adref oedd dyfarniad Gwydion, ac efallai fod llygaid Tecwyn wedi gloywi ryw fymryn pan welodd ei bod hithau hefyd yn mynd adref yn y fen.

Cawsant siwrnai swnllyd o'r dref, gyda Tecwyn yn cyfrannu'n helaethaf at y sŵn. 'Roedd tymer dda arno, gyda barn am odid bopeth o dan haul, ac nid oedd llawer o arwyddion ei fod am gadw'i gorff mor glir â phosib oddi wrth ei chorff hi fel

42

y gwnaethai yn y bws. Ond fe gafodd ei chip cyntaf ar y pentref o'i herwydd. 'Roeddynt wedi mynd heibio i dŷ'r gŵr a'r wraig amheus a'r wraig wedi codi llaw betrusgar o'r ardd mewn ateb i gyfarchiad corn y fen. Nid oedd Tecwyn am ddod i fyny i'r Plas i ddadlwytho neu fe fyddai ei groen ar y parad gan ryw hen ddynas am y byddai'r bwyd yn barod. Mi dosturiwn ni dros y rygarug, cynigiodd Gwydion gan fynd heibio i'r llidiardau rhwysgfawr a mynd am y pentref. Cofiodd Sioned am y rheithordy.

Daeth y pentref i'r golwg yn sydyn ar ôl tro yn y ffordd. Swatiai'r rhan fwyaf ohono'n daclus mewn dyffryn bychan, gyda stad o dai cyngor ar lethr yr ochr arall iddo. Gwelodd Sioned y rheithordy ar unwaith, a ffordd rhwng llwyni yn mynd iddo o'r ffordd fawr. Arafodd Gwydion y fen dipyn ar ôl mynd heibio iddo ac arhosodd o flaen dau dŷ. Neidiodd Tecwyn i lawr gan weiddi diolchiadau a chodi'i law a rhoi dwrn i ochr y fen yr un pryd nes ei bod yn sgrytian.

'Esiampl i glowniaid y greadigaeth.'

Trodd Gwydion y fen yn ôl. 'Roedd Tecwyn wedi diflannu ac 'roedd drws y tŷ yngháu. Trodd Sioned i edrych beth oedd i'w weld yn y rheithordy. Gwelai fforch ar ei phen ym mhridd gardd fechan ar ganol ei phalu wrth y tŷ, a neb ar ei chyfyl. Cofiodd am rybudd y Canon, a chysylltodd ef ag anniddigrwydd y gŵr a'r wraig yn yr ardd. Rhoes gip ar Gwydion. 'Roedd golwg ddibynadwy arno.

'Be ddwedist ti oedd enwau'r dyn a'r ddynas yn y tŷ cyn cyrraedd Gartharmon?'

'Lle? Tyn Ffordd?'

Cofiodd.

'Ia. Tyn Ffordd.'

'Mathonwy a Janw. Pam?'

''Dydw i ddim yn siŵr iawn.'

Trodd y fen i ffordd y Plas. Cafodd Sioned ei hun yn chwilio am brofiad, ond yn ofer.

'Be wyt ti'n 'i feddwl ''ddim yn siŵr''?'

'Oes 'na ryw ffrae wedi bod rhyngddyn nhw a Watcyn Lloyd ryw dro? 'Doeddan nhw ddim i'w gweld yn rhy llawan ddoe pan ddwedis i mai yma'r oeddwn i'n dod.'

'Nac oeddan, m'wn.' Trodd Gwydion ei ben ati, dan wenu. Yna diflannodd y wên yn ebrwydd. 'Mae 'na stori ryfadd yn fan'na.'

'Wel dwed hi 'ta.'

43

Petrusodd Gwydion am funud, yna arhosodd y fen. Diffoddodd y peiriant.

'Aros di. Yn lle 'mod i'n gorfod cystadlu ag injan y peth 'ma.' Aeth i'w boced, ac estyn tun baco. Agorodd ef, a dechrau rowlio sigarét. 'Mae hyn cyn fy oes i, er 'mod i wedi clywed digon arni. Mae 'na ddeng mlynadd ar hugian bellach mae'n siŵr. Ond 'roedd gan Mathonwy a Janw ferch, ac 'roedd hi yma'n forwyn. Hi oedd yr unig blentyn hefyd.'

'Be ddigwyddodd? Mynd yn ffrae?'

'Naci.' Taniodd Gwydion ei sigarét. 'Mi ddiflannodd.'

Aeth yn ddistawrwydd. Arhosai Sioned am eglurhad, ond 'roedd Gwydion yn canolbwyntio ar fflam y fatsen. Trodd y fatsen rhwng ei fysedd fel y dynesai'r fflam atynt a rhoes chwythiad sydyn byr arni cyn ei thaflu drwy'r ffenest.

'Diflannu?'

'Dim ond mynd. 'Welwyd fyth mohoni.'

Teimlai Sioned groen gŵydd yn dod drosti. Gwelodd ar unwaith y ddynes yn ei phryder yn ei chymharu hi â'i merch ei hun. Nid oedd yn ddarlun i ori arno.

'Hogan ifanc oedd hi?'

'Ia. Tua'r ugian 'ma.'

Trodd y croen gŵydd yn gryndod sydyn.

'Be ddigwyddodd wedyn? Fu 'na chwilio amdani?'

'O, do, chwilio mawr. Wel, yn y diwadd. 'Roedd 'na straeon o bob math, fel y gelli fentro. Ffraeo hefo'i chariad oedd yn cael y bai mwya. 'Dydw i ddim yn cofio'r stori'n iawn, ond 'roedd hi wedi mynd â'i dillad hefo hi beth bynnag. Ond 'doedd Math a Janw ddim yn coelio a mi aeth petha'n ddrwg. 'Roedd y plismyn wedi'u galw yn y dechra un ond 'doeddan nhw ddim yn dangos llawar o ddiddordab am fod y dillad wedi mynd hefyd. Ond mi ddechreuon chwilio yn y diwadd. Mi aethon drwy'r Plas a'r adeilada, ac mi chwilion bob modfadd o'r stad, y llyn a'r goedwig a'r cwbwl. Mi awd â phob tocyn lludw a welson nhw i ffwrdd i gael 'i ddadansoddi. Mi fuon nhw yn y coed am wythnosa, oherwydd 'roedd y cŵn yn dod ar draws pob math ar betha yno.'

'Ych a fi! Be oedd ei henw hi?'

Ystyriodd Gwydion am ennyd, yna daeth penbleth sydyn i'w wyneb.

''Rydw i wedi anghofio.' Trodd ati. 'Be oedd o, dywed? Dyna ryfadd.' Ymdrechai i gofio. 'Mi ddaw yn y munud. Mi chwiliwyd yr ardal hefyd, pob twll a chornel ohoni. Mi dynnwyd llunia'r lle o awyren hyd yn oed, i edrach oedd 'na dir wedi'i styrbio yn rhwla.'

'A 'chawson nhw ddim.'

'Do. 'Roedd 'na hen lanc o dyddynnwr taclus yn y Friog i fyny ffor'cw.' Pwyntiodd tua chefn y fen gyda'i fawd. 'Mi ddarganfu'r awyren rwbath ar 'i dir o. Wedi claddu ebol, medda fo. 'Roedd o wedi gosod y tywyrch yn 'u hola fel newydd, ond eto 'roedd y newid yn y tir i'w weld o'r awyr. 'Doeddan nhw ddim yn fodlon, p'run bynnag, a mi agorwyd y bedd. Mi ddaethon nhw o hyd i'r ebol fel 'roedd yr hen ddyn wedi dweud. Ond 'doeddan nhw ddim yn fodlon wedyn chwaith. Mi'i codwyd o o'no rhag ofn bod rhwbath odano fo. Y cwbwl gawson nhw oedd craig.'

'Damia unwaith. Meddwl am godi peth felly.'

'Ia. Mae'n ddiwrnod rhy braf i feddwl am hynny.' Taniodd Gwydion y fen, a'i chychwyn. Cododd ei lais i gystadlu â'r sŵn newydd. 'Ac mae'r stumog yn galw p'run bynnag.' Daeth protest o grombil y fen wrth iddo fethu rhoi digon o bwys ar y clyts wrth newid gêr. 'Damia. Hen bryd i Rhodri gredu eto. Mae hon yn barod i'r doman.'

Hanner gwrando a wnâi Sioned. Gwelai lond gwlad o blismyn yn chwilio ac yn tyrchu, a chŵn eiddgar yn ffroeni ym mhob twll a thomen, a gŵr a gwraig mewn unigrwydd tor-calonnus yn eu canol yn aros a disgwyl am y gorau neu'r gwaethaf, a'r un ohonynt yn dod. Gwelai bobl yn peidio â chydymdeimlo â hwy am fod arnynt ofn gwneud hynny, a'u distawrwydd yn gwaethygu teimladau.

''Does dim rhyfadd nad ydyn nhw'n awyddus i sôn am y Plas.'

'Be?'

'Dweud oeddwn i nad ydi o'n syndod fod pobol Tyn Ffordd yn amheus o'r Plas.'

'Roedd yn edifar ganddi ddweud, braidd, oherwydd swniai ei geiriau'n ddi-hid wrth iddi orfod codi'i llais i gystadlu â'r fen.

'Maen nhw'n iawn, cofia. Maen nhw'n glên bob amser hefo fi, cyn bellad nad ydw i'n sôn am Gartharmon. Er mi fydda i'n teimlo amball dro y caren nhw i mi wneud hynny, ond bod arnyn nhw ofn dechra. Na, 'does dim bai arnyn nhw.' Trodd y fen i'r ffordd fach heibio i'r tai gwydr. 'Catrin, siŵr.'

'Sut?'

'Catrin. Enw'r ferch. Catrin oedd morwyn Gartharmon.'

*   *   *

'Roedd y mymryn o amheuaeth annifyr yn dal i grynhoi yng nghefn ei feddwl. Bu wrthi drwy'r dydd yn ei droi a'i drosi a daethai i'r casgliad nad ydoedd yn ddim ond rhywbeth naturiol o ystyried popeth.

Edrychodd unwaith eto ar y parseli a'r blychau. Nid oedd achos pryder ynddynt hwy. Edrychodd am hir ar yr hen lechen. Bu adeg pan ddeuai'n feunyddiol i edrych arni, yn methu'n lân â chadw draw. Bu adeg wedyn, yn ddiweddarach, pan na fedrai feddwl am edrych. Bryd hynny, pan fyddai'n rhaid iddo ddod yno, llwyddai drwy gyfrwng ei gydwybod yn hytrach nag unrhyw ymdrech i gadw'i lygaid yn glir oddi arni. O leiaf gallai ddiolch erbyn hyn fod y ddau gyfnod hynny drosodd.

Aeth i fyny'r grisiau cerrig. Efallai nad oedd ei amheuaeth yn ddrwg i gyd. 'Roedd yn ei gadw ar ei wyliadwriaeth, rhag ofn. Ond ar adegau fel hyn 'roedd yr awydd i droi'r cloc yn ôl yn ormesol a bron y tu hwnt i reolaeth. Rhoes un cip arall, braidd yn ofnus, braidd yn ddiflas, yn ei ôl i lawr y grisiau cyn diffodd y golau a mynd drwy'r drws. Caeodd yn dynn ar ei ôl ac aeth i'w stafell ac yn syth at y dresel dderw. 'Roedd potel wisgi arni, ond ar gyfer ymwelwyr achlysurol 'roedd honno, ac felly y byddai hi hefyd. Agorodd ddrôr. Tynnodd restr ohoni ac edrych arni am hir. Yn raddol dechreuodd y dyrnu yn ei ben, ond 'roedd yn rhaid iddo anwybyddu hwnnw neu ildio'n llwyr. Eisteddodd wrth y bwrdd, ac estyn ei lyfr sieciau.

Canodd y ffôn. Damiodd yn ddistaw. 'Roedd yn sicr fod y caniad yn gallu dweud pwy oedd ar y pen arall ambell dro.

'Ia?'

'Rho'r gora i'r lol 'ma.'

'Paid â dechra...'

''Rydw i wedi'i gweld hi. A mae 'na rwbath...'

'Rwbath be?'

''Rydw i'n dweud wrthat ti am gael gwarad â honna.'

Yna dechreuodd wrando. 'Roedd dychryn yn y llais.

'Be sy'n bod arnat ti?'

'Mae 'na rwbath yn mynd i ddigwydd hefo honna!'

Yna nid oedd am wrando rhagor. Cleciodd y ffôn yn ei ôl. Caeodd ddau ddwrn uwch ei ben.

PENNOD 3

Fe beidiodd y glaw. 'Roedd y ddaear yn socian a chwmwl gwyn diderfyn bron â bod yn ddigon isel i'w gyffwrdd uwchben ac o amgylch, yn cau rhywun yn ei le ac yn cyfyngu gorwelion. Ar ôl cael eu dyfrhau drwy'r dydd edrychai'r llwyni a'r coed a'r holl dyfiant yn ffyrnig o ir, yn fwy felly am fod y glaw wedi dod ar ôl pythefnos o sychdwr. Chwythai gwynt cynnes yn ysgafn o'r de. Cerddai Sioned yn hamddenol i lawr y ffordd o'r Plas, wedi gwrthod pob cynnig o gael ei chludo. Yn raddol, dechreuai ddod i sylwi ac i werthfawrogi'r gwahaniaeth rhwng llwyni a'i gilydd, er na fedrai roi enw ar ddim ond un neu ddau ohonynt, megis y tri lliw ar ddeg a'r ffug-oren. 'Roedd wedi penderfynu ei bod yn mynd i ddysgu amdanynt i gyd oherwydd ni fedrai feddwl am ddim mwy di-fudd na chadw cyfrifon busnes na wyddai un dim am ei hanfodion.

Gwydion oedd yn gyfrifol am ei siwrnai. Daethai rhyw gymysgwch o gynnwrf a diflastod drosti pan wahoddodd ef hi i fynd gyda chriw o'r pentref i ganfasio gyda'r nos. Gan nad oedd arni eisiau ymddangos yn anghymdeithasol neu waeth, a chan fod arni eisiau dod i adnabod y pentref a'i bobl, cytunodd gan wneud ei gorau i swnio'n ddiolchgar. 'Roedd yn argyhoeddedig mai methiant llipa oedd ei hymdrech i swnio'n frwd.

Daeth at y giatiau, neu'n hytrach y giât. Cawsai un ei hanfon i'w thrwsio ar ôl tolc y lori, a'r gofaint wedi gorfod sicrhau Watcyn Lloyd ddwywaith o leiaf y byddai'n ei hôl fel newydd cyn diwedd yr wythnos. Tebyg oedd mai ef oedd yn iawn. Yn ystod ei hwythnos yng Ngartharmon ni welsai Sioned yr un arwydd o ddihidrwydd yn unman. Edrychodd o'i chwmpas, yn fodlon. 'Roedd fel y dylai fod, y tir a'r gwrychoedd a phopeth yn cael parch naturiol, diymffrost. Teimlad o barhad oedd yma, a hwnnw'n drwm, ac yn newid amheuthun o'r bregeth gyfoes ddiderfyn am ddatblygu a newid a dilyn yr oes. Ateb oedd y blanhigfa, ateb naturiol a weddai i'r dim i'r lle ac i drefn pethau yn union fel pe bai lle wedi bod ar ei chyfer erioed. 'Roedd y boncyff yn dal i fod yna, hyd yn oed, heb neb yn ystyried tarfu arno.

Nid oedd wedi gweld y boncyff o'r blaen. Fe'i teimlai ei hun yn glasu gan ddychryn wrth iddi sylweddoli. Am ennyd 'roedd y boncyff wedi bod yn ganolog, 'roedd hi wedi'i adnabod a'i hanes yn fyw yn ei chof, ac yna 'roedd y cwbl wedi diflannu yr un mor ddisymwth â'r tri thro blaenorol gan ei gadael yr un mor ddiymadferth. Pwysodd yn ôl ar y giât gan deimlo fel pe bai rhywun newydd dynnu hanner ei stumog o'i chorff. Gwyddai cyn dechrau mai ofer fyddai'r ymdrech ond er hynny ceisiodd gael y profiad yn ôl yn ei gyfanrwydd er mwyn iddi allu cyrraedd ato a'i ddeall.

Ciliodd y diymadferthedd. Edrychodd ar ei horiawr. Rhwng hanner awr wedi chwech a saith o flaen yr ysgol oedd y cyfarwyddiadau a gafodd ar gyfer y gymanfa wenu, ac 'roedd ganddi ddigon o amser cyn hynny. Pe bai'n mynd at y boncyff efallai y câi ddarganfod pam hwnnw. Er bod ganddi esgidiau dal dŵr fe deimlodd ei thraed yn oeri bron ar unwaith wrth iddi gerdded drwy'r borfa, a gwnaeth y profiad ymarferol hwnnw iddi sylweddoli nad oedd am ddarganfod unrhyw gyfrinach wrth y boncyff. Ond nid oedd am droi'n ôl.

Safai'r boncyff ar ei ben ei hun ar ben mymryn o lethr. 'Roedd hen wal gerrig isel ychydig lathenni oddi wrtho a choedlan ifanc yr ochr arall iddi. Cyn bod y goedlan a phan oedd y goeden yn ei hanterth 'roedd wedi bod yn hardd ac o bosib yn gyrchfan. Bellach nid oedd dim ar ôl ond cwta ddwylath o foncyff trwchus unionsyth gyda'i risgl cnotiog yn pydru'n araf. Safai Sioned a'i throed yn pwyso ar y wal gerrig yn edrych i fyny arno, gan geisio dyfalu'i oed fesul cenhedlaeth. Ei oed oedd ei unig gyfrinach.

Daeth cigfran heibio. Synnodd Sioned o weld mor llonydd oedd ei hadenydd wrth iddi, drwy ddigwyddiad, hedfan yn union yn y canol rhwng y goedlan a'r boncyff, rhwng y byw a'r marw, a mynd heibio yr un mor ddi-hid o'r naill a'r llall. Daeth uwch ei phen heb gymryd sylw ohoni hithau chwaith cyn troi gyda chwr y goedlan a mynd o'r golwg yr ochr arall iddi. Nid oedd Sioned erioed wedi gweld cigfran mor agos o'r blaen ac ni ddychmygasai weld pig a llygaid mor fawr a gwancus. Ond yr hyn a arhosai oedd y darlun disymwth ac annisgwyl rymus o'r aderyn union hanner y ffordd rhwng y boncyff a'r coed ifanc. Eisoes 'roedd yn dechrau ei chwyddo a'i berffeithio yn ei meddwl, i'w gadw.

Cerddodd i fyny'r llethr. Cyffyrddodd yn y boncyff, yn betrus. 'Roedd yn ymwybodol o'r breuder o dan y gwlybaniaeth a thynnodd ei llaw ymaith am nad oedd yn dymuno hybu'r dadfeiliad. Ceisodd gofio, ceisiodd ganolbwyntio. Chwiliodd ei

48

llygaid y rhisgl a'i ffurfiadau cymhleth. Cyn hir, trodd yn ôl, braidd yn siomedig.

Cerddodd at y pentref heb weld neb. Arafodd wrth ddynesu at y rheithordy, a geiriau rhybudd y Canon yn y dref yr wythnos cynt yn fyw yn ei meddwl. Nid oedd y syniad o ddweud wrtho yn un atyniadol. 'Roedd yn rhy bosib mai chwerthin am ei phen a wnâi, neu'n waeth fyth wfftio'n ddistaw bach. Nid oedd i'w weld y math ar ddyn i lyncu stori ffantasi. Gorfu iddi wenu wrth ddychmygu amdano'n cynnal gwasanaeth i ymlid ysbrydion drwg o'i chorff. Go brin mai am bethau felly y meddyliai ef pan alwodd hi'n ôl ato yn y dref.

'A sut mae Meistres Gartharmon heddiw?'

Neidiodd. 'Roedd rhywbeth main wedi cyffwrdd ei gwegil fel 'roedd y llais yn ei chyfarch. Trodd yn ei dychryn, a gweld Tecwyn yn sefyll dri cham oddi wrthi a gwialen bysgota yn ei law. Chwarddodd ef wrth weld llwyddiant ei ddynesiad.

'Y diawl bach.'

'Temtiwyd fi a syrthiais. 'Roedd golwg yn ych byd bach ych hun arnoch chi. 'Ddaru chi ddim digwydd gweld pysgod yn chwilio am afon hyd y lle 'ma?'

'Ac mae dy fag di'n wag? Eitha gwaith â chdi.'

'Dim bachiad. Fel 'sgota mewn can llaeth. 'Dydi hi ddim wedi bwrw digon, siŵr, 'dydi'r dŵr ddim wedi troi'i liw.'

'Ffordd doist ti mor slei?'

'Mae 'na lwybr ar draws y caea i fan'na.' Pwyntiodd at lidiart cae hanner canllath o'i ôl. 'Ydach chi am ddŵad i ganfasio felly?'

Iddi hi, swniai ei gwestiwn fel dedfryd.

'Ydw.'

'Wel dyna atab brwdfrydig.'

'Dros ben. Wyt tithau'n mynd hefyd?'

'Ydw. Mi ddo' i lawr hefo chi. Dim ond newid fy sgidia a 'nghôt.'

Brysiodd Tecwyn drwy'r glwyd fechan o flaen ei gartref ac aeth i mewn i'r tŷ. Arhosodd Sioned ar y palmant, yn ddiolchgar. Byddai o leiaf un heblaw Gwydion yr oedd yn lled gyfarwydd ag ef yn y criw. Efallai y gwnâi hynny'r gorchwyl yn haws mynd trwyddo.

'Roedd Tecwyn allan mewn chwinciad, yn gwenu'n braf. 'Roedd Robin Owen wedi bod wrthi'n dweud fod holl arwyddion nythu o'i gwmpas am ei fod wedi dod i'r Plas bob dydd ers wythnos, ac wedi chwilio am esgusion i fynd â

49

phapurau o bob rhyw fan yn y tai gwydrau fesul dyrnaid bychan i'r weinyddwraig newydd bob cyfle a gâi. Nid ei bod hi'n malio.

'Mi goll'soch chi hwyl neithiwr.'

'O?'

''Roedd 'na gwarfod ym Mhenrhyd.'

'Ble mae fan'no?'

'Y pentra nesa ffor'cw. Rhyw chwe milltir o'ma. 'Roedd 'na griw go lew yno, rhyw ddau ddwsin rhwng pawb. 'Roedd 'na ryw hen Sais afiach o dafarnwr yno ac 'roedd pawb yn trio lluchio amball air Susnag yma ac acw i blesio hwnnw.'

'Difyr iawn.'

'Difyr odiaeth. 'Roedd gan y gŵr bonheddig ddatganiad pwysig i'w wneud ar y diwadd, ac mi gododd ar ei draed i'w wneud o. 'Roedd o wedi byw yn Wêls ers ugian mlynadd a 'doedd o ddim wedi cadw'i lygaid na'i glustia'n gaead o bell ffordd yn yr ugian mlynadd hynny. Erbyn hyn 'roedd ganddo fo dystiolaeth bendant fod rhai o aelodau Plêid Cimrw'n genedlaetholwyr Cymreig. Mi chwerthis inna dros y lle.'

'Wel do, debyg.'

'Fi oedd yr unig un i wneud. Mi fylliodd Pero a dyma fo'n dweud y perl newydd sbon hwnnw mai cenedlaetholdeb oedd gwraidd pob drwg ac y dylan ni'r culion droi'n golygon at allan i ddysgu byw'n heddychlon fel Lloegr. Fi oedd yr unig un i chwerthin wedyn hefyd. A mi cefis i hi.'

'Gan y dyn?'

'Na. 'Ro'n i islaw sylw hwnnw. Gan y Blaid.'

'Roedd awydd troi'n ôl yn dod ar Sioned.

'Mi fu 'na edliw teuluoedd ar hyd y ffordd adra. 'Ro'n i'n hannar disgwyl iddyn nhw godi crocbren o flaen y tŷ 'cw. Iawn, mi wn i bod isio bod yn neis neis i grafu am bleidleisia ond mae 'na ben draw i bob dim.'

'A mi ei heno eto?'

Trodd Tecwyn ati fel pe bai ei chwestiwn yn un rhyfedd.

'Af siŵr. Nid er 'u mwyn nhw 'dw i'n gwneud.'

'Naci, mae'n siŵr.' Nid oedd blas lecsiynna'n gwella dim. 'Mi ges i brofiad rhwbath yn debyg i ti pan o'n i yn yr ysgol.'

'O?'

'Ddwy lecsiwn yn ôl. Mi ddechreuis inna ganfasio yn llawn brwdfrydedd ac wedi f'arfogi am y gwelat ti hefo dadleuon di-droi'n-ôl. Ar y drydedd noson dyma gadeirydd y gangan ata i a dweud wrtha i am dynnu'r bathodyn oedd gen i ar 'y nghôt.'

'Bathodyn be oedd o?'

'Cymdeithas yr Iaith. A 'doedd gen inna neb i gadw 'mhart i, na'r hyder i'w ddamio fo.'

'Be wnaethoch chi?'

'Mi es i ganfasio, hefo'r bathodyn. A theimlo'n chwerw, chwerw. Mae'n gas gen i ganfasio byth. 'Dydi o ddim yn fy natur i p'run bynnag.'

Cyraeddasant yr ysgol. Safai criw o ryw hanner dwsin o bobl, ifanc gan mwyaf, wrth y llidiart. Heibio iddynt 'roedd fen mini las wedi'i pharcio ar ben y pafin, a dau flwch yn llawn pamffledi ar ei phen. Gan fod digon o farciau a chrafiadau hyddi eisoes nid oedd beryg i fymryn o fân sgriffiadau eraill a wneid gan y blychau boeni llawer ar neb.

Gwelodd Sioned Gwydion yn ymwahanu oddi wrth y criw ac yn dod atynt. Cyfarchodd Tecwyn mewn llais isel.

'Mae dy hanas di newydd gyrraedd o dy flaen di. Mae'n siŵr gen i fod 'na gynllunia arbennig ar dy gyfer di heno.'

'Oes 'na wir?' Daethai golwg herfeiddiol i lygaid Tecwyn. 'Nico Bach wedi bod yn achwyn.'

'Mae dy Nico Bach di am roi'r carchar am dy goesa di 'i hun. Hefo fo y byddi di heno.'

'Dim diawl o beryg.'

'Roedd ymateb Tecwyn yn ddigon uchel i'r gweddill ei glywed. Troesant fel un gŵr i'w hwynebu, ac 'roedd yr olwg ar y rhan fwyaf yn dangos yn ddigon amlwg eu bod yn gyfarwydd â'r pwnc trafod. Daeth dyn gweddol fyr, yr hynaf, oddi wrth y gweddill a chamu'n frysiog fuan tuag atynt. Rhoes edrychiad byr a gwastrodol ar Tecwyn cyn rhoi'i sylw ar Sioned.

'Croeso aton ni,' meddai'n frwd, gan estyn ei law i afael yn llaw Sioned a'i hysgwyd yn wresog a hir, mor hir nes gwneud iddi ddechrau teimlo'n ffŵl. 'Fi ydi ysgrifennydd y gangen. Mae'n dda cael croesawu rhywun newydd . . .'

'Ac ifanc,' meddai Tecwyn yn ddwys a chrynedig.

Aeth yr ysgwyd llaw yn fflat yn ddisymwth, er mawr ryddhad i Sioned. Mwy o ryddhad fyth oedd fod y dyn wedi troi oddi wrthi hi ac at Tecwyn.

'Dim o dy lol di,' meddai wrtho'n anghyffredin o sych. 'Mi wnest ti ddigon o lanast o betha neithiwr.' Trodd yn ôl at Sioned, yn wrid o sylweddoli fod gwynt ffurfioldeb wedi cael ei dynnu o'i hwyliau a bod naws y seremoni groesawu wedi'i difetha. 'Nid chwara plant ydi ceisio ennill pleidleisia.'

Nid atebodd Sioned.

'Mae'r pamffledi newydd gyrraedd,' cyhoeddodd y dyn, 'a mi gawn 'u dosbarthu nhw wrth ganfasio. Mi gewch chi fynd hefo Peter ac Anwen—dyna nhw wrth y giât—a mi gei ditha'—oerodd y llais—'ddod hefo fi.'

'Mae Sioned yn ddiarth ac 'rydan ni'n dau yn mynd i ganfasio hefo'n gilydd.'

'Roedd cyhoeddiad Tecwyn mor derfynol ag yr oedd o hamddenol.

''Rwyt ti'n dod hefo fi!'

'Mae Sioned yn ddiarth ac 'rydan ni'n dau yn mynd i ganfasio hefo'n gilydd!'

Nid cyhoeddiad tawel ond ysgyrnygiad sydyn. Er iddo ddychryn am ennyd, sythodd y dyn, yn barod. Daliai Tecwyn i edrych yn herfeiddiol a bwriadol oeraidd arno, yn gwybod sut i'w wylltio. Yn gweld y perygl, daeth Gwydion i'r adwy i ymresymu â'r dyn, a gwneud hynny o blaid Tecwyn. Cyndyn oedd tymherau i ostwng heb gael cyfle i godi'n iawn, ond bodlonodd y dyn yn y diwedd ar rwgnach tra daliai Tecwyn i syllu arno. Aeth y dyn oddi wrthynt at y fen a'i bamffledi a mynd ati i'w dosbarthu gan ddal i bwysleisio wrtho'i hun ac wrth y neb a wrandawai waith mor ddifrifol oedd o'u blaenau. Tra bu hyn yn mynd ymlaen cafodd Sioned ei chyflwyno i'r gweddill, gan gael enwau a galwedigaethau a ddeuai o bosib i olygu rhywbeth amgenach na rhestr iddi cyn hir. Cafodd hefyd bentwr o bamffledi gan y dyn, a'i osgo'n dangos yn bendant mai hi oedd yn ddigon cyfrifol i'w derbyn ac nid ei phartner. Amheuai o'r hyn a welai o'r pentref o'r fan honno fod ei siâr hi a Tecwyn yn llai o dipyn na'r lleill, ac nid oedd amheuaeth yn ei meddwl fod adolygu munud olaf wedi'i wneud ar y terfynau.

Cychwynasant, ar ôl cael eu siarsio mai canfasio oedd y bwriad, ac nid rhannu pamffledi, a stumog Sioned yn troi fel y pwysleisid y siars drosodd a throsodd. Ni wellhaodd wrth gael ffurflenni i'w llenwi gyda manylion pob ymateb ym mhob tŷ. Gweithio'n ôl tuag at y rheithordy oedd eu gorchwyl hwy ill dau, a chynnwys rhes o dai a oedd mewn ffordd fach gefn yn eu taith. Dechreuai calon Sioned drymhau. Diarhebai Tecwyn o dan ei wynt.

'Blydi Nico Bach.'

'Pam Nico Bach?'

'Mae'r Bach yn siarad drosto'i hun debyg. A'r Nico? Wel, ella am 'i fod o'n cadw—ym . . .'

'Cwningod.'

'Ymgais ganmoladwy. Be sydd yn y pamffled?'

Agorodd Sioned bamffled ac edrych drwyddo'n dawel. Rhoes gip ar Tecwyn. 'Roedd ef wedi troi i edrych yn ôl yn union fel pe bai arno ofn fod ei Nico Bach yn eu dilyn.

'Annwyl Gyfeillion. Daeth yn amser unwaith eto i'r frwydr oesol rhwng sylwedd a slogan gyrraedd ei phenllanw pummlynyddol. Ys gwn i faint ohonoch chi'r gamblwyr fydd yn rhoi eich arian ar sylwedd y tro yma?'

'Dowch weld.' Bron nad oedd Tecwyn yn rhuthro am ei phamffled. ''Dydi o 'rioed yn dweud hynna?'

Darllen ei phamffled hi a wnaeth yn hytrach na chymryd un ei hun, a chlosio ati i wneud hynny. 'Roedd y mymryn lleiaf o gynnwrf a deimlodd yn ei mynwes yn fwy o syndod na dim arall.

'Nac ydi.' Ni wnaeth ymdrech i'w alluogi i gael at y pamffled heb iddo ddal i orfod closio ati. ''Tasa fo, mi fyddai gen i fwy o galon i'w ddosbarthu o.'

'Hidiwch befo. Mi'ch helpa i chi os eith hi'n dynn arnoch chi. Mi ddechreuwn ni hefo'r rhain. Mae'r ail dŷ 'na'n fwy gobeithiol na hwn. Gwnewch chi hwnna.'

Cymerodd Tecwyn ddyrnaid o bamffledi ac aeth drwy lidiart fechan dan chwibanu. Agorodd Sioned ei llidiart hithau, a dynesu mor ddistaw ag y gallai at ddrws pren caled newydd a gwydr crwn trwchus yn ei ganol. Cyrhaeddodd, a phetrusodd. Clywai Tecwyn yn cyfarch rhywun yn rhadlon yn y drws nesaf. Clywai ateb swta. Clywai Tecwyn yn dal ati yr un mor rhadlon a rhyfeddai at ei hyder. Tynnodd ei gwynt ati. Curodd ar y drws fel pe bai'n curo ar ddrws ei dienyddiwr. Daeth cyfarthiad bychan Saesneg ci rhech o'r ochr arall i'r drws a neidiodd. Clywodd lais yn canmol y ci yn yr un iaith a newidiodd y patrwm drwy'r gwydr trwchus wrth i rywun ddynesu ato. Agorodd y drws.

'O—ym—noswaith dda.'

'Noswaith dda.' Braidd yn sur. Y ddynes a'r ci a'r tŷ mor ddifrycheulyd â'i gilydd.

''Rydw i yma ar ran Mr. Dyfed Rowlands, ymgeisydd Plaid Cymru yn yr etholiad. Ym—ylwch—ym—pamffled.' Anfarwol, meddyliodd. Daliai Tecwyn i barablu. 'Ym . . .'

'O! Mr. Rowlands! Wyddoch chi be, 'nghariad i? 'Rydw i'n ffrindia mawr hefo'r teulu. 'Roedd ei fam o yn y W.R.V.S hefo fi. O, dynes neis! Ac 'rydan ni wedi dal mewn cysylltiad byth ers hynny. Liberals ydan ni wedi bod erioed wrth gwrs, ond—' gostyngodd y llais yn gyfrinachol, *not this time!*'

'O—ym—da iawn.'

'Wel ia, yn wir. Gobeithio'r gora, 'te cariad, er mwyn ei fam o. Ylwch, cariad, ddowch chi i mewn?'

'O, na, dim diolch. Mae 'na waith, rhwng pob tŷ.'

'Oes siŵr. Dyna chi 'ta. Neis eich cyfarfod chi, cariad.'

'Diolch.'

Gwenodd y ddynes arni'n mynd at y llidiart a chyfarthodd y ci ei ffarwél uniaith ei hun. Pan drodd hi i'r pafin ac edrych yn ôl 'roedd y drws wedi cau. Cofiodd hithau am y llu cwestiynau yr oedd i fod, yn ôl y gorchymyn, i'w gofyn i'r ddynes.

'Werthoch chi?'

'Do. 'Roeddat ti'n gwybod, on'd oeddat?'

Nid oedd ei llais yn gyhuddgar, ond 'roedd Tecwyn yn gwrido y munud hwnnw. Chwarddodd hithau.

''Ro'n i wedi cael achlust fod 'na dröedigaeth wedi bod,' meddai ef.

'Diolch i'r Ymerodraeth.'

'Byw fo'i Henw.'

'Beth amdanat ti?'

''Roedd taid Taid wedi cael ei hel o'i gartra am fotio i Lloyd George ac 'roedd Taid a Dad wedi ymladd i gael yr hawl i fotio a Llafur oeddan nhw wedi bod erioed a'r unig ffordd i warchod y rhyddid yr oedd taid Taid a Taid a Dad wedi aberthu cymaint er ei fwyn a'u hymdrech i godi'r gwan i fyny oedd drwy roi fôt i'r Torïaid. 'Doedd 'na ddim sôn am dad Taid. Ella nad oedd mam Taid yn hogan dda.'

''Does 'na ddim lle ar y papur 'ma i roi hynna i gyd.'

Gofynnai'r ffurflenni am wybodaeth gywir a chyfrifol am hynt a helynt pob ymdrech, pob cnoc ar ddrws. Rhoes Sioned dic celwyddog ei chadernid ar ei phapur cyntaf ar ôl rhoi enw'r tŷ ar ei ben, a rhoi trem sydyn a sur ar y gweddill ohono.

'Mi anghofis i ofyn p'run ai hefo melfed 'ta gwellt mae hi'n sychu tin y ci.'

'Ydi lecsiynna'n beth mor ddrwg â hynna?'

O leiaf 'roedd ganddi un oedd yn hawdd siarad ag o.

'Ydi. A gwaeth.'

'Peidiwch â rwdlan!'

''Dydw i ddim.' Dechreuasant gerdded yn araf oddi wrth y ddau dŷ. 'Dim ond pan maen nhw'n ddigon pell i ffwrdd y medra i ddiodda'u trafod nhw, ac maen nhw'n ddigon diflas yr adega hynny. Ofn ydi o. Ofn bod 'na fwy o werth yn cael 'i roi i'r hyn sydd wedi'i ennill yn barod nag sydd iddo fo mewn gwirionadd. Ofn ein bod yn cael ein twyllo ac yn ein twyllo'n hunain am y gora.'

'Ond mae 'na werth iddo fo siŵr.'

'Oes. Oes, debyg.'

Symudodd y ddau i ochr y ffordd am fod car yn dod tuag atynt. Cododd Tecwyn ei law ar y gyrrwr dieithr am ei bod yn etholiad ac edrychodd hwnnw'n ôl arno mewn penbleth.

'Ac ofn i'r hyn sydd wedi'i ennill gael ei golli. Mae'r ofn hwnnw'n waeth.'

'Ella mai fi sy'n ddwl.'

'Roedd Tecwyn wedi aros.

'Be?'

'Mae'r ddau ofn yna'n gwrthddweud 'i gilydd.'

'Ydyn.'

'Felly 'dydyn nhw ddim yn gwneud synnwyr.'

'Nac ydyn, gobeithio. I ti.'

Cododd Tecwyn ddwy law ychydig yn ddramatig mewn ystum ollyngol.

'Wel 'dydyn nhw ddim.'

'Dydw i ddim yn dewis fy ofna heb sôn am reoli'u rhesymoldeb nhw. Mi fedrwn 'u trafod nhw hefo'r deallusion, a chymryd bod 'na rai, y gwleidyddion, pawb. Pob math ar farn. Yn y diwadd, 'dydw i ddim elwach. Ar ôl yr holl ddadleuon a'r argyhoeddiada a'r cwbwl i gyd, yn y diwadd 'does dim ar ôl ond fi a fy ofna, yn union fel 'roedd hi yn y dechra. Dyna'u natur nhw. Dyna fy natur inna.' Ailgychwynnodd gerdded. 'Tyrd, ne' mi fydda i wedi codi'r felan arnat ti.' Gwenodd arno. ''Dw i'n siŵr y byddai'n well i ti 'tasat ti wedi mynd hefo'r lleill.'

'Dim peryg!' 'Roedd ei ymateb ffyrnig yn union fel ag yr oedd i'r Nico Bach cyn iddynt gychwyn. 'Gorchymyn mae'r rheini, fel 'taswn i'n gi ar 'mat. Pan 'dw i'n trio dweud rhwbath maen nhw'n 'i anwybyddu o ac yn rhyw gilwenu ar 'i gilydd fel 'tasa'r hogyn bach ddim yn llawn llathan. A ph'run bynnag . . .'

Tawodd. Edrychai'n chwyrn i lawr ar y ffordd o'i flaen. Pan drodd Sioned i edrych arno fe droes ei ben draw oddi wrthi yn sydyn.

'Be?'

'Mae—'rydw i—dim.'

Achosodd ei fethiant i ateb dyndra sydyn rhyngddynt. Synnodd hithau am ennyd, yn gwybod yn iawn beth yr oedd ef wedi methu'i ddweud. Penderfynodd adael iddo a rhoi ei meddwl ar ei gorchwyl. 'Roeddent gyferbyn â rhagor o dai.

''Does gynnon ni ddim llawer o dai, nac oes?'
'Nac oes.' Braidd yn swta.
'Mi fedrwn ni wneud pob un hefo'n gilydd.'
Cododd ei lygaid. Chwarddodd hithau.
'Wedi'r cwbwl, 'rwyt ti'n gymaint gwell canfasiwr na fi.'
'Chi sy'n meddwl hynny.' Diflannodd y tyndra mor sydyn ag
y daeth. 'Dyma ni. Chwech o dai. Dim ond pedwar sy'n dai
Saeson. Fe godwn ni eto.'

*   *   *

Ei chydymaith oedd yn haeddu'r diolch am nad oedd y daith
ganfasio wedi profi'n gymaint penyd ag a ragdybiasai, er
gwaethaf llugoerni a hyd yn oed elyniaeth y tu arall i lawer drws.
Ef yn parablu a hithau'n gwenu oedd y drefn, a gweithiodd yn
ddi-fai at ei gilydd, er nad yn ddigon di-fai i'w hatal rhag cynnal
rhyw fath ar ddawns fewnol pan ddarganfu, bron ddwyawr ar ôl
cychwyn, mai'r unig dŷ ar ôl oedd y rheithordy.
''Fwytodd neb mohonoch chi, ylwch.'
'Naddo. O ran bwyta.'
'A 'fwytith y Canon mohonoch chi.'
''Rydw i wedi'i gyfarfod o.'
Cerddasant at y tŷ. Gwelodd Sioned y marigold bychan
diflodau wedi'u plannu yma ac acw yn y rhimyn gardd o'i flaen.
Rhoes bwniad i Tecwyn.
'Chwyn Gwydion.'
'Naci. Chwyn drud Gwydion. Mewn blycha bach temtiol
heddiw, ar y doman fory.'
''Rwyt titha wedi cael y bregath?'
'Droeon. Bloda unflwydd pia hi, er mwyn iddo fo gael
gwerthu eto y flwyddyn nesa. Bloda parhaol yn ddrwg i'r
busnas. Parhad yn codi ofn arnyn nhw.'
Nid oedd y boncyff yn barhaol chwaith, er ei henaint, er pa
hanes bynnag oedd iddo. Daeth yn ôl i'w meddwl yn
ddisymwth, a hithau bron wedi anghofio amdano yn niflastod y
canfasio ac yng nghwmni llawer llai diflas ei Phleidiwr brwd.
Ceisiodd ddychmygu sut ymateb a gâi pe bai'n dechrau dweud
wrtho. Nid oedd golwg llyncu popeth arno, ond efallai bod ei
feddwl yn rhy ffres i goleddu rhagfarnau. Pedwar profiad mewn
wythnos. Byddai'n braf cael dweud wrth rywun.
'Ella 'i fod o yn y cefn.'

56

'Roedd Tecwyn wedi canu cloch y tŷ, ac nid oedd golwg fod neb am ddod i ateb.

'Tria eto.'

Pwysodd Tecwyn drachefn. Safai'r ddau ochr yn ochr yn edrych yn ddisgwylgar ar y drws.

'Del iawn, yn wir. Siwtio'ch gilydd.'

Troesant. Dynesai'r Canon ar hyd llwybr o'r cefn. Edrychai braidd yn ddigri mewn hen drowsus du nad oedd llawer o oes ar ôl iddo a siwmper goch lachar a oedd yn amlwg yn newydd sbon danlli.

'Mae 'mhleidlais i'n mynd i'r cynta a fedr 'y nghael i'n ôl i mewn i 'nhŷ, o ba bynnag blaid y daw o.'

'Mrs. Cummings wedi'ch cloi chi allan.' Nodiai Tecwyn mewn cydymdeimlad dwys. 'Hidiwch befo. Mi gewch fynd i gampio dan yr allor.' 'Roedd ffenest llofft yn gilagored. ''Sgynnoch chi ystol?'

'Oes.'

'Ble mae hi?'

'Yn yr atig.'

'Siŵr iawn debyg.'

'Rhyw feddwl o'n i wrth dy fod mor awyddus i gael 'y mhleidlais werthfawr i y basat ti'n picio adra i nôl un dy dad.'

'Pris ein Democratiaeth.'

'Yn 'i werth o bob tamaid.'

Tynnodd Tecwyn ei gôt a'i gosod yn ysgafn dros ysgwydd Sioned, mor naturiol a di-hid â phe bai wedi arfer gwneud hynny erioed. Cododd y weithred fechan syml honno ryw lawenydd sydyn ynddi a chafodd bod ei phen yn camu bron ohono'i hun er mwyn i'w boch gael mwytho'r gôt. Sythodd yn ebrwydd fel pe bai arni ofn cael ei darganfod.

'Mae'n siŵr bod yr atig yn y tŷ.'

'Roedd Tecwyn wedi mynd i'r gornel, a thynnai yn feirniadol ym mheipen y landar.

'Ydi. 'Roedd 'na rwbath yn anystyriol yng nghynllunwyr tai oes y ddiweddar annwyl Victoria.'

''Does dim angan ystol siŵr.'

Mewn chwinciad 'roedd Tecwyn yn dringo'r beipen. Tynnodd Sioned ei gwynt ati. 'Roedd arni eisiau gweiddi arno, ond gan ei fod yn mynd mor ddeheuig gwyddai y byddai'n teimlo'n ffŵl y munud y deuai'r waedd o'i cheg. Edrychodd ar y Canon. 'Roedd gwên fawr ar wyneb hwnnw.

'Peth fel hyn sy'n adfer ffydd rhywun mewn Darwiniaeth.'

'Ydi'r landar yn ddigon cry?' O'r entrychion.

'Ym mha faes wyt ti, Moeseg 'ta Adeiladaeth?'

'Ydi'r blydi landar yn ddigon blydi cry?'

''Dydi iaith canfasio ddim fel byddai hi.'

'Mi gaf fod yn ferthyr cyntaf gwleidyddiaeth barchus.'

'Paid â gwneud sbort. Cymer bwyll.' 'Roedd llai o arswyd yn llais Sioned nag a deimlai. 'Be wnaiff o rŵan?' 'Roedd Tecwyn wedi cyrraedd y landar. 'Paid!'

'Peidiwch â phoeni, Sioned fach. Ylwch be 'di greddf.'

'Roedd cryn ddwylath rhwng y beipen a'r ffenest. Cynhelid y landar gan fracedau cryfion bob rhyw ddwy droedfedd, ac 'roedd Tecwyn yn croesi'r mur tuag at y ffenest gan ofalu rhoi ei ddwylo yn union uwchben braced bob tro fel nad oedd y nesaf peth i ddim pwysau ar y landar ei hun. Pwysai flaenau'i draed ar astell fechan ryw chwe modfedd o led a amgylchynai'r tŷ yn union o dan ffenestri'r lllofftydd. Pan gyrhaeddodd y sil ffenest a medru rhoi ei bwysau ar honno arhosodd am ychydig i ymlacio cyn rhoi'i sylw ar agor y ffenest. Llwyddodd i agor rhyw droedfedd arni.

'Mae hi'n sownd.'

'Mae hi'n syndod 'i bod hi wedi agor cymaint â hynna.'

'Diolch yn fawr iawn.'

Rhoes ei ben i mewn. Tynnodd ei gorff yn araf ar ei ôl nes iddi fynd yn gyfyng-gyngor arno pan oedd hanner y ffordd i mewn ac yntau heb ddim i afael ynddo. Gorweddai ar ei stumog ar y ffenest a'i goesau ar led yn yr awyr yn ceisio cadw rhyw fath ar gydbwysedd.

'Y peth 'gosa welsoch chi 'rioed i lyffant. 'Drychwch mewn difri calon.'

'Mi dorrith 'i wddw.'

''Tasa fo'n agor y drws yn gynta.'

Daeth clec. 'Roedd Tecwyn wedi ildio i'r demtasiwn o ddibynnu ar un o'r llenni am gynhaliaeth ond y munud nesaf 'roedd y llenni am ei ben. Llithrodd ar eu holau gan roi un rheg atseiniol wrth i'w ben-glin daro yn erbyn y ffenest.

'Mae gobaith am banad eto.'

'Mae o wedi brifo.'

'Ella y medr o gropian i lawr i agor inni. Dos i'r cefn,' gwaeddodd. 'Dowch. Mynd i nôl glo'r oeddwn i. Yr hen ddrysa cloi'u hunain 'ma, 'wn i ddim i be y'u dyfeisiwyd nhw 'rioed.'

Aeth y ddau i'r cefn. Gwelai Sioned bwced lo yn llawn i'r ymylon ar stepan y drws.

'Mae'r Musus wedi mynd i gymowta i rwla. Rhyw gym-deithas neu'i gilydd. 'Rydw i wedi hen golli cyfri ohonyn nhw. A dyma chitha'n ateb y gwahoddiad a chael ych cloi allan.'

'Hidiwch befo.'

'Ond canfasio'r ydach chi heno. Mynd o amgylch i atgoffa pobol o'u braint. Dewis dewis dau ddwrn.'

'Mae arna i ofn nad ydw i'n fawr o atgoffreg. Mae Tecwyn yn well canfasiwr gan mil na fi.'

'Mi ddadleuith o tan ddydd y farn. 'Does 'na un dim a'i trydd o.'

Agorodd y drws, a rhoes Tecwyn ei ben allan. Gwelodd y bwced lo, a'i chodi.

'Mae hi'n llanast tua'r llofft, mae arna i ofn.'

'Paid â phoeni. Cyn bellad na neith hi ddarganfod 'mod i wedi mynd i nôl glo yn fy siwmper newydd sbon, mi fedrwn oresgyn rhyw fanion fel tynnu'r lle i lawr am ein pennau. Dowch i mewn, Sioned.'

'Diolch.'

Aeth Sioned i mewn o'i flaen. Aeth Tecwyn heibio iddynt gyda'r bwced a rhoi glo ar y tân a mynd â'r bwced i'w chadw heb ymgynghori â neb. Yna aeth i wneud paned.

'Mae hwn yn byw ac yn bod yma,' eglurodd y Canon. 'Cyfleus iawn ar adega fel hyn.' Eisteddodd. 'A gwleidyddiaeth ddaeth â chi yma heno.'

'Mi ellid 'i alw o'n hynny, am wn i.'

'Mae croeso i chi yr un fath.'

'Gwyliwch o, Sioned.' O'r cefn. 'Tad pob siniciaeth.'

''Dydw i ddim yn sinig,' meddai'r Canon. 'Gwrthod rhoi fy ffydd mewn gwleidyddiaeth ydw i. Wynebu hanas...'

'Stori'r mwyafrifoedd o safbwynt y mwyafrif. 'Dydach chi 'rioed yn rhoi ych ffydd mewn peth felly, debyg?'

'Hanas go iawn, mêt. Heb sôn am edrach o'n cwmpas heddiw. Faint o'r bobol y buoch chi'n siarad hefo nhw heno 'ma oedd yn gorfoleddu am fod 'u hawlia democrataidd gwerthfawr nhw'n cael 'u hanrhydeddu ac yn cael gwarandawiad cyfrifol unwaith yn rhagor?'

'Mi wn i ar ych wynab chi ych bod yn gwybod yr atab,' meddai Sioned.

'Isio esgus am nad ydi o'n mynd i ganfasio'i hun sy' arno fo.' Daeth Tecwyn o'r cefn. 'Cydwybod. Oes peryg i chi gael eich galw i gyfri gan Swyddfa'r Esgobaeth os rhowch chi fisgedan neu ddwy i ganfaswyr llwglyd o genedlaetholwyr annymunol, Canon?'

'Mi wyddost ble maen nhw. Chwilia am deisen hefyd. 'Dw i'n siŵr imi weld y paratoada bora ddoe.'

Diflannodd Tecwyn eilwaith. Plygodd y Canon i roi proc i'r tân myglyd a oedd yn gyndyn o fflamio.

'Mi enilloch eneidia wrth y fil i'r achos?' Gwenai'n chwareus.

'Mil a mwy. Mae arna i ofn 'mod i'n rhy anobeithiol.' 'Roedd Sioned yn falch fod y Canon mor hawdd siarad hefo fo. 'Methu magu plwc i drio darbwyllo pobol na ddylai fod angan darbwyllo arnyn nhw ydw i. A phan ydw i'n cael geiria o rwla, y cwbwl 'dw i'n 'i gael yn ôl ydi'r ddadl y maen nhw wedi'i llyncu gan lecsiwn deledu. Fel 'tasa rhywun mewn sw barotiaid.'

'Ha!' Eisteddodd y Canon yn ôl ar ôl ysgwyd y mwg oddi ar flaen y procer. 'Anwybodaeth, anghofrwydd, difaterwch, hygoeledd. Pedair colofn Democratiaeth. 'Tasa'r colofnau'n gryfach mi fyddai'r adeilad yn dymchwel.'

'Ac os ydi'ch ysbryd gwleidyddol chi'n isal, dowch i'r Rheithordy i chi gael gweld be ydi gwaelod go iawn.' Daeth Tecwyn yn ôl a rhoi hambwrdd llwythog ar y bwrdd. 'Gwagedd o wagedd, medd y Canon.' Rhannodd gwpanau. 'On'd ydi'n ddyrys arna i? Trio cadw 'mhurdab a f'optimistiaeth yng nghwmni un sinig ac un llyfwr gofidia. Mi fasa'n well i mi fod adra hefo Mam. O leia pan mae hi'n atab yn ôl mae hi'n mynd ati i sôn am rwbath hollol wahanol.' Lluchiodd fisged i'r awyr a'i dal yn ddeheuig yn ei geg. ''Rhoswch chi inni gael senadd a Phrif Weinidog ein hunain. Mi rown ni stop ar eich galargwynfan chi.'

'Am dyna'r wyt ti'n canfasio? Wel wel!'

'Bobol annwyl! Pwy ddwedodd bod y dyn yn sinig?'

Troai'r Canon fisged yn araf yn ei law yn union fel pe bai'n ceisio darganfod y ffordd gywir i'w rhoi yn ei geg.

'Mi gafodd Cymru ei Phrif Weinidog ei hun.'

'Rwts! Cawdel!'

'Do'n tad. 'Roedd yr hen wlad hefo fo i'r carn ac ynta hefo hitha. Mi droes ei gartra a chartra enwoca'r Ymerodraeth Brydeinig yn Dŷ'r Cymry, er mawr ddicllonedd Saeson pwysig Llundain. Ac 'roedd y gŵr yma'n credu, yn gry ac yn ddidwyll, mai drwy wleidyddiaeth yr oedd dyn yn mynd i wella'i stad yn y diwedd. Beth bynnag arall ddwedi di amdano fo 'roedd o'n credu hynny. Prif Weinidog Cymru. Digwyddodd. Darfu.'

'Ia.' 'Roedd Tecwyn yn ddiamynedd. 'Ond Lloyd George oedd hwnnw.'

'Ydi o bwys be oedd 'i enw fo?'

'Roedd y cwestiwn yn un annisgwyl i Sioned ac fe'i cafodd ei hun ar unwaith yn ceisio cymhathu atebion a'u harwyddocâd. Nid oedd Tecwyn fodd bynnag am ystyried dim.

'Be 'dach chi'n 'i ruo, ddyn?'

'Hanas.'

''Dydw i ddim hefo chi.'

'Nid am y tro cynta.'

'Ifanc a gwirion, siŵr iawn. Hogyn bach heb gallio eto.'

'Yli.' Cododd y Canon ei fys a'i gwpan hefo'i gilydd a'u hanelu at Tecwyn. 'Ara deg, lanc. Pryd clywist ti fi yn edliw dy oed i ti?'

'Rŵan.'

''Rioed. Dim un waith. O'r holl bethau dwl y medrir eu dweud, dyna'r dyla. Ond hidiwch befo. Mae pum munud o wleidyddiaeth ar y tro yn llawar mwy na digon i feidrolyn truan fel fi. Wel, Sioned.' Edrychodd arni â diddordeb newydd yn llenwi'i lygaid. 'Sut mae Gartharmon?'

'Mae Gartharmon yn iawn. Ydi, diolch, plesio'n iawn.'

'A'r cymdogion yn glên?'

'Ddim mo'u gwell.'

'Da iawn.' 'Roedd Sioned bron yn sicr ei fod yn petruso'n fwriadol cyn mynd ymlaen. 'Dim ysbrydion, na dim byd felly?'

'Na.' Dechreuai cynnwrf bychan ym mynwes Sioned, ac am eiliad dymunodd i'r Canon ddechrau ei chroesholi. Byddai'n braf cael dweud, meddyliodd. 'Ddylai 'na fod?' gofynnodd gan geisio cyfleu amheuaeth awgrymog yn ei llais.

'O, na. Dim hyd y gwn i.'

Efallai mai ei dychymyg hi oedd yn dyfeisio'r chwarae rhyngddynt.

'Mae'n rhy fywiog i betha felly.'

'Ond mae'n ffasiynol cael ysbrydion mewn hen blasa.'

''Rydw i newydd dreulio'r gyda'r nos yn anobeithio oblegid y bobol sy'n methu gwneud dim ond dilyn y ffasiwn.'

'Ond 'fyddai ysbryd ddim yn gwerthfawrogi teimlada felly.'

'Nac yn gwerthfawrogi chwaith mai un o ddyletswydda Canoniaid yn yr Eglwys yng Nghymru ydi tynnu ofergoeledd o gyfansoddiad pobol.'

'A'r sgôr ddiweddaraf, gyfeillion.' 'Roedd Tecwyn ar ben ei ddigon. 'Gartharmon un, y Rheithordy dim.'

'Mae'r reffarî o 'mhlaid i,' meddai Sioned yn hapus. Ffugiodd fod yn wyliadwrus. 'Ysbryd pwy oeddwn i i fod i'w gyfarfod yno, p'run bynnag?'

'O, ym . . .'

'Catrin?'

'Roedd hynny o wên a oedd yn llygaid y Canon yn diflannu'n ebrwydd.

'A mi glywsoch am Catrin? Wel, wel. Tecwyn, dos i lenwi'r teciall 'na eto.'

'At eich gwasanaeth, o Feistr mawr gwyn.' Cododd. ''Dydi stori ysbryd go amheus ddim yn addas i glustia hogyn bach, debyg.'

*   *   *

Nos Fercher a nos Wener a nos Sadwrn oedd nosweithiau peint Robin Owen. Yr hen drefn oedd mynd â'r fen yr holl ffordd i'r pentref, ond bu i gar heddlu o'r dref gyda'i gyflenwad parod o swigod lysh ac o esgusion dros eu defnyddio roi terfyn ar y gêm fach honno un noson ganol gaeaf. 'Roedd y gwyrdd wedi aros—ac ni wyddai neb sut—o fewn y gofynion a'r helgwn wedi cael ail. Ond dysgodd Robin Owen y wers, a byth er y noson honno gadawai'r fen yr ochr gyfrwys i lidiardau'r Plas a cherddai o'r fan honno i'r Armon. 'Roedd bywyd yn ddiogelach felly.

Cafodd Sioned afael arno fel yr oedd yn troi am Gartharmon ac yntau'n how ganu wrtho'i hun. I ddechrau, nid oedd Sioned yn siŵr pwy a âi o'i blaen ar hyd y ffordd dywyll, ac 'roedd wedi petruso a dal yn ôl, ond adnabu'r llais wrth i nodyn neu ddau ddod i'w chlustiau. 'Roedd hithau newydd gael gwybod faint oedd tan y Sul am ei bod wedi torri un o'r gorchmynion pennaf, —'roedd Tecwyn a hithau i fod wrth lidiart yr ysgol erbyn naw a dim munud yn hwyrach, ac 'roedd yn sbelan ar ôl hanner awr wedi deg arnynt yn dod o'r Rheithordy. Pwy ddaeth i'w cyfarfod yn surbwch i gyd ond yr Ysgrifennydd yn chwilio am ei ffurflenni canfasio. Dywedai ei drem ei fod wedi darganfod fod Tecwyn a hithau yr un mor anghyfrifol â'i gilydd. 'Roedd ei chyfnod hogan ddiarth plesio pawb hithau drosodd cyn iddo ddechrau bron, ac ni faliai. Cydchwarddodd gyda Tecwyn yn wyneb y dyn.

Cafodd reid a phaned. Nid oedd Robin Owen am adael iddi fynd adref ar gyfrif yn y byd neu fe fyddai'r Manijment yn lapio'i groen fel pelan ddafadd. Er nad oedd arni awydd rhagor o de gwelodd ei chyfle gan fod yr hen Getyn a'i Fanijment o wraig yn ffynhonnell gwybodaeth o bosib. Gosododd Robin Owen ei fen, Ffordan fechan goch hynafol, yn daclus yn un o'r cytiau a hynny drwy rym arferiad yn hytrach na gofal. Lediodd y ffordd i'w gartref.

'Mi fasan adra'n gynharach 'blaw inni gael ryw hen ysfa fach ar y ffor' i fyny.'

'Pwy ma' hwn yn drio 'i dwyllo, Sioned?' Daeth Miriam Owen o'r cefn mewn coban wen laes a gŵn nos erchyll o flodeuog drosti. 'Pwy cymra di, y sglyfath? Yn drewi o dy gwrw a dy hen faco.'

'Mi cymrist ti fi.'

''Doeddat ti ddim mor hyll na mor wirion yr adag honno. 'Steddwch, Sioned, 'mechan i. Ble gwelsoch chi y llymbar yma?'

'Wrth y lôn. A mi gymrodd drugaradd arna i.'

'Ddaru o? Mi gymrodd drugaradd ar 'i ddychymyg bach 'i hun ella.'

''Roedd o'n hogyn da iawn, chwara teg iddo fo.'

'Mi fydd yn rhaid i mi fynd â hi o amgylch y lle rhyw ddiwrnod. 'Dydi'r hen beth fach ddim wedi bod rownd,—fel rownd.' Dangosodd Cetyn yn union beth oedd rownd yn ei olygu gyda'i fys a'i fraich led y pen fel ei gilydd. 'Dim ond rhyw ffidlan rhwng fa'ma a'r lôn.'

'Ac 'rwyt ti am fynd â hi, wyt ti?'

''Fedrwn i ddim gadael iddi fynd 'i hun, debyg. Y tro cynta a phob dim.'

'Rhag ofn bleiddiaid, m'wn.'

Neu rywbeth gwaeth, meddyliodd Sioned a 'difaru'r un munud.

Daeth clec fechan o'r cefn wrth i'r tegell ddiffodd ohono'i hun. Cododd Miriam a mynd trwodd ato, a'r blodau pinc a melyn yn llenwi'r drws fel yr âi trwyddo.

'Fel 'tasa gan yr hogan neb gwell i ddangos llefydd iddi. Gynigist ti ddangos dy wely iddi hefyd, y diawl?'

''Doedd dim angan. 'Roedd cefn yr hen fan bach yn gwneud y tro'n iawn, 'toedd, Sioned?' Chwarddai Cetyn wrtho'i hun, a phlygodd i sibrwd wrth Sioned. 'Tempar dda heno, ne' mi fyddai hi wedi mynd i'r bync ers meitin a 'ngadael i yn 'y mhotas.' Plygodd yn ôl a dechrau llwytho'i getyn. 'Barod at y munud, efo panad. Un gatiad fach cyn mynd ar y glwyd i wrando ar hon yn chwrnu.'

'Hy!' O'r cefn. 'Clywch chi ni. 'Fydda i ddim yn hepian, heb sôn am chwyrnu. Sut medra i, a hwn yn t'ranu cysgu wrth f'ochor i o un pen i'r nos i'r llall? 'Tasach chi'n gweld 'i geg o, yn crynu fel micsar, yn enwedig ar nos Sadwrn, damia fo.'

Daeth Miriam yn ôl gyda phlatiad o frechdanau. Nid oedd golwg colli llawer o gwsg ar ei hwyneb crwn. 'Roedd y croen yn lân a naturiol lawn heb ddim ond y mymryn lleiaf o frychau o gwmpas ei llygaid.

''Ro'n i wedi torri'r rhain yn barod. 'Ro'n i'n ama y byddai hwn wedi cael gafael arnoch chi yn rwla. Hefo Dei Bach Gamfa buoch chi?'

'Na, hefo Tecwyn. Hwnnw mae o'n 'i alw yn Nico Bach?'

'Ia, yn ddigon posib.'

''Doedd Tecwyn ac ynta ddim i'w gweld yn rhyw lawar o ffrindia.'

'Nac oeddan.' Chwarddai Cetyn. 'Nac oeddan, m'wn.'

'Pam? Oes 'na reswm?'

'Oes, de'cini. Ddega ohonyn nhw bellach. He he! 'Chymrith yr hen Decwyn ddim. Tanio munud hwnnw. Rêl 'i fam.'

'Mi fasa'n well gen i i'w gael o i fynd â mi i'r hen goed 'ma na rhyw lwmpyn fath â chdi, beth bynnag,' meddai Miriam, 'cyn fengad ag ydi o.'

'Mi fûm i yn y coed,' meddai Sioned gan weld ei chyfle. 'Wel, naddo, ddim yn union hynny chwaith,' ychwanegodd i lywio'r sgwrs i'r fan y dymunai, 'coedan. Un goedan. Ne' foncyff, a dweud y gwir. Oes 'na hanas iddo fo?'

'Y boncyff ym mhen draw'r cae dan giatia?' gofynnodd Miriam. 'Oes 'neno'r tad,' meddai heb aros am ateb, 'mae 'na hen hanas i'r goedan honno. 'Rhoswch chi i mi nôl y te.'

Aeth yn ei hôl i'r cefn.

''Doedd yr hen gloddia 'ma ddim yma, nac oeddan?' meddai Robin Owen gan wneud i Sioned deimlo ei fod yn dechrau ei stori ar ei chanol. 'Gwlad 'gorad, siŵr Dduw, ar wahân i ambell wrych. A hon yn hen goedan, ylwch, yma yn 'i gogoniant a phawb yn cyrchu ati. A phan oedd y bobol 'ma'n mynd rownd i weiddi ac i refru adag y busnas Methodistiaid hwnnw 'roedd hi allan yn arw yma. Mi ddaeth hwnna i bregethu yma reit o dan y goedan.'

'Pwy?'

'O, damia! Be oedd 'i enw fo? Hwnna,—yr un enwoca ohonyn nhw...'

'Hywel Harries.' O'r cefn.

'Ia, dyna fo. Hwnnw. A helyntion, yn ôl yr hanesion. Gweiddi a chwffio, fel bydd rhyw betha wedi cael diod, siŵr Dduw. Yr hen werin wedi cael 'i meddwi'n un swydd, meddan nhw.'

'A maen nhw'n dal i feddwi a rhuo hyd y lle 'ma.'

'Nid fel y byddan nhw, 'rhen chwaer.'

'Roedd Robin Owen wedi aros i gael ei baned cyn cymryd dim oddi ar y plât. Daeth Miriam â'r te drwodd, a chynigiodd ef y plât i Sioned. Cymerodd hithau'r frechdan leiaf oddi arno.

'A phan godwyd y capal yma,' aeth Miriam ymlaen â'r stori, 'mi'i galwyd o'n Gapal yr Onnan am y rheswm yna. Hwnnw oedd y capal Hen Gorff cynta yn yr ardal 'ma.'

Teimlai Sioned yn siomedig braidd. 'Roedd y stori'n newydd sbon iddi. Ni thaniwyd y mymryn lleiaf ar ei chof nac ar y byd rhyfedd hwnnw y cawsai ei phedwar cip byrhoedlog arno. Ond 'roedd Robin Owen yn canlyn arni. Gwrandawodd hithau'n astud, rhag ofn.

''Roedd 'na helynt byth a beunydd rhyngddyn nhw a'r Eglwyswrs. 'Rarglwydd, dyna i chi 'Nhad. Casáu pob capelwr; am be, Duw a ŵyr. Dim ond hen gasinab wedi mynd drwy un i'r llall, fel clwy teulu. Dim ond sôn am Ddiwygiad 1904 oedd isio a mi fyddai o i fyny'n fflama y munud hwnnw. ''Peidiwch â sôn am y Thiwsiasts diawl wrtha i'' fyddai'i gri o, a mi fyddai tempar y fall arno fo am ddyrnodia.'

'Ac mae'r boncyff yna o hyd.' Ceisiai Sioned beidio â gwenu wrth glywed ei chymydog newydd yn cymysgu'i gyfnodau fel cymysgu paent.

'Ydi'n tad. Wedi goroesi'r ffraeo. A'r capal, bron iawn. 'Dw i'n cofio'r goedan pan oedd hi'n goedan. 'Does na ddim cymaint â hynny ers pan nychodd hi. A phan oedd hi'n dechra mynd,—wel naci, pan welson nhw 'i bod hi wedi marw dyma gynrychiolaeth o'r pentra at yr hen Watcyn...'

'Be haru ti hefo dy hen Watcyn? Ifanc oedd o, tua'r un oed â Rhodri...'

'Paid â thorri ar 'y nhraws i, ddynas. Mi ddaethon yma...'

'A mae o'n fengach na chdi hyd heddiw p'run bynnag.'

'Paid â thorri ar 'y nhraws i! Go damia unwaith.'

'Dowch, 'stynnwch, Sioned fach.'

65

'Ia, bwytwch y brechdana 'ma, ne' mi fydda i'n 'u cael nhw am wsnos arall. 'Thaflith hon ddim. Lle'r o'n i? Ia, dyma nhw at Watcyn i ofyn iddo fo warchod y goedan, codi ffens o'i hamgylch hi. 'Roedd hi'n rhy hwyr, siŵr Dduw, a mi ddwedodd Watcyn hynny wrthyn nhw. Gadwch iddi farw a phydru'n naturiol, medda fo, fel mae hi i fod i'w wneud, a phan fydd 'na ddim ohoni ar ôl mi blanna i goedan yn 'i lle hi, a mi 'drycha i ar ôl honno. 'Waeth i chi heb ag edrach ar ôl rwbath marw, medda fo wrthyn nhw, ar ôl y byw mae isio edrach. 'Ro'n i'n meddwl 'i fod o wedi rhoi atab da iddyn nhw.'

'Do.' Gwrthododd Sioned ragor o frechdanau. 'Do, mi ddaru.'

'Roedd y stori honno'n newydd iddi hefyd, ac 'roedd yr un mor siomedig.

*   *   *

Bore trannoeth, piciodd y Canon i Dyn Ffordd. Clywai sŵn brwsio'n dod o'r cefn wrth iddo ddynesu i fyny'r llwybr bach at y tŷ a throes at yno. Sgubai Mathonwy'r ddwylath o goncrid rhwng y tŷ a'r tŷ gwydr yn hamddenol braf, a gwyliai Janw ef o'r drws cefn a'i breichiau ymhleth.

'Y stiward a'r slaf. Yn union fel tŷ ni.'

Daeth at y drws, ac edrychodd ar Janw. Gwelodd yr hyn a ragdybiasai yn ei hedrychiad a nodiodd ei ben yn gynnil, yn fwy er ei fodlonrwydd ei hun nag er mwyn cyfleu dim i neb arall. Trodd Janw heb ei gyfarch a mynd i'r tŷ.

'Rho ditha lonydd i'r brws 'na rhag 'i boethi o,' meddai'r Canon. 'Mae gen i waith i ti.'

Aeth i mewn ar ôl Janw heb aros am ateb. Pwyntiodd Janw at gadair ond 'roedd ef wedi hanner eistedd arni eisoes.

'Be dâl dy newydd di, Janw?'

'Fawr ddim. 'Fath ag arfar.'

''Fath ag arfar?'

'Ia. Pam ddylai hi fod fel arall?'

Swniai y mymryn lleiaf yn ddiamynedd, fel pe bai'n ymwybodol fod sesiwn groesholi ar ddechrau. Gadawodd y Canon iddi a rhoi'i sylw ar y darlun ar y dresel. Canolbwyntiodd arno, ac yn raddol daeth egin syniad i'w ben. Daeth Mathonwy i mewn.

'Sut mae hi'n darogan hefo'r lecsiwn 'ma?' gofynnodd ef.

'Digon tawal am wn i, hynny o sylw'r ydw i'n 'i gymryd

ohoni,' atebodd y Canon gan ddal i syllu ar y darlun. 'Mi fu 'na rywfaint o genedlaetholdeb hyd y lle 'cw neithiwr a mi gostiodd hwnnw debotiad ne' ddau i mi. Go brin y gwelwn ni'r un o'r lleill. Pobol y trefi ydyn nhw. 'Dydi'r peiriant ddim yn addas ar gyfer lleoedd bach.'

''Welson ni neb hyd yma, naddo, Janw?'

Gwyliai'r ddau ef yn astudio'r darlun. Eisteddai Janw ar ymyl cadair, fel pe bai gwneud hynny yr adeg honno o'r dydd yn bechod. 'Roedd ei dwylo ar y bwrdd, yn lled-ddisgwylgar. Aethai Mathonwy i'w gadair ger y tân a gwyliai'r tri, y Canon, Janw a'r darlun yn eu tro.

'Mae'n siŵr ych bod yn gwybod pam dois i yma,' meddai'r Canon yn dawel yn y man.

'Rhyw waith, medda chdi,' atebodd Mathonwy.

'O ia, hwnnw. Ydi, mae hwnnw hefyd. Mi gaiff hwnnw aros am funud.'

Pe bai'n rhoi cynnig ar ei syniad, ni fyddai angen i neb wybod ac ni fyddai neb elwach pe nas gweithiai. 'Roedd hynny o'i blaid. Yn raddol, deuai'n werth rhoi mwy o ystyriaeth iddo.

'Mi glywsoch am Sioned.'

'Sioned?'

'Yr hogan yn y Plas.'

'O. Do.'

'Do.'

Edrychai Janw i lawr ar ei dwylo. Edrychai Mathonwy'n syth o'i flaen, yn llonydd.

'Mi fu acw neithiwr. 'Roedd hi wedi clywed am Catrin.'

Cododd Janw ei llygaid.

'Nid ganddo fo.'

'Na.'

Edrychodd Janw heibio iddo ar ei gŵr.

'Naci, debyg.'

'Gan Gwydion y clywodd hi, ar ôl iddi ofyn. A chi'ch dau oedd yn gyfrifol am hynny.'

'Ni?'

'Ia. 'Roedd hi wedi gweld golwg bryderus arnoch chi pan soniodd hi am fynd i'r Plas.'

'Ac mi ddoist yma i ddweud hynny?'

'Naddo, Math.' Edrychodd y Canon yn syth i lygaid Mathonwy. 'Mi wyddoch pam dois i yma.' Edrychodd ar Janw. 'Wel?'

'Wel?'

'Mae Catrin wedi bod ar eich meddylia chi ddydd a nos ers pan welsoch chi'r hogan 'na. Nid y Plas. Nid fo. Nid y diflaniad. Ond Catrin ei hun. Oes 'na rwbath, unrhyw beth, unrhyw atgof, wedi dod yn ôl nad ydw i'n gwybod amdano fo?'

Ysgydwai Janw ei phen mewn anobaith ers meitin. 'Roedd wedi dysgu cuddio'i dagrau oddi wrth bawb ond hi'i hun a'i gŵr ers blynyddoedd.

''Does 'na ddim ond pytia. Mân betha.' 'Roedd llais Mathonwy'n floesg. 'Dim o werth i neb ond i ni bellach.'

'Naci, Math.' 'Roedd llais y Canon yn dawel amyneddgar. 'Mi eill mân atgofion o'r misoedd olaf fod mor bwysig â dim. Rhwbath ddwedodd hi, rhwbath wnaeth hi.'

''Wn i ddim.' Edrychodd Mathonwy i'r tân, a'i wylio. 'Wyt ti'n cofio rhyw ddadl fu 'na rhyngoch chi ynglŷn â'r powdwr a'r lipstig, Janw?'

'Dadl?'

'Am honno'r o'n i'n cofio bora 'ma.'

'Nac ydw.'

''Roeddat ti'n dweud wrthi 'i bod hi'n defnyddio braidd ar y mwya arnyn nhw. 'I hwyneb hi fel babi dôl. Wyt ti'n cofio? Rhyw fis cyn . . .' Daliai i wylio'r tân. 'Roedd un fflam fechan ddiog yn ei gefn. ''Doedd hi ddim yn ffrae. Dim ond crybwyll wnest ti.'

'Ia, ella. 'Roedd hi'n oes defnyddio petha felly.' Anwesai un llaw y llall yn araf,. gan droi ychydig ar y fodrwy denau ar y bys. 'Dim ond petha fel'na sydd ar ôl erbyn hyn, Peredur. Pam na roi di'r gora iddi bellach?'

A phe bai'r syniad yn gweithio, pwy oedd i ddweud beth a ddigwyddai? Cododd y Canon a mynd at y dresel.

'Am nad oes arnat ti isio i mi wneud, Janw.'

Gafaelodd yn y darlun. 'Roedd Mathonwy bron â gofyn iddo a welai'r wên. Edrychodd y Canon i fyw'r llygaid. Lipstig a phowdrach. 'Roedd y rheini'n bethau i'w hystyried hefyd, i'w hychwanegu at y stôr ac i weld a oeddynt yn newid rhyw wedd ar y broblem. 'Roedd yn siomedig braidd na chafodd fwy er bod ei reswm yn dweud wrtho nad oedd dim arall i obeithio amdano wedi'r holl amser. Rhoes y darlun yn ôl yn dyner.

'Gwaith trwsio, Math.'

'Y?'

'Mi ddaeth llenni'r llofft i lawr neithiwr. A'r pren a'r plygia a'r cwbwl i'w canlyn.'

'Duw! Ydi hi'n dechra mynd yn wyllt acw eto?'

'Na. 'Roedd hi'n berfeddion ar y Pwyllgor yn dod adra. A phan welodd hi,—wel. Cangen sinistr ac ysgeler o'r pechod gwreiddiol, deulu bach. Dyna ydi bod heb lenni ar ffenast y llofft.'

''Well i mi ddod draw rŵan 'ta. Aros imi nôl 'y nghelfi a stwmpyn o bren i wneud plygia.'

'Math annwyl. Achubaist fi o'r dyfnder du.'

Cododd Mathonwy'n araf, ac aeth y ddau allan. Trodd y Canon yn ôl yn y drws.

''Ro i fyth y gora iddi, Janw fach. Mi wyddost hynny bellach.'

Daliai Janw i eistedd yn llonydd wrth y bwrdd. Ni throes ei phen i edrych arno, ac ni cheisiodd ateb. Aeth yntau allan ar ôl Mathonwy, ac yna nid oedd neb ar ôl i Janw orfod cuddio dim rhagddo.

PENNOD 4

Ar y dechrau ni fedrai Sioned ddirnad y benbleth a achosai darllen llawysgrifen Sonia Lloyd iddi. 'Roedd tameidiau o'r llawysgrifen blith draphlith yng nghanol y bocseidiau papurau a oedd yn y llyfrgell, yn llythyrau, yn ddyfyniadau, yn dameidiau o ddyddiaduron wedi'u dechrau a'u gadael ar eu canol, a'r cwbl wedi'i sgrifennu iddi'i hun a neb arall. Ac eto nid oedd wedi gwneud unrhyw ymdrech i'w cuddio na'u taflu, dim ond eu gadael ar hap yng nghanol papurau'r stad yn union fel pe bai'r rheini'n domen addas ar eu cyfer.

Yna un prynhawn fe ddarganfu. Er, nid yn gymaint dargan-fod ond yn hytrach sylweddoli. 'Roedd cadernid hardd llawysgrifen gwraig Watcyn Lloyd yn hollol anghyson â'r ansicrwydd a'r anhapusrwydd oedd yn llond y pytiau. Byddai unrhyw un a fyddai'n gwneud gwyddor o astudio llawysgrifen yn rhoi'r gorau iddi mewn anobaith neu rwystredigaeth. Y nos amdanom yn cau oedd hoff thema'r ddynes anhapus. Ond 'roedd y cyfuniad o gryfder y llawysgrifen a phesimistiaeth ei chynnwys mor llygad-dynnol fel bod Sioned wedi darllen y cwbwl.

Daethai'r cyfrifon i drefn ac nid oedd broblem yn y byd ynglŷn â'u cadw. Âi Sioned drwy'r gwaith yn gyflym a threfnus ac edrychai'r lleill arni fel pe bai hi'n un o ryfeddodau'r cread. 'Roedd hefyd wedi dechrau didoli'r papurau a'r dogfennau yn y llyfrgell, gydag anogaeth a chymorth Watcyn Lloyd, ac 'roedd yn gorfod ei sicrhau bob hyn a hyn nad oedd yn gweld y gwaith hwnnw'n ddiflas nac yn undonog.

Eisteddai yn y llyfrgell â bocsiaid o bapurau wrth ei thraed, yn llythyrau ac anfonebau gan mwyaf. Ar ei glin 'roedd papur arall o waith Sonia Lloyd, tair brawddeg gwta, brawddegau di-ferf fel llinellau digyswllt barddoniaeth sâl. Ni fedrai wneud llawer o synnwyr ohonynt ac nid aeth i ymdrechu. Ar waelod y papur, yn yr un llawysgrifen, 'roedd L23/29. Ar hwnnw 'roedd ei sylw hi, oherwydd 'roedd wedi gweld yr union gyfuniad ar ddau bapur arall, un ar waelod rhan o ddyddiadur tywyll a aeth â phedair tudalen o lyfr sgrifennu bychan, a'r llall ar waelod anfoneb gan gwmni blawd ieir. Ond yr un oedd y llawysgrifen. Yn amlwg, 'roedd rhyw arwyddocâd iddo. 'Roedd deunaw mis rhwng y dyddiad ar yr anfoneb a'r dyddiadur, ond nid oedd dyddiad o gwbl ar y papur ar ei glin. A chan nad oedd unrhyw drefn o ran amser mwy nag o ran unpeth arall ar y papurau ar wahân i ambell lwyth prin nid oedd dichon dweud pa bryd y'i sgrifennwyd.

Daeth Watcyn Lloyd i mewn. Rhoes hithau y papur yn ôl yn y bocs, nid am fod arni ofn iddo'i dal yn darllen pethau ei ddiweddar wraig—'roedd ef ei hun wedi'i hannog i wneud hynny p'run bynnag—ond am na ddymunai roi'r argraff ei bod yn cymryd gormod o ddiddordeb yn hynny.

'O, Miss Davies, tra bydda i'n cofio, wnewch chi alw yn y banc y tro nesa y byddwch chi yn y Dre? Mae isio'ch enw chi ar ryw ffurflenni fel y medrwch chi arwyddo siecia'r busnes ych hun.'

'Gwnaf.' 'Roedd y cais yn annisgwyl. Dyrchafiad, meddyliodd. 'Mae'n siŵr y bydda i'n mynd yno fory ne' drennydd.'

'Dyna chi. Gora po gynta.' Aeth at y bocs, a phrowla ynddo. 'Be sy' gynnoch chi yn hwn?'

'Bilia, gan mwya, a llythyra i wahanol gwmnïa. Dim byd diddorol hyd y gwela i. Am fynd â fo drwodd oeddwn i i'w didoli nhw.'

'Dyna chi.' Trodd ati. 'Mi fuoch adra ddoe?'

'Do.'

'Da iawn. Pawb o'r teulu'n iach?'

'Ydyn, diolch.'

'Gobeithio i chi ddweud wrthyn nhw bod croeso iddyn nhw ddod yma.'

'Do. 'Roeddan nhw'n diolch yn arw. Maen nhw am ddod ryw dro.'

'Da iawn. Mae'n bwysig ych bod yn cadw mewn cysylltiad. Ella nad ydach chi'n llawn sylweddoli pan ydach chi'n ifanc, ond mae o'n golygu llawer. 'Rydw i'n ffodus iawn, yn cael Rhodri a Lleucu mor agos. Gyda llaw, mae'n debyg na fydda i yma yr wythnos nesa, ond mi fyddan nhw wrth gwrs os bydd arnoch chi angan rhywbeth. Heb ddechra yn y selar ydach chi?'

'Ia. Rhyw feddwl gorffan yma'n gynta.'

'Peidiwch â dychryn o weld y gwaith sy'n ych aros chi yno. 'Dydi hwn yn ddim i'w gymharu ag o.'

Nid oedd wedi bod yn y seler o gwbl a hynny am nad oedd yn hoffi'r drws. 'Roedd ei rhieni wedi chwerthin am ei phen pan ddywedodd hynny wrthynt. Drws bychan ydoedd, o dan risiau'r neuadd. Efallai mai am ei fod yn fyrrach a chulach na'r drysau eraill yr oedd wedi rhoi'i chas arno, neu efallai am ei fod yn y fan dywyllaf yn y neuadd. Neu efallai am ei fod yn ei hatgoffa, am ryw reswm anesboniadwy, o ddrws yng nghornel beudai fferm ddi-raen ar y ffordd i'r ysgol ers talwm. Y tu draw i'r drws hwnnw crogasai dau aelod o'r un teulu eu hunain o fewn tair blynedd i'w gilydd, a phob bore a phob prynhawn 'roedd y drws dychrynllyd yn cyhoeddi hynny wrthi, 'waeth faint fyddai ei hymdrech i droi ei phen oddi wrtho.

'Na, mi orffenna i yn fa'ma yn gynta,' meddai gan deimlo'i hun yn swnio'n llywaeth.

'Helô 'ma.'

Daeth cnoc ar ddrws y llyfrgell, a cherddodd y Canon gwengar i mewn. Cariai amlen lwyd go fawr yn ei law.

'Rhag ofn i chi feddwl 'mod i'n dwyn yr hawl i gerddad i mewn i dai heb guro oddi ar y meddygon, gweld Rhodri yn yr iard ddaru mi. Fo hysiodd fi i mewn drwy'r drws ochor.' Daeth yn nes atynt. 'Wel yn wir! Dyma olygfa i'w thrysori. Holl gyfrinacha Gartharmon fel cregyn glan môr wrth ein traed.'

''Does 'na ddim llawer o gyfrinacha mewn bilia, Peredur,' meddai Watcyn Lloyd. 'Wyddoch chi be, Miss Davies? Mae'r dyn yma wedi swnian cymaint arna i i wneud y gwaith yma nes 'mod i'n teimlo fod gen i'r hawl i'w orfodi o i'ch helpu chi.'

'Can croeso,' atebodd y Canon. 'Mi wn i pwy fydd y cynta i ddifaru.'

'Be 'di'r ymweliad? Y swnian arferol am banad?'

'Craff a chywir.'

'Mi gei weithio amdani. Caria'r bocs 'ma i stafall Miss Davies.'

Edrychodd y Canon ar y bocs am eiliad, yna daeth gwên fechan i'w lygaid.

'Gyda phleser,' meddai'n syml. Cododd y bocs. 'Gorllewin, gogledd, dwyrain, de. 'Waeth gen i . . .'

'Ffor 'ma.'

Cawsai Sioned stafell rhwng y llyfrgell a'r un y cawsai ei chyfweliad rhyfedd ynddi, gyda'i drws yn agor i'r cyntedd a'i ffenest, a ymestynnai bron o'r llawr hyd at y nenfwd, yn wynebu'r lawnt a'r coed y tu hwnt, gan demtio rhywun i aros wrthi drwy'r dydd yn enwedig wrth bod y sil yn llydan a chyffyrddus. 'Roedd y dodrefnyn ieuengaf yn y stafell yn tynnu at gant oed a phan welodd hwy i ddechrau 'roedd Sioned wedi dychryn, nid am nad oeddynt yn ffitio'r syniad cyfoes am ddodrefn swyddfa ond oherwydd bod arni ofn eu difwyno. Ond buan iawn y gwelsai Lleucu drwy'i hofnau, a'u hwfftio. Yr hyn a roesai syndod pleserus iddi oedd mor ddidrafferth y llwyddwyd i addasu dodrefn o'r fath ar gyfer anghenion swyddfa. Robin Owen oedd y saer. Unwaith yr oedd ef wedi darganfod fod lled ffeil yn deirgwaith hyd cetyn fwy na heb 'roedd pethau ar i fyny. Mesur, ac ychwanegu lled y bowlan rhag ofn i'r hen beth fach binsio'i bysedd wrth ffidlan hefo rhyw bapurau diawl, ac 'roedd cwpwrdd pantalŵns nain Ciaptan Llwyd wedi'i addasu i fod y cwpwrdd ffeiliau taclusaf welsoch chi 'rioed. 'Roedd hefyd wedi llwyddo, ac ni wyddai neb ond ef sut, i dorri pedwar darn hollol gyfartal o goesau byrion cwpwrdd arall er mwyn iddo ffitio o dan y bwrdd. Cadair fahogani y tu ôl i'r bwrdd, cwpwrdd arall dal popeth ar un pared, silff lyfrau bron yn wag yn ei ymyl, dwy gadair freichiau a'r sil ffenest hwylus, ac wele swyddfa. A'r hynodrwydd pennaf ynglŷn â hi oedd fod y teipiadur electronig newydd ar y bwrdd yn gweddu'n rhyfeddol i'w amgylchfyd annisgwyl.

Daethant i mewn, gyda Sioned yn ledio'r ffordd. Croesodd y Canon yr ystafell a baglu ar draws dim byd pan oedd ar gyrraedd y gornel. Daeth sŵn papurau wrth i'r bocs ysgwyd.

'Wps!' Rhoes y bocs i lawr yn drwsgwl, a phlygodd uwch ei ben. 'Roedd â'i gefn at Sioned. 'Rhaid i mi fynd â 'nhraed i'r efail.' Daeth siffrwd wrth iddo dyrchu yn y bocs. ''Rhoswch chi i mi dacluso'r papura 'ma.'

'Mae'n iawn, siŵr. Isio'u tynnu nhw ohono fo sydd arna i p'run bynnag. Baglu ddaru chi?'

'Wel ia, ar draws 'y nhraed. Dyna ni.'

Cododd, a throi ati, a'i wyneb yn goch ar ôl plygu. 'Roedd wedi tynnu ei amlen ef o'r bocs a daliai hi o'i flaen.

'Cofiwch chi rŵan. Gadwch i mi wybod os dowch chi o hyd i ryfeddod. 'Fydd Watcyn ddim dicach.'

'Pa fath ar ryfeddoda?' gofynnodd hithau.

'O, pwy all ddweud? Bocsys a selerydd. Mae 'na betha digon digri wedi dod ohonyn nhw yn eu dydd, y ddau fel 'i gilydd. Peidiwch â gadael i Watcyn a'i bapura ych cadw chi o'n tŷ ni. Mi a' i rŵan i edrych be sy' gynno fo yn ei bantri.'

Aeth o'r stafell a chau'r drws ar ei ôl. Gafaelodd Sioned mewn hen glustog a oedd ar lawr ger ei desg ac aeth â hi a'i gollwng wrth ochr y bocs. Aeth ar ei gliniau ar y glustog a dechrau arni. Cymerai gip ar bopeth wrth ddidoli, cip brysiog ar ambell anfoneb neu dystysgrif gwn neu lythyr, a chymryd hoe bob hyn a hyn i astudio rhai'n fanylach, — hen brisiau, ambell lythyr cas i gyflenwyr neu ddyledwyr, ac wrth gwrs y pytiau o amrywiadau

73

ar unig thema Sonia Lloyd. Cadwasai'r rheini i gyd gyda'i gilydd mewn bocs bychan ar wahân, a byddai'r casgliad yn tyfu'n ddiamau ar ôl gwagio'r bocs yn ei hymyl.

'Roedd wedi cyrraedd rhywle fel ei ganol pan ddaeth Rhodri i mewn gyda phecyn bychan o anfonebau yn ei law. Edrychodd un waith ar ei gorchwyl a griddfan.

'Mi awn i ar 'y mhedwar hyd y stad 'ma i'w chwynnu hi hefo 'ngheg cyn y gwnawn i hynna.'

'Ia. Gwnewch chi hynny ar bob cyfri. 'Rydw i'n iawn ble'r ydw i.' Gafaelodd yn y bocs lle cadwai bapurau Sonia Lloyd. 'Petha'ch mam ydi'r rhain.'

'D'o weld.' Rhoes Rhodri'r anfonebau ar y ddesg a dod ati. Aeth â'r bocs bychan yn ôl at y ddesg a thynnodd bapur neu ddau ohono. 'Ia, dyma nhw. 'Rydw i'n cofio'r rhain. Wel, nid fesul un, ond 'roeddan nhw ym mhobman.' Darllenodd yn dawel am funud. ''Waeth ble'r oedd rhywun yn chwilio mi fyddai'r rhain yno. Fersiwn Gartharmon o swmbwl yn y cnawd.'

'Mae arna i ofn 'mod i wedi'u darllan nhw. Bob un.'

Trodd Rhodri ei ben tuag ati, a rhyw wên fach syn ar ei wyneb.

'Ofn?'

'Wel ia. 'Ddylwn i ddim busnesa. . . .'

'Twt!' Sobrodd. 'Mi fedrwn feddwl am betha llai melangarol na'r rhain i'w darllan. Mae'n syndod dy fod yn dal i allu gwenu.'

'Ydi, ella. Oedd hi mor drist â'i sgwennu?'

Eisteddodd Rhodri ar ymyl y ddesg. Hongiai un o'r papurau'n llipa o'i law.

''Wn i ddim yn iawn,' meddai'n dawel. 'At y diwadd, oedd. Ond pan o'n i'n fach,—wn i ddim. Mae'n siŵr ei bod hi yr adag honno hefyd.'

''Roedd hi'n 'i guddio fo?'

''Chlywis i 'rioed mohonyn nhw'n ffraeo, hi na 'Nhad. Yn bwysicach fyth, 'chlywis i 'rioed mohonyn nhw'n dweud un dim edliwgar wrth 'i gilydd chwaith, hyd yn oed pan o'n i ddim i fod i wrando.'

'Mi fedra inna ddweud hynna hefyd. Mae o'n beth braf, 'tydi? Magwraeth hapus a di-lol.'

'Ydi. Ydi, Sioned. Mae'n siŵr 'i fod o.'

''Rydach chi'n swnio'n amheus.'

'Ydw i?' Rhoes ebychiad bychan o chwarddiad trist. ''Dydw i ddim yn siŵr pa mor hapus oeddan ni, os wyt ti'n sôn am hapusrwydd rhydd a naturiol. Ymdrech 'rydw i'n 'i chofio. Un ymdrech barhaus, fel 'tasa 'na ryw rwystr hollbresennol. 'Wn i ddim. Ella mai fi sy'n meddwl. Ac ella mai'r hen le 'ma oedd o, yn pwyso ar rywun, yn gwarafun am fod 'i oes cynnal pobol fawr o'n dirwyn i ben. Mi fedr lle wneud hynny, 'sti.'

'Medar.'

'Cerrig a choed a llechi. 'Dydyn nhw ddim yn farw nac yn ddi-hid, dim ond pan ydan ni'n edrach arnyn nhw felly.'

'A'r rhain oedd y canlyniad.'

'Ia. Rhyw ben bob dydd mi fyddai'n estyn ei Watermans a'i phapur. A'i hinc blŵ-blac. Mi welis i hi'n mynd yn un swydd i'r Dre i brynu peth er bod gen i lond potal o inc glas lliw arall.'

''Doedd ganddi hi ddim awydd sgwennu dim byd mwy parhaol, mwy swmpus?'

Ysgydwodd Rhodri ei ben yn araf.

'Na. 'Doedd meddwl am drannoeth ddim yn rhan o'i chyfan-soddiad hi. 'Fyddai hi ddim yn gweld synnwyr mewn dechra.'

Efallai, ryw dro, mai ar y bwrdd yr eisteddai ei mab arno yr oedd hi wedi bod wrthi'n sgrifennu ar ei thameidiau papur. Gafael mewn un, am ei fod yno efallai, sgrifennu mymryn, a'i daflu i ganol pethau eraill. Gwneud yr un peth yn union wedyn drannoeth. Ceisiai Sioned feddwl am yr effaith a gawsai ei llusgo byw dibwrpas ar Watcyn Lloyd.

'Dyma ti, yli.' 'Roedd Rhodri wedi codi papur arall. ''Rhagfyr 8. Wrthi ac wrthi hefo rhyw bwdin.'' Dim ond hynna. Pwdin Dolig oedd o, mae'n rhaid. Ond 'wnâi'r Watermans ddim sgwennu gair felly. 'Roedd ei arwyddocâd o'n hollol groes i'r graen.'

'Be ddigwyddodd iddi hi?'

'Dim. Mi aeth i'r ysbyty i dynnu lwmp. 'Roedd hi'n driniaeth go hegar, ond yn ddim na ddylai fod wedi dod drosti. Ond 'ddaru hi ddim. Mi aeth i lawr ac i lawr, a marw, yn union fel 'tasa hi wedi gweld ei chyfle. Hannar cant oedd hi. Hannar cant a dau ddiwrnod.'

'Hynny bach?'

'A lle gwelist ti gerdyn pen-blwydd heb y gair ''hapus'' arno fo 'rioed? Mynd â pheth felly a bloda iddi. Hitha'n gwenu ar y bloda a dweud dim, fel 'tasan nhw'n rhan o'i chyfrinach hi. Mi ddwedodd y doctoriaid ddigon o weithia wrth 'Nhad nad oedd 'na ddim arni na fyddai ewyllys yn 'i wella.'

'Ond 'roedd hi wedi penderfynu?'

'Oedd. A mi'r oedd hi isio cael ei llosgi. Mynd â hi i'r ffwrnas gyrff 'no yn Henryd. Lle neis neis a phobol neis neis yn dweud wrthat ti am aros dy dro fel 'tasat ti mewn ciw siop jips. Mynd i mewn i gapal neis neis i wrando ar organ yn chwara miwsig neis neis oddi ar record yn llawn cracia a sŵn ffrio. Pedwar munud ar bymtheg o wasanaeth. Dim mwy dim llai, yn unol â'r gorchymyn. Yr arch yn diflannu'n sidêt y tu ôl i lenni neis neis pan mae pawb i fod i gau'u llygaid mewn gweddi rhag ofn i alar amharu ar y rhai nesa yn y ciw. Wedyn mynd â chdi allan drwy ddrws arall neis neis ac ar hyd llwybr hir brics a choncrid neis neis yn llawn o floda neis neis er mwyn i ti ddod dros dy brofedigaeth cyn cyrraedd y maes parcio. Os nad wyt ti wedi gwneud hynny mae 'na ddau swyddog neis neis yn dod yno ac yn rhoi uffar o gweir i ti.'

'Roedd Sioned wedi plygu'i phen ers meitin.

'Ella nad ydach chi'n or-hoff o amlosgfeydd.'

''Rydw i wedi dweud wrth Watcyn os bydd o isio cael 'i losgi mi fydd yn rhaid iddo fo fynd yno 'i hun.'

Trodd Sioned ei phen i edrych drwy'r ffenest. Go brin fod nemor ddim y tu allan wedi newid mewn naw mlynedd. Swanciai'r coed yn eu dail newydd eleni eto y tu draw i'r lawnt. Yr un oedd ffurf y bryniau bychan yr ochr arall i'r tamaid dyffryn a'i dai a'i ffermydd gwasgarog, a'r un oedd y tawelwch nas torrid gan ddim ond synau natur ac ambell beiriant. Cysylltai hi iselder â thlodi a dyledion, ac â threfi a'u cyfyngleoedd. Ni wnâi synnwyr mewn lle fel Gartharmon.

'Oedd gweld ych mam yn rhoi'r gora iddi yn deimlad o fethiant?'

Ystyriodd Rhodri am ennyd.

'Nac oedd,' meddai, ''doedd o ddim. 'Roeddan ni wedi arfar cymaint hefo hi fel nad oedd y diwadd yn ddim ond rhwbath hollol naturiol yn nhrefn petha. 'Roedd hi'n cael 'i dymuniad, felly 'doedd 'na ddim diben gwneud drama.' Daeth golwg synfyfyriol arno. 'Mi fûm i'n meddwl, wel, amball dro . . .' Swniai'n ansicr. 'Sais ydi i,' meddai'n sydyn.

Trodd Sioned ei phen mewn syndod.

'Be?'

'Mi ges fy ngeni yn Llundain.' Gwenai Rhodri o weld llwyddiant hen dric diniwed. 'Pan fydd pob dadl arall yn troi'n erbyn Cetyn mi ddaw â honna allan fel 'i amddiffyniad ola. Rhyw gymhlethdoda ynglŷn â'r beichiogi. 'Roedd hi'n cael traffarth i 'nghario i. Tua thri mis cyn imi gael 'y ngeni mi aeth i Lundain at ffrindia. 'Roedd y gŵr yn arbenigo mewn petha fel hyn, a mi gynigion nhw'u gwasanaeth. 'Rydw i wedi bod yn meddwl ella mai dyna'r adag y dechreuodd bywyd fynd yn fynydd iddi. Ella . . .'

'Peidiwch.' Teimlai Sioned iasau. 'Peidiwch â meddwl petha fel 'na.'

'Pwy ŵyr?' 'Roedd golwg ychydig yn syn ar wyneb Rhodri. Yna gwenodd ar bryder Sioned. 'Paid â phoeni. 'Effeithith o ddim arna i. Os digwyddodd rhwbath iddi yr adag honno, babi mewn croth oedd yr achos, nid fi.' Petrusodd. 'Ydi hwnna'n swnio'n oer?'

'Nac ydi. 'Does 'na ddim mwy gwrthun na'r syniad o fabi euog.'

'Dyna mae Lleucu'n 'i ddweud hefyd.'

'Ia, gobeithio.' 'Roedd ar Sioned awydd sydyn i sôn am rywbeth arall. 'Be ydi L23/29?' gofynnodd.

'Be?'

'Hwn.' Cododd Sioned a mynd at y bocs. 'Mae hi wedi'i sgwennu o droeon. Dyma fo. Dyma un ohonyn nhw.' Rhoes bapur iddo. 'Mae'n rhaid bod 'na ryw arwyddocâd iddo fo.'

Syllodd Rhodri am hir ar y ffigurau cyn dweud dim. Yna ysgydwodd ei ben.

''Rydw i'n cofio'u gweld nhw,' meddai. ''Wnes i 'rioed feddwl am arwyddocâd iddyn nhw chwaith, erbyn meddwl.' Cododd. 'Gad i mi wybod os llwyddi di i'w ddatrys o. Picio yma i daflu'r rhain ar y doman bapur o'n i i fod i'w wneud,' ychwanegodd, gan bwyntio at yr anfonebau ar y ddesg. 'Mae Cetyn yn disgwyl amdana i yn yr iard. 'Does dim isio gofyn be fydd testun 'i sgwrs o rŵan, nac oes?'

Aeth allan, ac aeth hithau i nôl ei chlustog a mynd â hi yn ôl i'r gornel. Dechreuodd dynnu'r papurau fesul un unwaith yn rhagor i'w didoli, gan ryw led-obeithio y deuai rhagor o bytiau mam Rhodri i'r fei. Didolodd hanner dwsin o anfonebau di-sôn-amdanynt. Cododd un arall. Oddi tani, 'roedd darlun.

Ei hymateb cyntaf oedd penbleth o ddarganfod un darlun ymhlith papurau'r busnes. Darlun o eneth ydoedd, geneth bryd tywyll tua'r un oed â hi, neu'n ieuengach o bosib. Nid darlun ffwrdd â hi o gamera rhad ydoedd chwaith, ond portread gofalus, celfydd. Tyrchodd yn y bocs rhag ofn bod ynddo ragor, ond nid oedd. Rhoes y darlun o'r neilltu, ac ailafael yn y didoli. Cododd anfoneb neu ddwy. Edrychodd eilwaith ar y darlun. Gafaelodd ynddo, a'i dynnu ati. Syllai'r eneth heibio iddi, heibio i bawb. Rhoes ef yn ôl ar lawr, a dal i edrych arno. Yna cododd, a mynd â'i chlustog a'r darlun efo hi i'r ffenest. Eisteddodd. Daliodd y darlun fel bod y golau o'r ffenest arno i gyd.

*   *   *

'Lle ma' jîns glas gola?'

'Ar lein.'

''Doeddan nhw ddim yn fudr.'

'Nac oeddan. Fi sy'n dechra'u gweld nhw mae'n siŵr.'

'Lle ma' jîns du 'ta?'

'Ar lein.'

'Y?'

''Fydd arnat ti mo'u hangan nhw heno.'

'Os ydach chi'n deud.'

'Ydw.'

'Mi a' i i ganfasio yn 'y nhrons 'ta.'

'Ia. Ac yn draed sana.'

'Mam!'

Rhuthrodd o'r llofft ac i lawr y grisiau fesul pedair.

'Ia, dyna chdi. Cracia bob parad sy'n y tŷ 'ma. Mi fydd dy dad wrth 'i fodd pan ddaw o adra.'

'Mam!'

'Roedd yn rhy hwyr. Daeth i'r gegin fach fel 'roedd drws y cwpwrdd yn cael ei gloi ar ei esgidiau. Caeai dwrn yn araf am yr allwedd.

'Dowch â hwnna i mi.'

''Rwyt ti'n mynd i aros adra heno i wneud dy waith.'

'Ond mae arna i isio mynd i ganfasio.'

'Mae 'na bobol erill i ganfasio. 'Does ganddyn nhw ddim arholiada ym mhen pythefnos.'

'Duw, be 'di o bwys gen i am arholiada?'

'Mae ots gen i.'

''Dw i'n 'i wybod o p'run bynnag.'

'Wyt. Be oedd y tu ôl i'r Ymddiriedaeth Gymreig yn 1674?'

'Y?'

'Mi clywist fi.'

''Fedra i ddim atab peth fel 'na fel 'tasa fo'n gwestiwn cwis Merchaid y Blydi Wawr, siŵr.'

'Rho gynnig arni.'

'Sut gwyddoch chi am beth felly p'run bynnag?'

'Rwyt ti'n meddwl 'mod i'n ddwl, 'twyt?'

'Nac 'dw. Clyfar ydach chi. A chyfrwys. Dowch â'r goriad 'na i mi.'

'Dos i ddysgu dy waith.'

'Mi'ch sodra i chi.'

'Paid â chodi ofn arna i.'

''Rydach chi'n ddynas greulon.'

'Taw ditha.'

'Ydach. Mae 'na hen hen chwedl am ddynas oedd yn planta fel cwningan ac yn 'u bwyta nhw i gyd fel 'roedd hi'n 'u dadlwytho nhw.'

'Bydd ddistaw, damia chdi.'

''Rydach chi'n fwy creulon na honno.'

'Ydw, 'ngwas i. 'Tydi hi'n sobor arnat ti?'

'Ydi. Mae hi.' Ysgydwodd ddrws y cwpwrdd. 'Mae hi'n uffernol o sobor arna i. Mam?'

'Na chei.'

'Sut gwyddoch chi am yr Ymddiriedaeth Gymreig p'run bynnag?'

''I weld o yn dy lyfr Hanes di. Yn y pen draw dan gwely.'

'O. 'Fanno'r aeth o? 'Rhosa i adra nos fory os ca' i fynd heno.'

'Mi 'rhosi adra heno a nos fory.'

'Ond mae Sioned a fi wedi trefnu . . .'

'A thrennydd a thradwy. Mi fedr Sioned fynd 'i hun ne' hefo'r lleill, debyg. Go brin 'i bod hi'n dibynnu arnat ti. Mae'r hogan bedair blynedd yn hŷn na chdi p'run bynnag. Pwy roddodd y syniad yn dy ben di mai hefo chdi y mae hi isio bod byth a beunydd?'

'Hi'i hun.'

'Twt! Mae'r hogan yn gallach na hynny.'

''Rydach chi'n hŷn na Dad, 'tydach? Be sydd mor rhyfadd yn y peth?'

'Mae hynny'n wahanol.'

'Ydi m'wn. Mam?'

'Na chei! Dos i wneud dy waith.'

''Dw i'n mynd i ffonio Sioned 'ta.'

'A mi fydd hi'n galaru hebddat ti.'

'Mi gawn weld, 'cawn?'

'Ffonia hi 'ta. Dwed wrthi am ddŵad yma i nôl panad tua naw os wyt ti'n meddwl na fedr hi gysgu heb weld dy wep di.'

'Ia, mi ffonia i hi. Mi ddweda i wrthi na cheith hi ddim dŵad yma i nôl panad tua naw am nad oes arnoch chi isio iddi weld yr holl gleisia a'r llosgiada ar 'y nghorff i ar ôl i chi 'nghuro i hefo procar poeth.'

'Ia, dyna chdi. Dwed di hynny wrthi.'

''Fyddai ddim mymryn o wahaniaeth gynnoch chi, 'na fyddai?'

'Dim un hadan.'

'Diawledig.'

*   *   *

Nid aeth Sioned i ganfasio chwaith, nac i hel te. Bu'n treulio rhan fwyaf y noson yng nghwmni'r darlun, dim ond hwy ill dau. Bu'n syllu cymaint arno nes ei bod yn sicr fel yr oedd yn mynd i gysgu ei bod wedi'i ddysgu ar ei chof, a phan ddeffrôdd y peth cyntaf a wnaeth oedd ceisio'i gael yn ôl yn gyfan yn ei meddwl cyn edrych arno. Ond gan nad trwy ymgyfarwyddiad dros amser yr oedd wedi dod i'w adnabod 'roedd cryn wahaniaeth erbyn y bore rhwng y darlun yn ei meddwl a'r un iawn ar y cwpwrdd bach ar erchwyn y gwely.

Darlun tri chwarter wyneb ydoedd, wedi'i oleuo o'r ochr megis fel mai'r ochr bellaf iddo oedd yn derbyn y golau mwyaf. Düwch oedd y cefndir fel nad oedd dim i dynnu sylw neb oddi ar yr wyneb ei hun. 'Roedd y trwyn yn fychan ac yn syth a'r cysgod ar un ochr iddo'n tanlinellu glendid ac esmwythder y foch. Syllai'r llygaid yn syth o'i blaen, ond fymryn at i lawr fel bod yr amrannau hirion yn cael eu dangos ar eu gorau. Nid oedd gwên camera ar yr wyneb a bron nad oedd yn rhaid craffu i weld y dannedd glân y tu ôl i'r gweflau. 'Roedd ei gwallt trwchus yn llawn a naturiol heb angen giamocs trinwyr gwallt i'w gadw yn ei le a'i anharddu. Nid dyfaliad gwyllt ond sicrwydd tawel oedd wedi gwneud i Sioned benderfynu ei bod yn edrych ar lun Sonia Lloyd.

Cyn iddi briodi, debyg. Cyn i gymhlethdodau mewnol a digalondid ddod ar ei thraws a tharfu ar ei bywyd. Byddai'n rhaid cael darlun llawer diweddarach ohoni cyn y medrai neb geisio ymgodymu â'r dasg o gysoni'r wyneb â'r tameidiau o sgrifennu diobaith yn y Plas. Ond nid oedd amheuaeth ym meddwl Sioned nad ar y Sonia ifanc yr edrychai bob hyn a hyn, weithiau am hir, weithiau dim ond cip, fel yr âi trannoeth rhagddo.

Wrthi'n paratoi ar gyfer llenwi'r ffurflen dreth ar werth yr oedd, a'r darlun ar ochr y ddesg. 'Roedd wedi gorfod ffonio'r Cyfrifwyr am ryw wybodaeth ynglŷn â'r ffurflen ac nid oedd y rheini'n swnio'n od o hapus o ddeall nad hwy a fyddai'n gwneud y gwaith hwnnw o hynny ymlaen. 'Roeddynt am chwilio am y wybodaeth a'i hanfon iddi cyn diwedd yr wythnos. Gwrandawai Rhodri ar y sgwrs a chymerodd ef y ffôn oddi arni a dweud wrthynt y deuai ef i'w nôl ymhen yr awr. Aethai hithau gydag ef i'r Dre i roi tamaid i'w brofi o'i llofnod i'r banc fel y gofynasai Watcyn Lloyd y diwrnod cynt. Nid oedd wedi sôn wrtho am y darlun, a dim ond pan nad oedd neb ond hi'i hun yn y swyddfa y rhôi ef ar ei desg.

Daeth Watcyn Lloyd i mewn dan wenu'n braf.

'A! Miss Davies. Clywed ych bod chi wedi rhoi'n Cyfrifwyr ni yn 'u lle y bora 'ma.'

'Naddo, wir. Rhodri ddaru. A mi fûm i yn y banc.'

'Da iawn. Ddaeth 'na gyfri o fan'no heddiw?'

'Do.'

'Mae 'na drosglwyddiad i 'nghyfri i i fod arno fo. 'Roeddwn i'n meddwl 'mod i wedi dweud swm gwahanol i'r hyn maen nhw wedi'i ddangos ar 'y nghyfri i.'

'Mae o yn y ffeil.'

Cododd Sioned a mynd at y cwpwrdd ffeiliau. Agorodd ddrôr, a chwilio ynddi. Tynnodd bapur ohoni.

'Dyma fo.'

Trodd. Safodd yn stond. 'Roedd Watcyn Lloyd yn llonydd wrth y ddesg, yn rhythu ar y darlun. Taerai Sioned ei fod yn gwelwi. Dechreuodd deimlo'n euog.

'O ble daeth hwn?'

'Roedd ei lais yn dawel, bron yn oer. Aeth ei byd hithau'n fwy annifyr.

'O'r bocs. Ddoe.'

'Ond bilia oedd yn hwnnw.'

'Ia. 'Ro'n i'n 'i weld o'n beth rhyfadd. 'Ro'n i am . . .'

Ni wrandawai arni. Croesodd y stafell at y papurau yn y gornel. Plygodd atynt, a thyrchu ynddynt.

'Ond mae'r rhain—ddeg, ddeuddeng mlynedd yn ôl.'

Ni wyddai Sioned ai siarad efo hi yr oedd. Aeth ef yn ôl at y ddesg, a rhoes hithau'r papur iddo. Ni feiddiai sôn am y darlun. Edrychodd yntau ar y cyfrif banc.

'Ydi, mae o'n iawn. Fi roddodd y swm anghywir iddyn nhw mae'n siŵr. Diolch, Miss Davies.'

Rhoes y papur yn ôl iddi. Nid edrychai arni. Aeth hithau ag ef yn ôl i'r cwpwrdd ffeilio a chymryd dipyn mwy o amser nag oedd ei angen i'w roi'n ôl yn ei briod le.

'Rhaid imi weld Robin Owen cyn iddo fo fynd i'r pentra.'

Aeth heibio iddi, a thrwy'r drws.

Efallai nad oedd wedi gweld y darlun ers blynyddoedd. Efallai ei fod wedi anghofio'n llwyr amdano. Efallai nad oedd ganddo yn ei ran ef o'i gartref ddim ond llun priodas a lluniau diweddarach ohoni. Dyna oedd. Caeodd Sioned ddrôr y cwpwrdd ffeiliau ac aeth at y ffenest. Ie, dyna oedd. Darlun o'r iselder a'r dibwrpasedd oedd ganddo ef bellach wrth gofio amdani, a phan welodd mor ddirybudd yr hyn yr oedd hi wedi bod a'r hyn a allasai fod nid oedd dim arall i'w ddisgwyl ond ysgytwad. Daeth y posibilrwydd i'w meddwl mai darlun rhywun arall ydoedd, hen gariad efallai, ond gwrthododd ef yn syth. 'Roedd hi'n gwybod. Erbyn meddwl, 'roedd Watcyn Lloyd wedi ymddwyn yn rhyfeddol o hunanfeddiannol. Gallasai fod wedi ymateb yn hollol wahanol, yn ffyrnig hyd yn oed. Trodd hithau, yn ddiolchgar, yn ôl at ei desg. Rhoes ebychiad sydyn anfwriadol. 'Roedd y darlun wedi mynd.

Eisteddodd, yn ddigalon. Gweithiodd. Trafododd ffigurau, eu tynnu, eu hychwanegu, eu stwnsio. Llanwodd golofnau. Ceisiodd ei darbwyllo'i hun nad oedd yn anniddig. Cyn hir darganfu ei bod wedi bod yn serennu ar yr un ffigwr ers hydoedd. Gweithiodd. O dipyn i beth, aeth y darlun yn drech na hi. Cododd. Aeth o'r swyddfa ac allan i'r iard i gael awel iach. Dyna un peth da am Gartharmon. Os oedd y swyddfa'n mynd yn fwrn nid oedd neb yn gwarafun iddi ei gadael am ryw awr. Cerddodd i'r balconi. 'Roedd Rhodri a Gwydion wedi mynd i Gorwen i nôl llond y fen o fwydydd planhigion ac ni fyddent yn eu holau am un awr arall. Aethai Miriam Owen a Lleucu i'r dre ar ôl ei gwahodd hi i fynd hefyd. 'Roedd Watcyn Lloyd a Cetyn yn ymyl y tŷ gwydr pellaf ac yn cerdded draw oddi wrtho ymhellach fyth. 'Roedd y Plas yn wag. Cafodd hithau syniad. Gwrthododd ef. Ailfeddyliodd. Dim ond un cip.

Rhedodd yn ôl i'r Plas, a thrwy'r cyntedd i'r neuadd. Dim ond un cip. Aeth ar draws y neuadd at ddrws yn ymyl y lle tân mawr. 'Roedd y drws ar glo, siŵr.

Nac oedd. Nid oedd wedi gwneud peth fel hyn o'r blaen. 'Roedd wedi torri i mewn i swyddfa dreth incwm ryw dro ond cymysgedd o argyhoeddiad a hwyl oedd hynny, dan oruch-wyliaeth tafod y ddraig. Wrth sleifio drwy'r drws ceisiai benderfynu nad oedd dim dan din yn hynny. Dim ond un cip diniwed.

'Roedd y stafell yn fawr, a'r ddwy gadair freichiau a'r soffa drom o flaen y tân yn edrych yn fwy cyffyrddus na'i rhai hi, hyd yn oed. 'Roedd teledu yn y gornel a llun priodas ar ei ben, priodas Rhodri a Lleucu. Ni welai ddarluniau eraill.

Yma y daethai Watcyn Lloyd o'r swyddfa. Gwyddai hynny wrth wrando ar ei gerddediad. 'Roedd yn rhaid felly ei fod wedi cadw'r darlun yma. Go brin ei fod wedi mynd ag ef i'w ddangos i Robin Owen ac 'roedd yn rhy fawr i fynd i'w boced. Nid oedd am fusnesa yn y drorau. Dyna fyddai peth dan din.

Trodd yn ôl, yn siomedig. Nid oedd ar y cadeiriau na'r dresel, nac ar yr un o'r cypyrddau. Nid oedd ymhlith yr amryfal bapurau ar y bwrdd chwaith. Edrychodd arni'i hun yn y drych uwchben y lle tân i weld faint o ffŵl ydoedd yn gwneud peth mor ynfyd. Tynnodd ei thafod ar yr hyn a welodd. 'Roedd yn bradychu ymddiriedaeth pobl garedig, glên. Aeth yn ddiflas gan gywilydd, a pheidiodd ag edrych ar y drych. Edrychodd i lawr, fel hogan ysgol yn cael pryd o dafod haeddiannol. 'Roedd y lle tân yn wag heblaw am un darn o bapur a oedd newydd gael ei losgi ynddo.

Rhuthrodd ato. Dim ond carbon bregus oedd yn weddill ohono, carbon a fyddai'n chwalu'n llwch a thafellau mân pe bai'n cyffwrdd ynddo. Mewn tân poeth, byddai'r carbon ei hun yn llosgi ac yn diflannu. Mewn tân heb fod mor boeth, byddai'r carbon yn crebachu'n goch cyn diflannu'n raddol neu dduo'n llipa. Pan losgid papur unigol mewn lle tân oer, byddai'r carbon yn fawr ac yn gyfan, a hefyd mor aml â pheidio'n lled ddarllenadwy. Rhythodd yn argyfyngus ar weddill yr amlinell annelwig o ben dynol ar y carbon. Plygodd ato, a'i gyffwrdd. Torrodd. Cododd hithau'n araf a mynd. Aeth drwy'r neuadd. Cerddodd ar hyd y cyntedd i'r iard. Cerddodd i'r balconi, ac i'w fflat. Aeth at ei gwely, a gorwedd arno. Tynnodd y gobennydd ati, ac wylodd.

*   *   *

Ni ddywedodd wrth neb. Ni welodd Watcyn Lloyd chwaith. Penderfynodd ef fynd ar ei sgawt ben bore trannoeth yn hytrach nag aros tan yr wythnos wedyn. Er bod Rhodri'n dweud nad oedd hynny'n beth newydd o gwbl yn ei hanes, mynnai hi er ei gwaethaf weld cysylltiad. Ni threuliodd ddim ond rhyw hanner

83

awr gyda'r cyfrifon y bore hwnnw; penderfynodd y câi Tollau Tramor a Chartref Ei Mawrhydi aros tan ddechrau'r wythnos am eu siec treth ar werth. Siawns na allai'r Fawrhydi grafu byw tan hynny. Yn hytrach, dewisodd fynd i'r llyfrgell am y dydd gan fod ganddi amgenach gwaith yno.

'Roedd rhywun wedi bod yno yn ystod y nos, oherwydd nid oedd y bocsys yn yr un drefn ag y'u gadawsai y prynhawn cynt. Watcyn Lloyd wedi bod yn chwilio am ragor o luniau efallai. Siomodd y posibilrwydd hwnnw hi.

Cafodd hyd i un bocsaid o luniau ac aeth drwyddo'n eiddgar. Byddent yn werth mynd drwyddynt yn hamddenol a gofalus pan na fyddai'r un darlun arall ar ei meddwl i darfu ar bopeth. Cafodd hyd i ragor o bapurau Sonia Lloyd fodd bynnag a methai'n lân â deall pam nad oedd y rheini'n cynhyrfu Watcyn Lloyd a pham nad oedd arno unrhyw awydd cuddio'r rheini rhagddi. Bu ef ei hun yn ei hannog i'w darllen. Ar ddau o'r papurau gwelodd yr L23/29 unwaith yn rhagor, fel rhyw farc cyfrin. A daeth ar draws cyfuniad arall, J24/21 ar waelod papur a gynhwysai un paragraff a orffennai ar ganol brawddeg. Nid oedd dim yn unman i awgrymu ystyr neu arwyddocâd i'r cyfuniadau. 'Roedd hi wedi hen ddysgu'r cyntaf ar ei chof ac ailadroddai ef wrthi'i hun yn awr ac yn y man yn y gobaith y gallai feddwl am eglurhad.

Bu wrthi bron drwy'r dydd. Tua phedwar o'r gloch, a hithau wedi gorfod cydnabod yn anfoddog na ddeuai o hyd i ddarlun arall yn y llyfrgell, magodd blwc i fynd i'r seler. Aeth i'r neuadd a sefyll am ychydig fel meistres y stad o flaen y drws bychan annymunol i roi ar ddeall iddo ef ac iddi'i hun nad oedd arni hi mo'i ofn. Gafaelodd yn benderfynol yn y dwrn pres, a'i droi. 'Roedd y drws ynghlo. Caeodd ei llygaid i werthfawrogi'i rhyddhad yn llawn cyn troi oddi yno a rhoi'r gorau iddi am y dydd a'r wythnos.

*   *   *

Nos Sadwrn aeth Sioned gyda Lleucu a Rhodri i'r pentref am bryd o fwyd tafarn a llymaid dros y galon. 'Roedd y dafarn yn rhwydd lawn, o bobl, o fwg, o sŵn, a'r ffenestri'n ager i gyd gan iddi fwrw drwy'r dydd. Deuai'r rhan fwyaf o'r sŵn o un o'r ddwy stafell, yn weiddi a chwerthin a hynny'n gymysg ag ambell bwt o gân yn cael ei tharo mewn gobaith a chlecian achlysurol dominôs ar fwrdd. Wrth y bwrdd hwnnw eisteddai Robin

Owen, a'i arian mân yn bentwr o'i flaen, a thrwch y mwg o'i getyn ac o'i geg yn amrywio yn ôl addewid y domis yn ei feddiant ar y pryd. Gwrthododd yn gadarn eu gwahoddiad i ymuno â hwy gan fod un o'i ddengair deddf yn cyhoeddi'n ddigyfaddawd mai'r pricia oedd yn teyrnasu ar nos Sadwrn. Cawsant hwy ill tri fwrdd yn daclus yng nghornel y stafell arall am fod honno ychydig yn wacach.

'Rhag ofn i mi anghofio.' 'Roedd Rhodri newydd ddechrau ar ei beint cyntaf ar ôl eu bwyd. ''Roedd fy nhad gyda'i anffurfioldeb arferol yn dymuno i mi atgoffa Miss Davies fod perffaith ryddid iddi ddod â ffrindiau neu deulu i aros yn y fflat unrhyw adeg, ond os bydd rhywun yn dod yno i fyw ar sail fwy—ym—parhaol, efallai y byddai hi garediced â gadael iddo fo gael gwybod er mwyn iddo gael trefnu ynglŷn â'r—ym—rhent.'

'Rhyw ddiwrnod, Sioned,' meddai Lleucu ar ei draws, 'mae hwn yn mynd i weld gwerth ei dad ac yn mynd i ddifaru 'i fod o wedi'i gymryd o mor ysgafn.'

''Dydw i ddim,' protestiodd Rhodri ar unwaith. 'Y ffurfioldeb sy'n 'y ngoglais i, nid fo'i hun.'

'Rheswm arall dros iti fod yn ddiolchgar. Fo fu'n gyfrifol am roi i ti fagwraeth hollol wahanol i'r un gafodd o'i hun.'

'Ia, Mrs. Lloyd. Mi ddaru hynny, chwara teg iddo fo. Y creadur hoffus a phell.'

''Welis i 'rioed ddim byd yn bell ynddo fo.'

'Roedd Lleucu'n barod i amddiffyn ei thad-yng-nghyfraith i'r eithaf, ac 'roedd Sioned yn falch o'i chlywed yn gwneud hynny. Daliai hi i gael pyliau anniddig ynglŷn â'i ymddygiad pan ddarganfu lun ei wraig ac 'roedd sicrwydd di-lol Lleucu'n ei sicrhau hithau hefyd. Hoffai gwmnïaeth Lleucu. Merch fechan ydoedd, a rhyw wedd gadarn iddi, gyda'i hateb mor barod â'i chwarddiad. Unrhyw waith i mewn neu allan a byddai yno'n ei wneud y munud hwnnw, gan roi bloedd am gymorth os oedd ei angen. Daethai o ganol nythaid o chwech o blant lle'r oedd pawb drosto'i hun a thros bawb arall yn un lobscows o egwyddor, meddai hi. Rhodri ddaru drugarhau wrthi meddai ef, a'i thynnu o gehena arfordir Clwyd i weddustra a gwareidd-dra Gartharmon. Ac er ei chasineb at waith papur, yn union fel y disgrifiasai Watcyn Lloyd hi, 'roedd wedi bod wrthi am dridiau cyfan bythefnos ynghynt yn gwneud dim ond cynorthwyo Sioned i ymgynefino â'r busnes a chael trefn ar y cyfrifon.

85

'Wyddoch chi be, Sioned?' Daliai Lleucu ati. 'Mae cyfrif-oldeb y lle 'cw i gyd ar 'i dad o. Moethusrwydd noeth ydi bywyd i hwn, yn cael treulio'i amser i gyd yn edrych ar ôl ochor ymarferol y blanhigfa. Dim pryder ar wahân i nosweithia rhy rewllyd cefn gaea a haul rhy boeth canol ha.'

'Braf iawn 'te,' meddai Rhodri yn yr un llais. ''Dydi hynna ddim yn deg p'run bynnag,' ychwanegodd, 'mae'r hen Watcyn a minna'n dallt ein gilydd yn bur dda. Ei ddymuniad o ydi'r drefn sydd ohoni. 'Rydw i'n busnesa yr hyn mae o'n 'i ddymuno. Ac ar 'sgwydda Sioned y bydd ochor weinyddol y sioe o hyn ymlaen p'run bynnag.'

Cymerodd Sioned lymaid bychan o ddiod. 'Roedd wedi sylweddoli rhywbeth arall yn ystod yr wythnos.

'Ella 'mod i'n anghywir,' cynigiodd yn betrus, 'ond hyd y gwela i mae cadw'r cyfrifon yma'n mynd i gymryd llawar llai o amsar nag yr oedd ych tad yn 'i awgrymu.'

Gwenodd Rhodri ar ei beint.

'I chdi ella,' atebodd.

''Wnaiff didoli'r papura ddim para am byth,' ychwanegodd hithau gan deimlo'i hawgrym yn pwyso'n dunelli ar y stafell.

'Poeni am fod yn segur wyt ti? Anghofia fo. Mi elli fod yn ddigon siŵr y bydd 'ma ddigon o waith i ti.'

'O bydd,' meddai Lleucu. 'Unrhyw waith sydd ddim at ddant y rhain a mi'i cewch o. Chwynnu, chwistrellu, teilo. Ailblannu tri chwarter y goedwig. Mi fyddan mor glên a gofalus ohonoch chi mi wnân nhw estyn y celfi i chi i wneud hynny.'

'On'd ydan ni'n greulon?' Rhoes Rhodri blwc sydyn i glust ei wraig. ''Ddaru 'Nhad ddim sôn wrthat ti am y cynllunia ar gyfer y blanhigfa?'

'Naddo.'

'O. Wel, yn syml, 'rydan ni am ehangu. Dechra gwerthu'n syth drwy'r post. Toriada wedi'u gwreiddio a ballu. Mae petha felly'n boblogaidd y dyddia yma, ac yn talu. Paid â phoeni am brinder gwaith. 'Ddigwyddith hynny ddim.'

'Ac ella y byddwn ni'n agor y blanhigfa i'r cyhoedd,' ychwanegodd Lleucu. ''Dydi hynny ddim wedi'i benderfynu'n iawn eto.'

'Mae'n rhyfadd na fyddach chi wedi gwneud hynny ers talwm,' meddai Sioned.

'Watcyn Lloyd yn hoffi'i breifatrwydd. Ddim isio troi'r lle 'cw'n syrcas medda fo. Prinder clownia, ella.' Cododd Rhodri'i lygaid am fod rhywbeth wedi tynnu'i sylw. Trodd drachefn at Sioned. 'Pryd buost ti'n canfasio ddwytha?'

'Nos Fawrth.'

Nid oedd wedi bod ar ôl hynny am nad oedd ei phartner canfasio ar gael, ond nid oedd am adael i neb wybod y rheswm rhag ofn iddi ymddangos un ai'n rhy wan a dibynnol neu'n waeth fyth yn ormod o wraig fawr i fynd efo neb arall.

'Paid ag edrach, ond mae 'na ŵr bonheddig ar 'i ffordd yma sy'n mynd i edliw hynny i ti.'

'Chwilys.' 'Roedd llais Lleucu'n chwerwach.

'Mi wahodda i o i ista hefo ni.'

'Ia. Gwna di hynny.'

'Helô 'ma.' Daeth atynt gyda gwydryn hanner peint hanner gwag yn ei law a bwrw ati'n syth bin. 'Bron colli nabod arnoch chi.'

'Dyna ni ylwch.'

'Roedd llais Lleucu'n hen ddigon uchel, ond ni chymerodd y dyn sylw o'i geiriau. Un ai 'roedd yn ddiddeall neu'n ddihareb o groendew, meddyliodd Sioned wrth geisio gwenu arno.

''Dydach chi ddim wedi newid ych plaid, gobeithio?'

'Na, 'dydw i ddim yn cofio imi wneud.'

'Cellwair o'n i, wrth gwrs.'

Gwasgarodd Rhodri dipyn go lew o'i gwrw ar hyd y bwrdd a'i ddillad wrth i'r chwerthin chwalu allan pan oedd ar ganol cymryd llwnc. Sychodd ei lewys yn frysiog gyda'i law.

'Ia, Dei, un da am gellwair fuoch chi 'rioed.'

''Does 'na neb o'r gangan wedi tramgwyddo, gobeithio?'

'Bobol annwyl nac oes.'

'Mae Sioned wedi bod yn brysur,' meddai Lleucu fel pe bai'n egluro wrth blentyn. 'Mae 'na lawar i'w wneud acw.'

''Fedrwn ni ddim fforddio llaesu dwylo hefo'r etholiad. Mae'r ail ganfas heb 'i dechra. Mae'r gwaith yn fawr.'

'Ydi.' Ac yn ddiflas. 'Ydi, mae o.'

'Yn fawr iawn.'

'Ia.'

'Unwaith bob pedair ne' bum mlynadd. Rhyw fis o waith. 'Dydi o ddim yn gofyn llawar gan y cydwybodol.'

'Nac ydi.'

'A'r rhai sydd o ddifri, wrth gwrs.'

'Uffar dân!' 'Roedd Lleucu'n prysur ferwi a Rhodri'n cael hwyl am ei phen. 'Rhowch gyfle i'r hogan. Tair wythnos sydd ers pan mae hi yma.'

Dechreuodd Sioned deimlo yn yr un ysbryd â Rhodri. Gwenodd yn serchog ar y dyn.

'Mi ddo' i yr wythnos nesa. Mi wna i'n siŵr y bydd gen i'r amsar.'

'Da iawn. Peidiwch â meddwi rŵan. Ha ha.'

Aeth. Daliai Lleucu i fytheirio. Ymlaciodd Sioned.

''Chymrodd o fawr o sylw ohonoch chi'ch dau.'

'Naddo, 'ddaru o ddim.'

'Oes 'na reswm?'

'Mae'n siŵr bod.' Cododd Rhodri. ''Rhoswch i mi gael diod.'

Aeth at y bar. Troes yn ôl i siarad efo rhywun a gwnaeth y ffordd y daliodd ei ben am ennyd i lun Sonia Lloyd lenwi meddwl Sioned unwaith eto. Ysai am gael ei weld. Efallai fod gan Rhodri gopi ohono ond gwyddai na fedrai fyth ofyn iddo. Dechreuai deimlo'n euog eto. Nid yn gymaint am ei bod hi wedi dod o hyd i'r darlun—digwyddiad oedd hwnnw, ac nid oedd fymryn o'i busnes hi pam y daeth i ganol yr anfonebau—ond oherwydd ei hagwedd tuag ato. Cynhyrfai wrth sylweddoli fod y darlun yn dechrau mynd yn drech na hi.

''Dydi Dei Bach ddim yn rhy hoff o agwedd Rhodri at wleidyddiaeth.'

'O.' Daeth llais Lleucu â hi o'i myfyrdodau. ''Dydi Rhodri ddim yn plesio chwaith?'

'Nac ydi. Na fi. Mae o'n credu mai fi ydi'r dylanwad drwg.'

'Pechod mawr iawn.'

'Ia. 'Tasa fo'n werth 'i ddarbwyllo ella byddwn i'n rhoi cynnig arni.'

Daeth Rhodri'n ôl a thri diod yn ei ddwylo. 'Roedd gwydryn Sioned yn llawn fel 'roedd hi. Ochneidiodd ar yr un newydd.

'Mi gaiff Lleucu yfed hwn.'

'Na chaiff.'

'Caiff. 'Roedd hi'n dweud bod 'na gŵyn ddifrifol yn ych erbyn chi.'

'Y wleidyddiaeth ddim yn uniongred.'

'Ia, fwy na heb.'

'A'r brwdfrydedd ddim cweit digon ysol.'

'O bosib.'

'Biti garw. A biti garw hefyd mai'r bobol sydd heb rithyn o ddiddordeb mewn gwleidyddiaeth, na gwybodaeth chwaith cyn amlad â pheidio, sy'n penderfynu pwy sy'n cael mwyafrif yn y

Senadd. Anaml iawn mae'r bobol sydd â'r diddordeb gynnyn nhw'n newid 'u plaid.'

'Ia, ella.'

'Ia siŵr. A 'dw i'n credu fod y bobol sy'n newid fel bo'r gwynt yn ffit i gael pleidlais ne' maen nhw'n ffit i gael teledu. 'Dydyn nhw ddim yn ffit i gael y ddau.'

'O.'

'Dim ond "o".' Gwenai Lleucu. ''Wnaiff o ddim dwyn eich diod chi os dwedwch chi'ch barn. 'Chydig yn eithafol ella?'

'Mi gaiff 'y niod i â chroeso. Ydi. Ella 'i bod hi. Mi fyddai'n eli i galon unrhyw ddarpar unben.'

'Ond 'dydi o ddim yn stwff i'w ganfasio.'

'Mi fyddai plu Nico Bach hyd y caets ym mhobman.'

'Dyna fo.' Cododd Rhodri ddwy law gynnil. ''Does arna i ddim isio bod yn unben a 'does arna i ddim isio gweld neb arall yn un chwaith, felly mi gadwa i hynny o wleidyddiaeth sy' gen i i fi fy hun. Yr hyn na fedra i 'i wneud ydi mynd o amgylch y lle hefo Dei Bach Gamfa. Gwên fêl yn gofyn fôt.'

'Ond mi ewch i bleidleisio?'

'Af. Yn rhannol o argyhoeddiad, yn bennaf rhag creu lle i Gwydion a'r bychan edliw.'

'Pwy ydi'r bychan? Cetyn?'

'Duw, naci. Tecwyn. Llafur rhonc ydi Cetyn wedi bod ar hyd 'i oes, er na roddodd o 'rioed bleidlais iddyn nhw.'

'Felly, Sioned,' meddai Lleucu, 'mi welwch nad oes 'na waith canfasio am bleidleisia acw, dim ond am eneidia.'

'O, ia. Help.'

Aeth y noson rhagddi. Cynyddodd y sŵn a'r chwerthin. Troes y canu ysbeidiol yn rhywbeth ychydig mwy parhaol, ond nid yn fwy soniarus. Daeth pen Cetyn heibio i'r drws pan oedd y pricia'n cael eu cymysgu rhwng dwy gêm, i wneud yn siŵr nad oedd yr hen beth fach yn cael cam gan Ciaptan Llwyd. Prynodd Sioned beint iddo a diolchodd fel pe bai wedi cael hanner y dafarn. Troes o'r bar ar ôl yr ymdrech dila honno i ddiwallu syched ei chymydog a chanfod un o griw bychan a safai yn ei hymyl yn codi'i lygaid mewn cyfarchiad wrth ei gweld. Ceisiodd hithau gofio'i wyneb.

'Aros wnaethoch chi, felly?'

'Ia. Ia.' Yna cofiodd, o adnabod ei lais yn fwy na dim. 'Mae'r giât yn ei hôl, fel newydd. Tan tro nesa.'

'Ydi, mi wn i. Ac mae'r bil wedi cyrraedd. Mi aeth yr hen ddyn 'cw o'i go. Sut gwyddech chi mai fi ddaru?'

'Mi ddwedodd Watcyn Lloyd, ond 'doedd dim angan iddo fo.'

'Gari Tryfan, myn diawl.'

'Ia. A Dirgelwch y Llidiart Ddrud.'

Gadawodd y gyrrwr lori i ddweud yr hanes wrth ei gymdeithion. Nid oedd ganddi galon i ddweud wrtho mai hi oedd wedi teipio a phostio'r bil am drwsio'r llidiart.

Yna daeth sŵn newydd. 'Roedd Gwydion a'i gariad wedi cyrraedd, a dau arall efo nhw. Llydawr oedd un, a Gwyddeles oedd ei gydymaith. 'Roeddynt wedi cael lle i eistedd yn ymyl y bar a thynnodd y Llydawr ffidil o gâs bychan. Tynnodd ei gariad ffliwt o'i phoced. Llanwyd y lle â dawns ddieithr, ddifyr. 'Roedd Sioned wrth ei bodd. Eisteddai Lleucu a Rhodri'n ôl, yn hapus. Fel dau Bibydd Brith, denodd y dieithriaid gwsmeriaid o'r stafell arall, eu denu nes fod y lle dan ei sang. Dalient ati bron yn ddi-feind o'u cynulleidfa ac ychwanegai hynny at yr hud. 'Roedd Sioned yn fodlon gwrando arnynt drwy'r nos a bron nad oedd y ddawns yn awgrymu ei bod yn mynd i bara hynny p'run bynnag, ond daeth i'w therfyn yn annisgwyl. Cymeradwywyd yn frwd a swnllyd.

'Yn fa'ma y collon ni.' Codai Rhodri ei lais i gael ei glywed. 'Gwareiddiad pianos.'

Daeth deuawd arall, tôn ddistawach, hiraethus. Gwenodd Sioned ar y ddau arall fel pe bai'n blentyn mewn te-parti. At ei gilydd, 'roedd y gwrandawiad yn dda, gyda hynny o sylwadau a glywai Sioned yn berthnasol a gwerthfawrogol. Ond yn y pen arall siaradai Dei Bach Gamfa'n ddi-baid, mewn mwy o hanner peintiau na chynt. Gwthiodd ei ffordd i ganol y stafell. Mylliai Sioned. 'Roedd ef rhyngddi hi a'r gerddoriaeth ac yn amharu arni. Clywodd ef yn dweud rhywbeth am gario dŵr dros afon. Darfu'r alaw, i gymeradwyaeth wresog arall.

'Mi gly-hy-waf dy-hy-hy-ner lais-y!'

Ymunodd un neu ddau i ddangos be oedd canu. Gwrandawodd y dieithriaid yn gwrtais tra damiai'r tri yn y gornel. 'Roedd golwg annifyr ar Gwydion hefyd, ond 'roedd Dei Bach a'i wyneb yn biws wrth brofi'i bwynt unwaith ac am byth. Darfu'r canu am y gwaed a chymeradwyodd rhyw ddyrnaid, gan gynnwys y ddau ddieithr. Ond 'roedd Gwydion eisoes yn plygu atynt yn daer, a daeth dawns arall afieithus. 'Roedd Dei Bach wedi hen benderfynu mai cystadleuaeth oedd ganddo ar ei ddwylo, a chystadleuaeth i'w hennill ar ben hynny. Daliai i barablu tra chwaraeid y ddawns. Darfu honno.

'Glââân Geriwbiaid a Seraffiaid-y!'

Aeth y gystadleuaeth rhagddi gan adael blas drwg ar geg
Sioned. Pe baent yn aeddfetach byddent yn gallu gweld gwerth
amgenach i dafarn na lle i feddwi a mwydro mewn
ffugddiwylliant. 'Roedd yn ddigon balch o glywed sŵn y gloch
yn cau'r ffynnon. Yn raddol a chyndyn, dechreuodd y dafarn
wagio. Gwenai Dei Bach mewn buddugoliaeth. 'Roedd Lleucu
hefyd yn barod i gychwyn ers meitin, ond ymdroai Rhodri
gyda'r esgus cyfleus ei fod am drugarhau wrth Cetyn. Daeth Dei
Bach atynt, a chiliodd Sioned at y drws allan gan mai ar Rhodri
a Lleucu yr oedd y gwleidydd-gantor am roi ei sylw y tro hwn.
Aeth allan i'r pafin rhag ofn.

'Sioned, 'tawn i'n ys-mecs! Yr hen goes!'

Troes. Siglai Tecwyn lon tuag ati.

'Ers cantoedd meithion a hirlymaidd hefyd. Sut wyt ti, 'rhen
goes? Wel, wir Dduw, pwy fasa'n meddwl?'

Rhoes ei fraich am ei hysgwyddau, a'i thynnu ato. Dywedai
ei lygaid ei fod ar ben ei ddigon. Daeth ei fraich i lawr a gafael
am ei chanol, ac nid gafael chwantus meddwdod ydoedd.

''Rhen hogan ora y pen yma i'r bydysawd.'

'Ble buost ti?'

'Yn Dre. Mi ges bumpunt gan Mam am 'mod i wedi aros yn
tŷ i wrando ar records neithiwr ac echnos a'r noson cynt. Hen
ddynas iawn ydi hi amball dro. I brynu beiro oedd y bumpunt.
Ha ha ha ha!'

Daliai ei fraich yn dynn amdani. Edrychai arni, gan siglo'i
ben i lawn werthfawrogi'i ffawd. Gwaeddai dau gydymaith arno
i ddod atynt ond ni chymerai sylw ohonynt.

''Rarglwydd! 'Rwyt ti'n edrach yn dda heno.'

'Be wnei di i sobri? 'Fedri di ddim mynd adra fel 'na.'

''Dydw i ddim wedi meddwi, 'sti. Fel meddwi. Wel...'
Haeddai'r broblem ystyriaeth ddyfnach. 'Wê-êl...'

'Mi fydd hi'n helynt arnat ti.'

'Na fydd. 'Rarglwydd! 'rwyt ti'n edrach yn dda heno. Mi a'
i hefo'r rhain rŵan, 'sti. Weli di hwnna?' Pwyntiodd i'r
cyfeiriad anghywir. 'Wel lle ddiawl aeth o? Mi a' i hefo hwnna
am fod gynno fo dŷ gwag am heno. Wedyn mi a' i adra tuag un
pan fydd hi wedi mynd ar y glwyd a'r fflama wedi diffodd yn 'i
cheg hi.'

'Ty'd 'laen, Tec Bach!'

'Roedd y cymdeithion wedi blino ar ddisgwyl ac wedi

cychwyn simsanu i fyny'r stryd. Rhoes Tecwyn un wasgfa iddi cyn troi ar eu holau.

'Wela i di, myn uffar i hefyd!'

Aeth ar eu holau'n flêr. Daeth Lleucu o'r drws.

'Mi fyddai'n well gen i 'i gwmni o'n feddw na hwn yn sobor.'

Hwn oedd Dei Bach, ond nid oedd i'w weld yn deall. Gwenodd mewn maddeuant ar Sioned. Anwybyddodd hi ef.

'Ydi,' meddai, 'mae Tecwyn yn iawn.'

'Mi ddangoson ni iddyn nhw be 'di canu!' 'Roedd Dei'n benderfynol o barhau yn ei lwyddiant. Daeth ei wyneb yn nes at Sioned. 'Mi gawson nhw weld!'

'Y cwbwl welson nhw oedd brain.'

Troes ei chefn arno, gan deimlo'i ymateb. Ar wahân i'r lembo canu, 'roedd y noson wedi bod yn iawn. Sylweddolodd Sioned fod y darlun wedi bod oddi ar ei meddwl ers meitin, ac 'roedd yn fwy na balch o gydnabod wrthi'i hun fod hynny wedi bod yn rhyddhad.

PENNOD 5

Prynhawn Sul dioglyd, a lledorweddai Sioned ar y soffa'n edrych drwy'r bocs lluniau yr oedd wedi'i fachu o'r llyfrgell. Dim ond am ryw awr neu ddwy y parodd y cyfnod braf o beidio â chael y darlun ar ei meddwl. Y munud yr oedd hi ar ei phen ei hun daeth yr awydd am ei weld a'i feddiannu'n ôl cyn gryfed ag y bu o gwbl, a lleddfai edrych ar luniau eraill rywfaint arno.

Am ei bod yn teimlo'i bod yn cael ei difetha gan Lleucu a Miriam, mynasai hi wneud cinio Sul. Miriam a Robin Owen oedd ei gwesteion; fe gâi Lleucu a Rhodri eu cyfle ymhen yr wythnos os na fyddai Watcyn Lloyd yn ei ôl erbyn hynny. Nid oedd gofyn iddo ef ddod i ginio yn beth i'w wneud, rywfodd.

Hen luniau oedd yn y bocs, rhai'n hen iawn. 'Roedd o leiaf dri wedi'u tynnu cyn 1850, pan oedd y grefft yn newydd a dieithr, fel y tystiai'r wynebau amheus a braidd yn ofnus a welid ynddynt. Byddai unrhyw archifydd yn fythol ddiolchgar o'u cael i'w gasgliad. 'Roedd lluniau o'r Plas pan nad oedd yn ddim ond ychydig gerrig mewn muriau isel, yna pan oeddid yn siapio ar gyfer y ffenest gyntaf, ac yna pan oedd y to'n dechrau cael ei osod. 'Roedd darluniau o'r gweithwyr, a'r goruchwyliwr yn eu canol yn dipyn mwy o ddyn, rhag ofn nad oedd ei wisg a'i het yn ddigon i'w wahaniaethu oddi wrth y lleill. Ac 'roedd darlun, llawer diweddarach, heb fod ef ynddo.

Daeth cnoc ar y drws, cnoc braidd yn betrus. Rhoes y darlun yn ei llaw yn ôl yn y bocs, a chododd. Daeth cnoc ansicr arall fel 'roedd yn cyrraedd y drws. Agorodd ef. Ceisiodd guddio balchder.

'O, chdi sy' 'na. Tyrd i mewn.'

'O—ym—ia. Ym—diolch.'

Aeth heibio iddi. Rhoesai un cip arni pan agorodd y drws ond wedyn cadwodd ei olygon draw. 'Roedd golwg welw, nerfus ac annifyr ei fyd arno.

'Ym . . .'

''Stedda.'

'O. Ym. Ia.'

Arhosodd ar ei draed, fel pe bai'r gair yn ddieithr iddo.

'Wel 'stedda 'ta.'

'Ia. Ym.' Safai yn ei unfan, fel dyn pren. 'Wyddoch chi—ym—neithiwr, ym . . .'

'O, ia.'

'Wyddoch chi—ym—fi'n dweud—ym . . .'

'Gwn. Yn un peth 'roeddat ti'n dweud chdi wrtha i.'

'O. Ia. Wyddoch chi . . .'

'Mi gei ddal i'w ddweud o.'

'O. Ia. Ym—diolch.'

Camodd Sioned ato a rhoi hergwd sydyn iddo nes ei fod yn disgyn yn annisgwyl daclus i'r gadair y tu ôl iddo. Dechreuodd wrido.

'Be sy'n bod?'

'Y petha ddwedis i neithiwr.' Cuddiodd ei wyneb yn ei law. 'Iesu bach, Sioned . . .'

'Am be wyt ti'n sôn, greadur?'

'We-wedi dŵad yma'r ydw i i—ym . . .'

'I roi gwers i bobol ar sut i lefaru'n glir a choeth a dealladwy a deallus.'

'Mae—mae'n ddrwg gen i, Sioned.'

Yna cofiodd hi am rywbeth a ddywedodd Robin Owen amser cinio, rhyw awgrym annelwig a adawodd ar ei ganol ac y cafodd hanes ei nain gan Miriam am wrthod ehangu arno. Nid oedd ef wedi cymryd sylw ohoni, dim ond dal i chwerthin wrtho'i hun.

'Ers pa bryd wyt ti yma heddiw?'

'Wel . . .' Rhythai ar y carped o'i flaen. 'Tua chwartar wedi un.'

'Ble'r wyt ti wedi bod tan rŵan?'

'Hefo Rhodri a Cetyn.'

''Fuost ti ddim yma bora?'

'Naddo. Mi welis i Cetyn a Gwydion yn pentra. 'Roeddan nhw wedi dŵad i lawr i nôl papur, a mi—ym . . .'

'O.' Am eiliad 'roedd hi â'i bryd ar ddal ati i chwarae gêm Robin Owen ond methodd atal chwarddiad. 'Oeddan nhw?'

'Y?'

'Do, 'ngwas i. Yn daclus.'

'Be?' Edrychodd i fyny'n frawychus arni. Yna rhoes ei ben yn ôl i bwyso ar gefn y gadair. 'O, na.' Caeodd ei lygaid, a rhoes ei law ar ei dalcen. 'O, diolch diolch diolch diolch.' Ysgydwai ei ben i gyfeiliant ei eiriau. Prin ddod o'i geg a wnâi'r rheiny. Agorodd ei lygaid a neidiodd o'r gadair. 'Y diawliad! Y 'nialwch! Mi fala i bob paen yn 'i dai gwydra fo, pob un wan jac ohonyn nhw! Mi ro' i hada maip yn 'i wrtaith o, mi faga i falwod a dŵad â nhw yma fesul pwcedaid! Mi—mi . . .'

Cerddai'n ôl a blaen ar hyd y stafell, a'r dial a'r rhyddhad mor ddireol â'i gilydd. 'Roedd Sioned wedi eistedd ar y soffa i'w wylio.

'Be ddwedon nhw?'

'Y?' Bron na chyfarthai.

'Be yn ôl Cetyn a Rhodri oedd y petha ddwedist ti wrtha i neithiwr?'

Daeth at y soffa ac eistedd wrth ei hochr. Rhoes ei law drwy'i wallt, a'i adael yn flêr atyniadol.

''Tawn i'n byw i fod yn bedwar cant a hannar 'ddweda i ddim.'

'Wel dyna i ti wers i beidio â meddwi eto.'

''Do'n i ddim mor feddw â hynny.'

'I be coeliat ti nhw 'ta?'

'Mae'n ddigon hawdd gofyn hynna rŵan 'tydi?' Trodd ati, a'r amheuaeth a oedd heb ddiflannu'n llwyr o'i lygaid yn fwy o atyniad eto iddi hi. 'Ga' i ddiod gen ti?'

'Cei. Dos i'w nôl o.'

Cododd. Neidiodd i'r awyr a'i ddyrnau ymhell uwch ei ben.

'Iâ-hw!'

'Y fersiwn ddiweddara o'r Gân Sobri. Gwna ddiod i minna hefyd.'

'Gwnaf gwnaf gwnaf.'

''Does 'na ddim cwrw yn y ffrij.'

'A phwy oedd yn cael honna, tybad?' Aeth i'r gegin fach, a chwilota. 'Dim ond cwpana ffansi sy' gen ti?'

'Mae 'na fygia ar y silff ucha.'

'Gwelliant mawr.' Daeth sŵn tuchan a mygiau'n clecian. ''Neith oren?'

'Iawn.'

Daliai i fytheirio ac ochneidio rhyddhad bob yn ail wrth lenwi'r mygiau. Daeth drwodd. Dechreuai gael ei liw yn ôl. Eisteddodd wrth ochr Sioned cyn rhoi ei diod iddi.

'Diolch.'

'Be oeddat ti'n 'i wneud cyn i mi ddŵad?'

'Edrach ar lunia. Dyma nhw.'

Tynnodd lun o'r bocs, a'i ddal ar ei glin. Closiodd Tecwyn ati, mor glòs nes bod eu coesau a'u cluniau'n cyffwrdd. 'Roedd ei gyffyrddiad yn naturiol a di-lol, ond ymhell o fod yn ddi-hid ac anfwriadol. Aeth cryndod bychan hyfryd drwyddi o'i choesau i fyny a mwythodd ei hun yn y teimlad am ennyd heb ddangos hynny. Ceisiodd guddio gwên wrth feddwl mor bell yr oedd o'i chyffwrdd felly ddau funud ynghynt. 'Roedd y gwahaniaeth

95

rhwng y Tecwyn naturiol a'r un annaturiol yn ddigri odiaeth. Rhannodd y llun.

'Mae hwn gyda'r hynaf. 1844 y tu ôl iddo.'

'Wel yli. Dyma i ti deulu.'

'Roedd golwg hagr arnynt, yn sefyll o flaen bwthyn isel a rhyw bwt o ffenest yn llechu yng nghanol ei fur, fel rhyw ymddiheuriad i'r dreth olau. Gŵr a gwraig, efallai'n lled-ifanc, a dillad fel dillad rhywun arall amdanynt. Daliai'r wraig faban mewn siôl. Rhyw ddau gam oddi wrthynt safai dynes fechan hŷn na hwy, gyda het ddu wedi'i chlymu am ei phen a chetyn bychan yn ei llaw. Yma ac acw, fel pe na baent yn siŵr a ddylent hel eu traed oddi yno am eu bywydau ai peidio, 'roedd pedwar plentyn, tri bachgen a geneth, gyda'u hoedran yn amrywio o rywbeth fel teirblwydd i ddeuddeg. Troellai llwybr rhwng dwy wal gerrig i rywle o'r golwg y tu ôl iddynt.

'Wel ia siŵr.'

'Be?'

'Mi wn i lle 'di hwn.' Rhoes Tecwyn ei fys ar y llwybr. 'Hwn ydi'r llwybr sydd ym mhen pella'r tai cyngor. Ia, yli. Mae olion y tŷ 'ma yno o hyd, ne' mi'r oeddan nhw. 'Dw i'n cofio chwarae cowbois ynddyn nhw.'

'Yli'r bobol. Mae arnyn nhw ofn y camera.'

'Dyna wyt ti'n ddweud ydi o?'

'Pawb ond y babi.'

'Heb ddysgu'r oedd o.'

'Dysgu bod ofn peiriant?'

'Naci. Dysgu'i le yn y byd. Tlodion ydi'r rhain. Nid un o'r tlodion oedd dyn y camera, naci? Mi allwn ni fod yn ddigon siŵr o hynny.'

'At be wyt ti'n 'nelu?'

''Doedd y rhain ddim i fod i edrach cyn uched â hyn ar 'u gwell. 'Doeddan nhw ddim i fod i edrach i lygaid neb ond 'u perthnasa'u ffrindia'u tebyg. Os oedd 'na gyfoethogyn yn dŵad i'w canol nhw 'doeddan nhw ddim i fod i godi'u llygaid yn uwch na'i ben-glinia fo. Dyna be maen nhw'n 'i ddangos. Nid ofn camera.'

'O.' 'Roedd y ddamcaniaeth yn annisgwyl i Sioned. 'A dyna wyt ti'n 'i ddweud ydi o?'

'Ia.'

'Ia. Dadlennol iawn. Be fyddech chi'n 'i ddweud, Syr, pe bawn yn awgrymu eich bod yn tueddu at asgell chwith eich plaid?'

''Waeth gen i pa asgall ydi hi. Mae hi a'i hesgyll yn rhy hwyr i ddod â hyder i lygaid y teulu yma. A'r ffordd mae hi'n mynd, mi fydd plant y genhedlaeth nesa'n gorfod ymddwyn yn union fel y rhain tuag at 'u cyfoethocach.'

'Tybad? Y ddamcaniaeth arferol ydi mai mwy digwilydd ydi plant heddiw. Dweud petha mawr yn 'u cwrw, a. . . Aw!'

'Ga i ragor o ddiod? Mi bryna i botal iti yn 'i lle hi.'

'Cei.'

Cododd Tecwyn a mynd i'r cefn.

'Oes arnat ti isio peth?'

'Nac oes. Mi ofynna i i Watcyn Lloyd gei di fenthyg y llun 'ma.'

'I be?'

'I chdi gael mynd â fo adra i'w astudio fo'n iawn. Mi fedrat gael 'u hanas nhw, pwy oeddan nhw, be ddigwyddodd iddyn nhw, a sut mae hynny'n ffitio hefo dy syniada di.' Daliodd y llun hyd braich. 'Roedd henaint wedi gwneud y tristwch y tu ôl iddo bron yn hudol. 'Lle cefist ti nhw?'

'Nid mewn pamffledi, os dyna'r wyt ti'n 'i ama.'

''Do'n i'n ama dim. Paid â bod mor ddrwgdybus.'

''Dydw i ddim. Mi fydda i'n darllan llawar.'

'Wyt ti am fynd â'r llun 'ma?'

'Ella. Mi fedrwn weithio arno fo. Sgwennu traethawd. Hanes Rhyw Deulu.'

Daeth yn ôl, ac eistedd yr un mor glòs â chynt. Gafaelodd yn y llun.

'Ella ma' teulu ni ydyn nhw. Ella bod un o'r cybia 'ma'n hen hen daid i Mam. Os na chawson nhw'r diciâu.'

'Wel dyna ti. Profa fo y naill ffordd ne'r llall.' 'Roedd Sioned wedi codi darlun arall. 'Yli gwahaniaeth.' Trodd y llun a darllen ei gefn. 'Gweithwyr Stad Gartharmon, Mehefin 1894. 'Does ar y rhain ddim ofn camera, na gŵyr bonheddig.'

Cymharodd Tecwyn y ddau lun yn dawel. Yn yr ail, safai cryn ddwsin o bobl o bob oed wrth fynedfa'r Plas, a'r llidiardau wedi cau y tu ôl iddynt. Awgrymai eu gwisgoedd eu bod ar gychwyn neu newydd ddychwelyd o ryw daith neu achlysur. 'Roedd tipyn mwy o amrywiaeth yn eu trem nag a geid yn y darlun arall.

'Be 'di'r gwahaniaeth mwya, meddat ti?'

Ni phetrusodd Tecwyn.

''U hagwedd nhw, siŵr. Yli, mi fedrat daeru bod un ne' ddau o'r rhain yn ffroenuchal.'

97

'Medrat. Nid dyna'r gwahaniaeth mwya i mi.'

'Be 'ta?'

'Dŵr tap.'

Chwarddodd Tecwyn.

'Be wyt ti? Dynas hysbysebu sebon?'

'Naci.' Cododd Sioned y darlun cyntaf. 'Yli golwg ar wyneba'r rhain. Yn hen a hyll cyn 'u hamsar. Nid dangos cymeriad mae'r rhychau 'ma yn 'u hwyneba nhw ond dangos diffyg gofal.'

'Diffyg hunan-barch ydi hynny.'

''Doedd y rhain ddim yn gwybod be oedd hwnnw.' Cododd yr ail ddarlun. 'Yli wyneba'r rhain 'ta. Yli be mae molchi bob dydd yn 'i wneud. Dim ond tap dŵr oer allan yn y cefn. Chwyldro bychan yn newid 'u bywyda nhw'n llwyr. Cyrff a chartrefi glân.' Gwenodd, wedi cael syniad. 'Chwara teg i gyfalafiaeth hyderus oes Victoria. Hwnnw wnaeth y gamp.'

'Chwara teg o ddiawl!' Dyrnodd Tecwyn ei lin a daeth golwg ffyrnig sydyn arno. 'Be am ochor arall dy blydi Victoria di? Mae pawb heddiw'n sbeitio *Trysorfa'r Plant* diwadd y ganrif ddwytha am 'i fod o'n llawn o blant bach yn marw ac yn mynd dan wenu at Iesu Grist. Digon hawdd i ni chwerthin. Y cwbwl 'roedd *Trysorfa'r Plant* yn 'i wneud oedd darlunio rhwbath yr oedd 'i ddarllenwyr bach o'n gynefin ag o.'

'Roedd ei ddadl yn ei wneud yn flin. Sylweddolodd hynny, a thawodd, yn ansicr.

'Chdi 'di'r gwleidydd, nid fi. 'Rwyt ti'n dallt mai tynnu dy goes di'r ydw i? A mi elli fentro mai peipia plwm oeddan nhw, p'run bynnag.'

Trodd Tecwyn i edrych arni, ac aeth gwg yn wên. Eisteddodd yn ôl ar y soffa, ac edrych o'i gwmpas.

'Ydi'r lle 'ma'n plesio?'

'Ydi.'

'Wyt ti ddim yn 'i theimlo hi'n unig yma, gyda'r nosa a ballu?'

'Dim o gwbwl. 'Dydi bod ar 'y mhen fy hun yn poeni dim arna i. A ph'run bynnag, 'dydw i ddim wedi cael cyfla i fod yn unig. 'Dydw i ddim wedi bod o amgylch y stad eto.'

'Naddo, Arglwyddes.'

'Oedd hynna'n swnio'n rhy snobyddlyd i'ch clustia gwerinwaredol chi, Syr?'

''Wyllti di mohono i . . .'

'Na wnaf?'

98

'Eto.' Rhoes y darlun yn ôl yn y bocs. 'Yli braf ydi hi allan.'

'Mewn geiria Cyngor Sir, 'rwyt ti'n cynnig mynd â fi o amgylch y stad.'

'Wel...' Oedd a nac oedd. ''Rydw i i fod adra erbyn te.' Edrychodd o'i gwmpas yn obeithiol. 'Oes gen ti ffôn yma? 'Tawn i'n hysbysu'r awdurdoda mi fyddwn i'n iawn.'

'Nac oes. Mae 'na ffôn yn y llyfrgell.'

'O. Y llyfrgell.' Cododd, yna edrychodd yn ddyfal arni. 'Hei.'

'Be?'

'Mi ddaeth 'na ryw olwg drist arnat ti rŵan.'

'Paid â rwdlan.'

'Do. Pan sonist ti am y ffôn. Ne'r llyfrgell. Mi gofist am rwbath, on'do?'

'Dim byd i 'nhristáu i.'

'Wel 'doeddat ti ddim yn hapus dy fyd. Be sy'n bod?'

'Dy ddychymyg di sy'n 'ffeithio arna i mae'n siŵr. Dos i ffonio. Mi ro' i 'chydig ffrwytha mewn bag i'n cadw ni tan heno. Dwed wrth dy fam dy fod am gael swpar yma hefyd.'

Plesiai'r syniad hwnnw'n ddigamsyniol. Brysiodd Tecwyn at y drws.

'Mi ga' i ffonio gan Lleucu. Haws na mynd i'r llyfrgell. Ac mae gen i negas iddi i'w rhoi i'w gŵr, p'run bynnag. Y twmpath diawl.' Trodd yn ôl yn y drws, ac aros am ennyd i edrych yn ofnus arni cyn llowcio anadliad. 'Sioned.'

'Be?'

''Sgen ti . . . 'sgen ti gariad?'

'Roedd y cwestiwn bron â'i dagu. Nid atebodd hi am ennyd; 'roedd yn brofiad rhy braf.

''Doedd 'na 'rioed gwestiyna fel'na yn *Nhrysorfa'r Plant*, debyg?'

''Rarglwydd!'

'Dos i ffonio.'

Arhosodd yn ei unfan, yn edrych arni. Trodd hithau ei chefn arno a mynd i'r gegin fach. Clywodd y drws yn cau. Gafaelodd mewn bag bychan, a gwenodd arno. Rhoes bacedi creision a ffrwythau ynddo, a dau dun diod. Pwysodd ar y bag ac edrych yn synfyfyriol drwy'r ffenest. Un o'r pethau anoddaf i ddygymod ag ef yn ei fflat oedd nad oedd ffenest y gegin fach yn wynebu i'r cefn. Odani 'roedd y lawnt, gydag un fronfraith yn pincio yma a thraw arni. Dilynodd hynt yr aderyn am ychydig, gan gofio cluniau'n cyffwrdd a boch yn mwytho côt yn slei bach, a braich hapus yn dynn amdani y noson cynt. Dim ond cydnabod bod ei phenderfyniad wedi hen gael ei wneud oedd ei angen. Clywodd y drws yn agor. Ni throes.

'Tyrd yma.'

Gwrandawodd arno'n dod. Safodd yn ei hymyl, heb fod mor glòs ag y gwnaethai cynt. Edrychodd drwy'r ffenest gyda hi.

'Be weli di?' gofynnodd ef.

Trodd ato, a gafael am ei ganol a'i dynnu ati. Rhoes ei llaw drwy ei wallt a phwyso ar ei wegil i gael ei ben ymlaen. Nid bod angen. 'Roedd ef wedi ymateb yn syth. Rhoes ddwyfraich awchus amdani a'i gwasgu nes ei bod bron â mygu. Ni faliai hi. 'Roedd eu cusanu'n hir a brwd ac ochneidiau ei ryddhad a'i hapusrwydd sydyn ef yn ategiad clywadwy a chyffrous i bob cusan a symudiad llaw. Hi oedd y cyntaf i ymryddhau.

'Ydi hynna'n atab dy gwestiyna di?'

'Mi feddylia i am ragor.' Gwrthodai ei gollwng. 'Un bob hannar munud am dragwyddoldab.' Gollyngodd ei ben ar ei hysgwydd, gan roi chwarddiad nerfus na fedrai ei reoli. 'Pam na fasat ti wedi dweud ynghynt? Finna ar biga ers wythnosa.'

''Ro'n i'n ama dy fod ti wedi gwynnu. Tyrd, mi awn am dro.'

'Ia, dŵad? Rhyw natur cymylu sydd ynddi hi.'

Chwarddodd Sioned.

'Ia, mae'n siŵr. Tyrd 'laen. Doro'r bag 'ma dros dy ysgwydd.'

'Ffordd awn ni?'

'Mi gychwynnwn ni o'r boncyff y pen isa i'r giatia.'

'Fan'no?' Petrusodd. 'Rhyw le digri i gychwyn braidd.'

'Fan'no fydd o. Mi gei di rwydd hynt wedyn.'

*   *   *

Ymlaciai Sioned. Cawsai ddweud a chawsai wrandawr. 'Roedd cael dweud, yno o dan y boncyff a'r haul yn taro'n boeth arnynt wedi bod yn rhyddhad a oedd yn llawer mwy na'r disgwyl. Yno, 'roedd rhannu cyfrinach fel defod, fel pe bai'r lle a'r canrifoedd yn mynnu ei barhad. 'Roedd hi wedi ceisio dweud droeon ar y ffordd i lawr o'r Plas, a'r un gair yn dod o'i cheg er gwaethaf pob ymdrech, ond y munud y'i cafodd ei hun yn eistedd ar y bryncyn bychan 'roedd ei stori wedi llifo'n ddiymdrech a diddrama. 'Roedd ef wedi gwrando'n astud, heb wneud yr ystum lleiaf o anghrediniaeth nac o wfft.

Gorweddai ef ar ei fol yn tynnu sudd gwelltyn ifanc crwn

rhwng ei ddannedd. Eisteddai hithau fymryn o'i flaen, yn ei
wynebu.

''Rwyt ti'n 'y nghoelio i.' Gosodiad syml, nid cwestiwn.

'Ydw siŵr.' Ateb syml, naturiol.

''Do'n i ddim yn disgwyl iti wneud.'

'Mi gest ail felly'n do?'

'Nid chdi. 'Do'n i ddim yn disgwyl i neb 'y nghoelio i. 'Roedd
arna i ofn dweud.'

'Mi gest ail yr un fath. 'Dydi'r petha 'ma ddim wedi codi ofn
arnat ti?'

'Naddo. Dychryn, pan ydw i'n sylweddoli 'i fod o wedi
digwydd, dyna'r cwbwl. Dim ofn.'

'Nid dy ddychymyg di ydi o.'

'Dyna be 'dw i wedi bod yn trio'i ddweud wrthat ti.'

''Fyddai dychymyg byth yn egluro sut yr est ti ar dy union i'r
llyfrgell.'

''Ddaru mi ddim dychmygu'r lleill chwaith. Methu'u cyfleu
nhw'r ydw i, methu'u disgrifio nhw.'

Closiodd ato, gan led-orwedd a rhoi'i phwysau ar ei phenelin.
Tynnodd y gwellyn o'i geg a'i ddefnyddio i gosi'i drwyn.
Gafaelodd yntau yn ei harddwrn a chusanodd ei bysedd.
Disgynnodd y gwelltyn.

'Pam wyt ti'n 'y nghoelio i?'

'Be wyt ti'n 'i feddwl, pam?'

''Fasat ti'n coelio 'tasa rhywun arall wedi dweud wrthat ti mai
hi gafodd y profiada 'ma, rhywun fel Lleucu?'

Pigodd Tecwyn welltyn arall i weld a oedd yn ffit i'w brofi.
Rhoes ef yn ei geg a gwasgu'i ddannedd yn araf arno gan
astudio'i hwyneb hi yr un pryd. Caeodd ei lygaid am eiliad i
werthfawrogi'i fyd yn llawn. 'Roedd y sudd yn felys, a
gwasgodd ragor ar y gwelltyn. Nid oedd ei chwestiwn yn
bwysig.

'Baswn.'

''Dydi hi ddim yn oes credu mewn petha nad oes 'na esboniad
iddyn nhw.'

'Ac am hynny mae isio'u cadw nhw dan 'mat pan maen
nhw'n digwydd rhag ofn i bobol chwerthin, ne' waeth.'

''Rwyt ti'n coelio ac yn dallt. Mi cadwis inna nhw dan 'mat.'

'Tan rŵan. A 'dwyt ti ddim gwaeth o'u dweud nhw.'

'Nac ydw.'

'Na dim callach. 'Does gen inna ddim esboniad chwaith.'

101

''Dydi o ddim ots am hynny.' Edrychai ym myw ei lygaid. 'Mi ges i rwbath llawn mor bwysig gen ti.'

'Mae pen y llencyn yn chwyddo.' Cododd, a'i thynnu ar ei ôl. 'Tyrd. Mae gen i lyn a choed a ffarm i'w dangos i ti. Paid â gori gormod ar dy gyn-Sioned.'

Rhoes y gair annisgwyl ysgytwad iddi.

'Cyn-Sioned?'

'Be arall?' Dechreuodd gerdded, heb ollwng ei afael tynn arni. 'Os ei di i feddwl gormod amdani, mae'n beryg i'r holl beth fynd yn drech na chdi.'

Nid atebodd Sioned. Daliai i deimlo'r ysgytwad. Cerddasant yn araf oddi ar y bryncyn gan anelu ar hytraws tuag at y ffordd a âi i'r fferm. 'Roedd y gwellt yn drwchus dan draed ac yn hen barod i'w bori. Edrychai'r ddau i lawr o'u blaenau, am ychydig yng nghanol eu meddyliau eu hunain. Pe baent wedi digwydd edrych yn eu holau y munud hwnnw efallai y byddent wedi gweld yr haul yn adlewyrchu am ennyd fechan oddi ar rywbeth yn y pellter. Ond nid oedd y posibilrwydd fod neb yn eu gwylio drwy sbienddrych nac yn dymuno gwneud hynny yn agos i feddwl y naill na'r llall.

Dau sbienddrych. 'Roedd awgrym o wên yn y llygaid y tu ôl i un wrth i'r gwyliwr ddilyn eu hynt ara deg ar hyd y cae. Ymhen ychydig, gostyngodd ei wydrau a dal i'w gwylio hebddynt. 'Roedd bron â thorri'i fol eisiau gwybod a oedd y cynllun wedi gweithio ond ni wyddai am un ffordd o ddod i wybod hynny heb iddo'i fradychu'i hun a difetha'r cwbl. Cododd y sbienddrych yn ôl i'w lygaid, o ran 'myrraeth yn hytrach nag angen.

Nid oedd gwên yn y llygaid y tu ôl i'r sbienddrych arall. Byddai angen bod yn graff i ddarganfod dim ynddynt, oni bai efallai am fymryn o bryder ac ansicrwydd. 'Roedd wedi'i gweld o'r blaen, fwy nag unwaith. Ond dynesai'r ddau tuag ato, ac efallai eu bod yn bwriadu dod i'r coed. Rhoes gip dyfal arall arnynt cyn gostwng ei wydrau. Ciliodd.

'Welist ti wraig Watcyn Lloyd rywdro?'

Ystyriodd Tecwyn am ennyd cyn ateb.

'Mae gwraig Watcyn Lloyd wedi marw ers—ers tua naw mlynedd.'

'Ydi. Mi ddwedodd o hynny wrtha i.'

''Rydw i'n cofio'i chnebrwn hi. 'Roedd hi'n wylia, ac yn piso bwrw. 'Roedd Mam wedi cau'r cyrtans i gyd ac mi es i i'r llofft i sbecian drwyddyn nhw. 'Rydw i'n cofio gwrando am sŵn y cnebrwn yn dŵad o bell a dychryn pan ddaeth o a'i sŵn hefo'i gilydd. A finna wedi meddwl y byddai 'na lot o sŵn ceir cyn iddyn nhw ddŵad i'r golwg. Cnebrwn bach oedd o, rhyw hannar dwsin o fotos. 'Dydw i ddim yn cofio'r ddynas. Ella 'mod i wedi'i gweld hi unwaith ne' ddwy. Pam oeddat ti'n gofyn?'

'Mi welis i lun ohoni hi.'

'O.' Rhyw ebychiad bychan a swniai'n ddi-hid. 'Dyma i ti dy lyn.'

Llyn bychan ydoedd, heb fawr o ddefnydd iddo. Yma ac acw 'roedd ei lan wedi'i sathru gan wartheg yn gwneud llwybr iddyn nhw'u hunain i fynd ato. Tyfai ambell gorsen ynddo, rhai'n gam, a'u hadlewyrchiad mor llonydd â hwythau. Gwelid sgerbwd glanfa yn ei ben pellaf. Gwenai Sioned.

'Ydi, mae o'n llyn llawn hiwmor.'

'Y?' Trodd ato.

'Llyn digri iawn. Be 'di'r wên?'

'Daeareg. Wyt ti'n gwneud hwnnw at dy arholiada?'

'Rhyw gyffwrdd yma ac acw.'

'Mae oes llynnoedd yn gymharol fyr, meddai'r dyn bach pen cam trwyn lwmp wrthan ni yn y coleg. Hip hip hwrê, meddwn inna gan gofio am Dryweryn a Chlywedog a Fyrnwy a phob patshyn arall o ddŵr ond y rheini ar ochor pafin am 'wn i. Dyna i chi ail, y diawliaid. Mi fydd yn rhaid i chi fynd i rwla arall i chwilio am ych diod ac i folchi'ch cyrff, a chymryd ych bod chi'n gwneud hynny o gwbwl. Felly'r o'n i'n gweiddi haleliwia wrtha i fy hun ac yn dathlu am y gwelat ti. O safbwynt Daearegol, byr iawn, meddai'r twmpath wedyn, mi all fod mor fyr â rhyw 'chydig filoedd o flynyddoedd. A minna'n gwir gredu fod Daeareg yn bwnc na allai siomi neb.'

'Dyna be sydd i'w gael am ddiffyg teyrngarwch. 'Synnwn i damaid nad ydi hwn yn dechra cael 'i wasgu o fodolaeth gan dyfiant. Ydan ni am aros yma?'

'Dim rŵan. Mae arna i isio gweld y goedwig.'

Tyfai'r coed bron hyd at y llyn. Yn ddirybudd, teimlai Sioned dynfa anorchfygol i fynd i'w canol. Prysurodd heibio i'r llyn heb fod yn ymwybodol ei bod yn hanner tynnu Tecwyn ar ei hôl. Cyrhaeddodd y goedwig. 'Roedd y tawelwch yn drawiadol y munud hwnnw, fel yr oeddynt yn mynd o'r haul. 'Roedd y llwybr odanynt yn sych a hawdd ei gerdded, a daliai Sioned i bwyso ymlaen. Yna safodd yn stond, a throi at Tecwyn. 'Roedd syndod balch, dieithr, yn llond ei llygaid.

'Y bwtias! Mae'n fis Mai. Mi fyddan nhw ar 'u gora!'

Yna 'roedd wedi ei ollwng ac wedi rhuthro oddi wrtho ar hyd y llwybr. 'Roedd ef wedi synnu gormod i feddwl am redeg ar ei hôl. Edrychodd arni'n diflannu o'i olwg ar dro yn y llwybr. Prysurodd ar ei hôl.

'Aros, wir Dduw! Mae Mai yn para am fis cyfa yn y pen yma i'r byd.'

Daeth o hyd i'r bwtias, ond nid iddi hi. 'Roedd miloedd ar filoedd ohonynt, yn lliw sydyn ac eang ar yr holl le, yn cyd-fyw eu bywyd byr â'r hen goed mewn cytgord llawn, a'u lliw yn ddyfnach a harddach am nad oedd yr haul yn cyrraedd atynt drwy'r canghennau. Safodd yn stond am ennyd i'w gwerthfawrogi am eu bod yn mynnu hynny. Yna gwelodd Sioned. Nid oedd ddim ond dwylath oddi wrtho. Safai a'i phwys ar goeden, ei phen diymadferth yn glynu wrth y boncyff cadarn. 'Roedd yn welw, a'i llygaid yn syllu'n ddwl at i lawr. Aeth ati, yn ofnus. Gafaelodd yn ei llaw.

''Rwyt ti'n oer.' Rhwbiodd ei llaw, a dychryn am nad oedd yn cymryd sylw. ''Rwyt ti'n ddiarth.'

Cusanodd hi. 'Roedd ei gwefusau'n oer a diymateb. Gafaelodd amdani, a'i thynnu ato. Mwythodd ei chefn, i fyny ac i lawr yn rheolaidd, gan geisio cuddio'i gynnwrf ei hun. Teimlodd ei chorff yn dechrau crynu, bron yn gynnil. Gafaelodd yn dynnach amdani a phwyso'i phen ymlaen ar ei ysgwydd.

'Mae'n iawn rŵan.'

Ni wyddai a oedd yn beth call i'w ddweud ai peidio. Nid oedd rithyn o bwys p'run bynnag. Gafaelodd yn ei gên a chodi'i phen i fyny. 'Roedd ei llygaid yn dod yn fwy naturiol. Gwenodd ryddhad arnynt.

''Roeddwn i'n dy goelio di cynt.'

'Oeddat.'

'Wyt ti'n iawn?'

'Ydw.' Caeodd ei llygaid. 'Ond 'ddaw o ddim yn ôl. Mae o wedi mynd eto.' Agorodd ei llygaid a syllu heibio iddo ar y blodau. 'Sut gwyddwn i amdanyn nhw?'

'Mi—mi—helpa i di i gael yr atab.'

'Roedd ei sylw mor drwsgl ag y swniai.

'Tyrd.'

'Yli harddwch.' Daliai Sioned yn ôl, yn syllu o'r newydd ar y blodau'n ymestyn i bobman o'i blaen. 'Roedd wedi rhyfeddu'n lân.

'Maen nhw'n wenwynig, ac yn hoff o gael y lle i gyd iddyn nhw'u hunain.'

'Paid â difetha'r peth. 'Rydw i wedi gweld bloda erill yn tyfu yn 'u canol nhw p'run bynnag.'

Chwarddodd Tecwyn.

'Mae'n ddrwg gen i. Mi'i cadwn ni o yn 'i berffeithrwydd.'

Dechreuasant gerdded, yn araf, gan gadw ar y llwybr rhag difwyno'r un blodyn. Gafaelai Tecwyn yn dynn amdani, fel pe bai arno ofn ei gollwng a'i cholli, ac i ddal i geisio osgoi dangos ei fod yntau wedi cynhyrfu lawn cymaint â hithau. Arhosodd hi yn stond yn ddirybudd.

'Ella y byddai'n well i ti anghofio amdana i.'

'Be?' Bron fel cyfarthiad, ofnus.

'Ella bod y pylia 'ma—ella ma' arwyddion cynta rhyw salwch ydi o,—ella nad ydw i . . .'

'Na wnaf!'

'Roedd wedi troi ati, wedi dychryn, a siomiant mawr yn llenwi'i wyneb. Gafaelodd yn ei breichiau, yn anfwriadol egr.

'Na wnaf!' Yn argyfyngus.

A'r munud hwnnw 'roedd hithau'n edifar. Chwiliodd am ei law, a'i gwasgu.

Cerddasant ymlaen yn araf, y ddau fel ei gilydd yn llawn o feddyliau ansicr, fel pe baent wedi ffraeo. Yna, cyn hir, ar ôl tro arall yn y llwybr, daeth newid syfrdanol odanynt. Ar y dde, daliai'r hen goed a'r bwtias i ymestyn draw i ddirgelwch, ond ar y chwith darfu popeth yn ebrwydd, ac yn lle'r hen goed a'r glesni tanynt daeth tyrrau uchel ac unffurf o goed pîn, yn rhesi unionsyth annaturiol. Ac odanynt ni thyfai dim. Am y gwelent, nid oedd dim ond pigau marw a dwl eu lliw, wedi disgyn fesul un i lenwi'r ddaear cyn pydru.

'Gwaith dynion.' Syllai Sioned yn ddiflas drist ar yr hyn a welai. 'I be?'

'Mae'u gwreiddia nhw'n rhy agos i'r wynab, a 'chaiff dim byd arall dyfu. Nhw ne' ddim. Mae'r un fath yn y blanhigfa hefo'r teulu coniffer 'ma. Os daw 'na fymryn o chwyn i'r un pot â nhw maen nhw'n llyncu mul.'

Trodd ei chefn arnynt.

'Tyrd o'ma.'

*   *   *

Eisteddai Rhiannon Cummings a'i thraed i fyny, yn gwrando ar record o bedwarawd llinynnol ac yn sbecian ar ei chlawr bob hyn a hyn. Byddai angen codi ymhen rhyw awr i wneud te, a chodi wedyn ymhen rhyw awr arall i fynd i'r Eglwys. Ambell dro 'roedd angen tipyn o amynedd i hynny, yn enwedig ar dywydd braf a thywydd stormus. Ond eithriad fyddai cael neb yno a allai chwarae'r organ heblaw hi'i hun. Ac er na fyddai neb yn dweud nac yn awgrymu dim, nac yn ei feddwl chwaith, 'roedd gorfod chwarae yn codi rhyw bigyn bach o anesmwythyd ynddi. Peth hyll oedd Eglwys Ni, mor hyll bob tamaid â Chapel Ni.

Daeth ei gŵr i lawr y grisiau ac i mewn, gan roi ei sbienddrych ar gornel y dresel. Eisteddodd gyferbyn â hi.

'Hm.'

'Be fuost ti'n 'i fusnesa?'

'Mi fûm i'n sbecian ar ddau gariad.'

'Hen ddyn budr.'

'Wel ia.'

'Ella'i bod hi'n bryd dod â chyffesgell yn ôl i'r Eglwysi.'

'Ella'n wir. I'r tegella a'r sosbenni ddechra gwrando ar 'i gilydd am newid. Mozart, Mozart, Mozart. Biti na fasa rhywun wedi dyfeisio cyfansoddwr arall bellach.'

''Waeth gen i. Nid er mwyn cymryd arna 'mod i'n ddeallus nac yn chwaethgar yr ydw i'n gwrando arno fo. Mi fyddai'n well i ti fod wedi priodi Beirniad. Pwy oedd y cariadon?'

'Tecwyn oedd un.'

'Ddysgodd o rwbath i ti?'

'Ha ha ha! Pwy fasa'n meddwl fod Andante Cantabile'n gallu bod mor ddiarhebol o ddigri?'

'Pwy oedd ganddo fo?'

''Rydw i wedi dweud wrthat ti ers y noson y daeth hi yma, 'tasat ti wedi gwrando mwy a galaru llai am dy drimins ffenast. Mi fyddwn wedi'i nabod hi 'tasa fo'n 'i chario hi mewn sach ar 'i gefn.'

'O. A dyna oedd y diddordeb. 'Rwyt ti'n benderfynol o'i defnyddio hi.'

'Nac ydw. 'Dwyt ti byth wedi dweud wrtha i pam fyddai Catrin wedi dechra plastro seimiach ar 'i hwynab.'

Ni chafodd ateb. 'Roedd Rhainnon wedi troi i wrando. Rhoes y Canon ei sylw ar y llyfr emynau a daflesid yn annodweddiadol flêr ar y soffa.

'Ac nid fi oedd yr unig un chwaith.'

'Be?'

'Mi'i gwelis i o, ond 'welodd o mohono i. Dau fardd cwsg ar

yr un prynhawngwaith yn rhyfeddu ar yr un olygfa. Cuddio yn y coed 'roedd o.'

'Pwy, ddyn?'

'Morus.'

Aeth Mozart yn angof.

'Morus?'

'Ia. Morus Garth. A 'dydw i ddim yn meddwl mai er mwyn y cynhŷrf tragwyddol y mae'r hogyn oedd ar y pen arall i'r sbenglas yn sôn cymaint amdano 'roedd yntau'n dangos y fath ddiddordeb chwaith. Hm.'

''Rwyt ti ar ben dy ddigon, 'twyt?'

'Mi gawn ni weld am hynny. Ond mae 'na rwbath ynghylch Morus. Wel, wel. Beth am wyneb Catrin?'

'O.' Penderfynodd Rhiannon fod arni awch am nodiadau clawr y record. Darllenodd. Gwelodd ei gŵr yn plethu'i freichiau, yn barod i aros am ei hateb weddill ei ddyddiau. 'Chdi 'di'r meddyliwr i fod.'

'Os na ddwedi di be sy' ar dy feddwl di mi gana i allan o diwn yn y gwasanaeth heno.'

'O ddyn sy'n honni 'i fod o'n nabod y natur ddynol mor dda...'

'Naci.' Yn sydyn, edrychai'n frawychus arni. 'Naci, 'rioed.'

'Oes gen ti amgenach damcaniaeth?'

*   *   *

'Os gwelwn ni o, mi ddown ag o yn 'i ôl.'

'Ia, dyna chi.'

Trodd Morus Thomas oddi wrthynt a chychwyn cerdded yn araf tuag at y fferm. Gafaelai'n anghelfydd yn un o diwbiau'i sbienddrych gan adael i'r strap hongian bron i'r ddaear. 'Roedd wedi bod wrthi drwy'r prynhawn yn chwilio am oen, oen ifanca'r tymor,—babi'r praidd, a'r unig oen du ymhlith y deucant, a hwnnw wedi cymryd y goes i rywle ers y diwrnod cynt.

Cyndyn ac anodd i gyrraedd ato y cafodd Sioned ef ar yr ychydig sgwrs a gawsant. Bron nad oedd yn eu disgwyl i ddod o'r coed, oherwydd pan ddringasant dros y gwrych rhwng y goedwig a lôn y fferm ni ddangosodd unrhyw ymateb o'u gweld yn dod i'w ymyl mor ddirybudd. Pytiog a gochelgar oedd hynny o sgwrs yr oedd yn fodlon ei rhoi gerbron, a chanolbwyntiai bron yn llwyr ar yr oen bach coll.

107

'Mae o'n dipyn gwahanol i Gwydion.'

'Surbwch ar y diawl ydi o wedi bod erioed.'

Pe baent wedi digwydd rhoi cip dros eu cefnau wrth drafod y ffermwr byddent wedi canfod ei fod wedi aros i syllu ar eu holau, syllu'n llonydd o un i'r llall a'r sbienddrych yn hongian yn llipa yn ei law, a golwg anfodlon annymunol arno. Ond daeth sŵn car yn dynesu, a throes draw yn frysiog ac ailgychwyn ar ei daith.

Arhosodd y car yn ymyl y ddau a rhoes Gwydion ei ben allan. Teimlai Sioned ei chydymaith yn tynhau.

'Wel wel!'

'Wel be?' 'Roedd llais Tecwyn ychydig yn gynhyrfus a gwyliadwrus. Gwridai. Gwenai Gwydion ar ei anesmwythyd. 'Be wyt ti'n 'i wenu, yr haîna diawl?'

'Y straeon sydd hyd y lle 'ma. Un o giaridyms y pentra'n mynd â hogan ddiarth i'r coed. I be, ys gwn i?'

'Newydd fod yn siarad hefo dy dad.'

'A mi dria inna beidio â throi'r stori y tro nesa hefyd.'

'Cau hi.'

'Gawsoch chi ryw synnwyr ohono fo?'

'Mae o'n crio ar ôl rhyw oen.'

''Welis i 'rioed y fath gnoi ar neb. Mae tempar arno fo ers mis. 'Dydi o'n gwneud dim ond chwrnu a chwthu ar bawb a phopeth bob awr o bob dydd. Mi 'dw i wedi hen laru arno fo, a mi 'dw i wedi dweud wrtho fo na choda i ddim bys bach i'w helpu o nes sadith o. Mae hynny wedi'i wneud o'n waeth.' Edrychai'n sych arno'n mynd yn y pellter. 'Ta waeth. Hidiwch befo'r mwnci.' Troes ei sylw at Sioned. 'Oedd yr adlonaint yn plesio neithiwr?'

'Oedd, dy ran di ohono fo.'

''Rarglwydd! 'ro'n i wedi gwylltio.' Dyrnodd Gwydion lyw'r car i brofi'i bwynt. 'Finna wedi brolio'r lle wrthyn nhw. 'Ro'n i'n gwir gredu y byddai pawb yno hefo'r crebwyll i'w gwerthfawrogi nhw. Gwlad y menig gwynion a'r blydi cân . . .'

'Mae gan bob nico lais tlws.' 'Roedd rhyddhad mawr yn amlwg ar wyneb Tecwyn am nad oedd Gwydion am wneud gormod o ddrama am y garwiaeth newydd sbon. 'Mi'i collis i o.'

'Wel ia, mae'n well gan ambell ŵr mawr fynd i'r Dre. Man gwyn fan draw, a chodi pais wedyn. Hei!' goleuodd ei wyneb. 'Beth am heno? Mae Herve a Maria am 'i thrio hi yn y Clwb Rygbi. Ddowch chi?'

Edrychodd Tecwyn i lawr, fymryn yn anniddig. Sylwodd Sioned yn syth a neidiodd i'r adwy.

'Na, mae gynnon ni drefniada erill.'

'Oes.' Cuchiai Tecwyn. 'Heb sôn am un Ddraig Fawr sy'n byw yn tŷ ni a sy'n digwydd bod yn fodryb i ti. A heb sôn nad oes gen i yr un ffadan sentan gron ar fy elw, na gobaith yn yr hyn y medrid 'i alw'n dymor byr i gael un chwaith.'

'Mi fydd yn rhaid i ti dorchi dy lewys os wyt ti'n meddwl am gadw gwraig, 'ngwas i.' Rhoes y car yn ei gêr. 'O, mae ar Rhodri isio i mi ddweud wrthat ti fod goriad y selar ar dy ddesg di yn y swyddfa,' meddai wrth Sioned. 'Mae o a Lleucu wedi'i chychwyn hi am Henryd.'

'O, iawn.' Nid oedd hwnnw'n newydd da. 'Ella y cymra i gip arni fory.'

Aeth y car. Troes Tecwyn ati.

'Sori 'mod i'n dlawd. Oedd arnat ti isio mynd?'

Chwarddodd hithau.

'Dim felly. Ella cawn ni gyfla i'w clywed nhw eto.'

''Does arnat ti ddim isio mynd i'r selar 'na, nac oes?'

'Twll dan ddaear.'

'Mi welis i ar dy wynab di. Mi ddo i hefo chdi.'

'Na, mi fedra i... 'Dydi hi ddim yn ddiwrnod gwaith heddiw, p'run bynnag. 'Does dim brys.'

*   *   *

Ond fe aeth. Cyn swper. 'Roedd Tecwyn wedi swnian am gael gweld y llyfrgell ac fe aeth hi ag ef yno. Tra bu ef yn camu rhwng bocsys i fynd at y silffoedd 'roedd hi mewn un pwl herfeiddiol o benderfyniad wedi brasgamu i'w swyddfa, wedi gafael yn fuddugoliaethus yn yr allwedd hen drefn, bedair modfedd oer ohoni, ac wedi datgloi drws y seler.

Llyfrau hanes Lloegr. Hanes amaethyddiaeth. Y ddogn arferol o ddiwygwyr a beirdd. Geiriadur Charles yn dal i sgleinio yn ei ledr. Lledr eto'n lapio dehongliad Edward Gibbon o hanes Rhufain a'i Hymerodraeth. Darllenai Tecwyn y teitlau fesul un heb eu cyffwrdd. Tynnodd un aneglur o'r silff, a'i agor. Hanes dau fynach o Ffrainc yn teithio Tibet gyda'r bwriad o droi gwlad fwyaf crefyddol y byd at Gristnogaeth. Hyder diderfyn a diddarfod. 'Roedd ganddo ddiddordeb mewn hen deithiau a rhoes y llyfr ar y bwrdd wrth ei ymyl. Pan oedd arholiadau o fewn diwrnodau 'roedd llyfrau a phynciau eraill yn fwy atyniadol bob tro. Byddai Rhodri neu Lleucu'n fwy na bodlon rhoi ei fenthyg iddo, os nad oeddent wedi dirprwyo'r awdurdod hwnnw i'w gweinyddwraig newydd. Gwenodd, a throi ati. Dyna'r pryd y sylweddolodd nad oedd hi gydag ef yn y llyfrgell. 'Roedd rhwng dau feddwl p'run ai aros yn y llyfrgell i sbaena ai mynd i chwilio amdani pan ddaeth, o rywle na fedrai ddirnad pa mor agos ydoedd, weiddi mor annaearol nes gwneud iddo roi gwaedd wirion anfwriadol ei hun. A llais Sioned ydoedd. Rhuthrodd i'r cyntedd.

'Roedd drws y seler wedi'i agor. Goleuid y grisiau cerrig gan olau trydan yn agos at y drws. Rhedodd i lawr y grisiau fesul dwy a thair. 'Roedd silffoedd a bocsys ym mhobman. 'Roedd stafelloedd heb ddrysau iddynt, o leiaf dair. Bellach 'roedd mewn panig wrth i'r gweiddi barhau'n ddireol a diosteg a rhuthrodd tuag ato heibio i olau trydan arall o fwlb oerllyd uwch ei ben. Yn y pen draw un 'roedd cloben o lechen las wastad yn cael ei chynnal gryn lathen o'r llawr gan dair colofn gerrig. Gorweddai Sioned ar wastad ei chefn ar y llechen, ei phen-gliniau i fyny ac ar led, yn dal i weiddi ac ysgwyd yn ddibaid.

'Sioned! Sioned!'

Gafaelodd ynddi. Cododd hi. 'Roedd hi'n gwrthod, ac yn dal yn ôl. Mynnodd yntau ei gorchfygu a thynnodd hi ato. Daliai i'w wrthsefyll yn wyllt ddall. Rhoes ei freichiau amdani i geisio'i gwasgu i lonyddwch.

'Sioned!'

Peidiodd y gweiddi. Troes yn ochneidiau hirion, brawychus. Yna llonyddodd.

'Sioned. Sioned.'

Edrychodd arno, edrychiad tawel, trist. Cododd ei llaw yn araf a throi ei bysedd o amgylch botwm uchaf ei grys, bron fel pe bai'n arbrofi. Symudodd ei llaw yn araf eto heibio i'r botwm at ei wddf, a mwytho'i groen yn herciog, ansicr. Caeodd ei llygaid drachefn, gan roi ochenaid dawel arall wrth dynhau ei gafael ynddo. Tynnodd ef ati, a phlygodd ei phen i orffwys arno. Cododd ef hi ar ei thraed, a'i dal hi felly, yn llonydd, llonydd, am hir.

'Tyrd. Mi awn ni.'

'Aros funud.'

Nid oedd am gerdded. Pwysodd yn erbyn y mur wrth ochr y llechen, a gorffwys ei phen ar ei ysgwydd. Yn sydyn, cododd ei phen ac edrych arno.

''Rwyt titha'n crynu hefyd.'

'Be wyt ti'n ddisgwyl i mi 'i wneud? Nid blydi arwr ydw i. Be ddigwyddodd?'

'Yr un peth. Yr un lle. Ond 'dydw i ddim wedi trio cael hwn yn ôl.' Ysgydwai ei phen, a'i llygaid ynghâu am ennyd. ''Rydw i wedi trio efo'r lleill. Ond nid hwn.'

'Wyt ti'n cofio mynd ar y llechan? Dynnodd 'na rwbath di ati?'

'Naddo. Nac ydw. Dim ond agor y drws, a fy llongyfarch fy hun am fod mor ddewr i wneud hynny, a rhoi'r golau, a dod i lawr. A busnesa mymryn o 'nghwmpas i gymryd arna fod popeth yn iawn.'

'Dim arall?'

'Dim.'

'Awn ni?'

'Ia.'

'Tyrd 'ta.'

Cychwynasant, yn araf ac yn dynn yn ei gilydd. Yna arhosodd ef.

'Naci. Tyrd yn d'ôl.'

'Be?' Diddeall.

'At y llechan. Tyrd, gafael ynddi, neu mi fydd arnat ti 'i hofn hi am weddill dy oes. 'Drycha arni hi.' Teimlai Tecwyn ei hun yn ddoeth, ac yn dipyn bach o gawr. 'Teimla hi.'

Gafaelodd yn ei llaw yn benderfynol. 'Roedd hi wedi dod ati'i hun, a gwenodd. Mwythodd y llechen.

'Pwy sydd ofn, lanc?'

Aeth ar y llechen, a gorwedd arni, gorwedd ac ymlacio'n llwyr.

'O, dyma braf!'

Tueddu wnâi i chwerthin am ben pobl a geisiai ei pherswadio fod gorwedd ar rywbeth caled yn brofiad pleserus. Cafodd ail. 'Roedd gorwedd ar y llechen ac ymlacio'n llwyr yn gysur ac yn feddyginiaeth. Daliai i deimlo'n ddiymadferth fel pe bai rhywun wedi tynnu darn ohoni a'i gadael ar drugaredd unrhyw un neu unrhyw beth a ddeuai heibio. Cododd ar ei heistedd i wneud lle iddo ef. Dechreuodd yn benderfynol.

'Tecwyn. Gwranda. O ddifri rŵan.'

'Yr ateb ydi "na wnaf".'

'Ond be 'tasa. . .'

'Na wnaf, na wnaf, na wnaf.'

'Roedd y siom yn llenwi'i lygaid unwaith yn rhagor. Aeth hithau'n edifar.

''Ro'n i wedi meddwl, 'tawn i'n dweud wrth rywun, y byddai'r peth yn diflannu. Ond dyma fi'n dweud wrthat ti, y cwbwl i gyd, a dyma ddau brofiad arall o fewn teirawr i'w gilydd ac i'r seiat.' Gafaelodd ynddo, am gymorth. 'Be 'tasan nhw'n mynd yn waeth? Be wna i?'

'Tyrd o'ma. Mae callach lle na selar i drafod petha fel hyn. Tyrd i'r awyr iach.'

Diffoddodd Tecwyn ar eu holau, ar ôl cymryd un cip diflas ar y seler. Caeodd y drws, a'i gloi, heb wybod beth i'w wneud â'r allwedd.

Tua dwyawr yn ddiweddarach, ar ôl rhagor o straeon a thrafod ni wyddai beth i'w wneud ag ef ei hun chwaith. Wrth gerdded i lawr o'r Plas 'roedd wedi penderfynu, ond ar ôl cyrraedd y ffordd i'r pentref, dechreuai wegian a phendilian rhwng penderfyniad di-droi ac ansicrwydd poenus. Pan gyrhaeddodd lidiart y Rheithordy, ymddangosai'r penderfyniad a'r dewrder yn wag iawn.

Oedodd yno, am hir. Dechreuodd gerdded at y tŷ, ond trodd yn ôl ar ôl dau gam. Oedodd drachefn. Wrtho ef ac wrth neb arall yr oedd hi wedi ymddiried. Er nad ydoedd wedi'i siarsio i beidio â dweud wrth neb a gwneud drama o gyfrinach, 'roedd yn ddealladwy nad oedd lledaenu i fod. Ond 'roedd arno ofn. Efallai y byddai'r pyliau'n gwaethygu ac y byddai hi'n cael digon arnynt ac yn mynd i ffwrdd am ei bywyd am byth. Cerddodd â chamau breision tuag at y Rheithordy. Hanner y ffordd ato daeth pwl arall o ansicrwydd fel gordd ac arhosodd. Trodd yn ôl, yn annifyr iawn ei fyd, a cherddodd yr holl ffordd yn ôl i'r llidiart.

'Be sy'n dy boeni di?'

Neidiodd. 'Roedd y Canon wedi dod yn ddistaw y tu ôl iddo. Gwridodd, fel pe bai wedi'i ddal yn dwyn 'falau.

'Cyn i ti chwilio am esboniada cyffrous, cystal i ti wybod 'mod i wedi bod yn dy wylio di ers meitin. Wel?'

'Ga—ga i siarad efo chi?'

'Roedd hi dros awr yn ddiweddarach arno'n gorffen ei stori.

'Mi fydd hi'n storom gref pan a' i adra. Naw o'r gloch ddwedodd hi, a dim eiliad ar ôl hynny.'

'Hidia befo. Mi ffonia i i ddweud mai ni 'gadwodd di.'

'Roedd Rhiannon Cummings a'r Canon wedi gadael iddo ddweud popeth heb darfu arno. 'Roedd yntau wedi ceisio ailadrodd profiadau ei gariad fel y'u cafodd ganddi hi ac fel y'u gwelodd ei hun, gan wneud ymdrech i beidio ag ychwanegu dim o eiddo'i ddychymyg atynt. Cawsai wrandawiad eiddgar, ac nid oedd y naill na'r llall wedi dangos unrhyw ystum o anghrediniaeth mwy nag y darfu yntau pan y'u clywodd.

'Ydach chi'n addo peidio â dweud?'

'Ydan.'

''Rydw i'n teimlo'n rêl cachwr.'

''Dwyt ti ddim.' 'Roedd y Canon yn ddigyffro, fel pe bai'n clywed yr un stori bob wythnos. 'Pryd weli di Sioned nesaf?' Cuchiodd.

'Dibynnu ar y Llywodraeth sydd yng nghrafangau'r Bais.'

'Tria'i gweld hi nos fory. A dwed wrthi am heno.'

'Be?' Rhythai arno. 'Dweud wrthi?'

'Os nad wyt ti am ei thrin hi fel bodan i bara am noson y ffair, mae'n rhaid i ti ddweud wrthi. A thyrd â hi yma am sgwrs. Os daru mi nabod yr hyn yr ydw i'n credu i mi 'i nabod pan ddoist ti â hi yma 'rydw i'n ffyddiog na fydd hi ddim mymryn dicach wrthat ti.'

'Mae o'n iawn, Tecwyn.'

''Fedrwch chi ddim dweud wrthi? 'Tasach chi ddim ond yn awgrymu, mi'i gwnâi o'n haws i mi.'

'Na, yr hen foi. Chdi dy hun. Mae'r ''mynd hefo'n gilydd ers y pnawn 'ma'' 'rwyt ti newydd ddyrchafu ei glodydd o'n golygu petha heblaw llyfu a chusanu os wyt ti'n 'i gymryd o a hi o ddifri.'

'Ydw.' Syml. 'Mi ddweda i.' Goleuodd ei wyneb fymryn. 'Mi wn i pryd hefyd. I be meddach chi oedd Watcyn yn llosgi llun ei wraig?'

'Mae hwnna'n newydd i mi.' Ysgydwai Rhiannon ei phen, a daeth cryndod bychan annifyr drwyddi. ''Fedra i ddim dychmygu.'

'Lle cafodd Sioned o?' gofynnodd y Canon yn sydyn.

'Mewn rhyw focs yn llawn o filia, a dim un llun arall ar 'u cyfyl.'

Buont yn mân siarad am ychydig, Rhiannon a Tecwyn, cyn iddo ef benderfynu codi. 'Roedd y Canon ymhell i ffwrdd ers meitin, yng nghanol ei feddyliau ei hun, ond 'stwyriodd pan welodd Tecwyn yn codi.

'Gwrando. Os oes arnat ti isio pleidleisia, mi wn i am ddwy sydd i'w cael am 'u nôl.'

'Lle?'

'Tyn Ffordd. 'Roedd Janw a Math yn cwyno y diwrnod o'r blaen nad oedd 'na neb wedi bod ar 'u cyfyl nhw.'

113

'Iawn.'

'A dos â Sioned efo chdi. Mi fydd gen ti well gobaith felly.'

'Os ydach chi'n dweud.'

'A thyrd â hi yma wedyn.'

Diflannodd Tecwyn, yn llawer hapusach nag y daeth yno. Gwrandawai'r Canon ar ei wraig yn siarad â'i fam ar y ffôn. 'Roedd rhyw gryndod bychan yng ngwaelod ei fol yn awgrymu wrtho nad oedd tro ar fyd ymhell. 'Roedd yn awchu i fod yn barod amdano.

Daeth ei wraig yn ôl, a sefyll fel llewes uwch ei ben.

'Wel?'

''Rwyt ti ar dy ora pan mae golwg ffyrnig arnat ti. Mi ddylet ei wneud o'n amlach.'

'Ers pa bryd mae gan Math a Janw y fath ddiddordeb mewn gwleidyddiaeth?'

Rhoes y Canon slaes fach ar ei lin i'w gwahodd i eistedd, fel pe bai'n blentyn.

'Tyrd yma, Rhiannon fach. Mae'n amser i ti fynd â fi i'r gyffesgell 'na'r oeddat ti mor hoff o'i hedliw i mi pnawn.'

PENNOD 6

'Wele fi.'

Trodd Sioned ei phen. Safai Tecwyn yn y drws, yn ei ddillad ysgol. Cododd hi o'i desg a'i gwaith a brysio ato. 'Roedd angen llawer o fwytho ar y ddau fel ei gilydd.

''Dydw i ddim wedi dy weld di yn dy ddillad ysgol o'r blaen.'

''Weli di mohono i yn y nialwch eto chwaith cyn bo hir.'

''Rydw i'n siŵr mai fel hyn mae'r merchad 'na sy'n dwyn babis yn teimlo.'

'Yli, y diawl bach.' Gwasgodd hi a'i chodi'n glir o'r llawr. 'Mi gei di fabi!'

'Be?'

'Wps!' Rhoes hi i lawr. 'Sŵn yn rwla.'

'Be wyt ti'n 'i wneud yma?'

'Strategaeth. 'Doedd gen i ddim gwers y pnawn 'ma,—wel, dim ond dwy, a mi glu'is i o'no y cyfla cynta ges i. Mi a' i adra rŵan a mi weithia i fel y diawl drwy'r pnawn reit o dan 'i thrwyn hi. Mi ga' i fynd allan heno wedyn.' Edrychodd yn ddyfal i'w llygaid. 'Wyt ti'n iawn?'

'Ydw.'

'Dim byd wedyn?'

'Naddo.'

'Gwrando.' Petrusodd. 'Mae'n rhaid i mi ddweud wrthat ti rŵan. Rŵan hyn.'

Gollyngodd hi. Aeth at y ddesg, a phwyso'i fys ar ei phen.

'Wel?'

''Roeddwn i'n poeni f'enaid amdanat ti. 'Wyddwn i ddim ble i droi na be i'w wneud. Mi es i i'r Rheithordy.'

Distawrwydd llethol. Daeth Sioned ato, a sefyll wrth ei ochr, heb ei gyffwrdd.

'A mi ddwedist y cwbwl.'

'Do.' Edrychai i lawr ar ei fys, gan ddilyn ei hynt ar gylch bychan ar y ddesg. ''Does gen ti ddim syniad faint o'n i'n 'i boeni. Mi dri'is fod yn ddoeth ac yn ddewr hefo chdi, ond 'doeddwn i ddim. Mae—mae arna i ofn dy weld di'n codi dy bac.'

'O. Hynny.'

'Ymhlith petha pwysicach.'

'Be—be ddwedodd o?'

115

'Nhw.'

'Be?' Dychrynedig.

''Roedd 'i wraig o yno hefyd. 'Doedd y Canon ddim wedi'i synnu. Mae o wedi clywed am betha fel hyn o'r blaen, medda fo.' Siaradai'n gyflym i'w gyfiawnhau ei hun. Nid oedd arwydd o sut 'roedd Sioned am ymateb. 'Mae isio i ti roi dy feddwl ar betha erill gymaint ag y medri di, medda Rhiannon.'

Ni fedrai feddwl am un dim arall i'w ddweud, ac 'roedd Sioned yn ddistaw o hyd.

'Yr hyn ddigwyddodd neithiwr ddaru 'nychryn i. Nid be ddigwyddodd hefo'r bwtias, na dy straeon erill di.'

'Mi—'wela i ddim bai arnat ti. Mae'r peth yn sydyn.'

'Mi wnes i fusnesa.'

'Ella. Mi fyddai'n well gen i 'tawn i wedi cael dweud wrthyn nhw fy hun. 'Wn i ddim sut i'w hwynebu nhw rŵan.'

'Paid â phoeni am hynny. A mi elli fod yn dawal dy feddwl nad aiff y stori ddim pellach.'

'Na.'

'Meddwl amdanat ti'r oeddwn i. 'Ro'n i wedi dychryn. Os digwyddith be ddigwyddodd neithiwr eto mi fydd yn rhaid i ti gael help.'

'Be? Seiceiatrydd?'

'Paid â rwdlan.'

Yna, 'roedd ei llaw hi am ei law ef. Crynodd.

''Rydw i'n cael maddeuant.'

'Gair crand. 'Does 'na ddim i'w fadda. Mi fûm ar y ffôn hefo Mam gynna. Mi ddwedis i wrthi hi hefyd.'

'Y cwbwl?'

'Naddo. 'Sonis i ddim am neithiwr ne' mi fyddai 'na helynt.'

'Be ddwedodd hi?'

'Dweud bod y petha 'ma'n digwydd. 'Wn i ddim yn iawn.'

'Be?'

'Mi aeth hi'n ddistaw pan sonis i am y bwtias, a'r munud nesa 'roedd hi wedi troi'r stori. Ta waeth. Mi sonis i amdanat ti hefyd.'

'Be ddwedodd hi?'

'"Gofala fod y diawl bach yn bihafio".'

Troes ef ati. Gafaelodd yng nghwlwm llac ei dei a chwarae ag ef. 'Roedd yn amlwg ar ei hwyneb fod y syniad o ddillad ysgol amdano'n ei goglais.

'Heb gael 'y nghhinio'r ydw i. Oes arnat ti isio peth?'

'Oes. Ond 'wna i ddim. Mi a' i adra ne' mi fydd hi'n ganol pnawn arna i'n cyrraedd. Heno. Cyn saith, cofia.'

Cusan hapus ymollyngol, ac 'roedd wedi mynd.

Bu'r Canon a'i wraig, nad oedd hyd yn oed wedi'i gweld heb sôn am ei chyfarfod, ar ei meddwl drwy'r prynhawn, ar adegau'n ormesol felly. Wedi methu magu plwc i ddweud wrtho yr oedd pan fu yno'n lled-ganfasio gyda Tecwyn, a sylweddolai mai felly y byddai wedi bod o hyd. Ond 'roedd y syniad fod gŵr a gwraig bron yn hollol ddieithr yn ei thrafod y munud hwnnw o bosib yn ei dychryn, a châi'r teimlad annifyr hwnnw o ddymuno ymguddio drosodd a throsodd.

'Roedd yn bwysig ei bod yn mynd i'r seler, ac fe aeth. Mynd dan grynu, yn benderfynol o droi'n ôl ar yr arwydd cyntaf ac yn gwybod yn iawn na fedrai wneud dim o'r fath. Rhoes y golau yn y gwaelod. Gwelodd y llechen unig ddi-feind yn y pen draw. Syllodd arni. Cerddodd ati, a'i chyffwrdd. Dim. Dim ond teimlad o atgasedd llwyr, gan fod yn ymwybodol yr un pryd mor ynfyd oedd casáu llechen, o bopeth. Ond fe'i gorchfygodd. Troes ei thrwyn arni a phenderfynu mewn buddugoliaeth ei bod yn ddiogel iddi fusnesa yn y seler.

Bu wrthi drwy'r prynhawn yn chwilota a gweld y Canon yn siarad efo gwraig a wyneb dychmygol ganddi. Hynny oedd waethaf. Cafodd hyd i bob math ar bethau, llythyrau, dogfennau, lluniau—llawer gormod i fynd ati'n daclus i chwilio am y darlun—biliau, a nodau amgen Sonia Lloyd yma ac acw ymhlith peiliau diweddarach.

Cyn saith 'roedd wyneb Tecwyn yn ei chyfarch drwy ffenest ei dŷ. 'Roedd allan cyn iddi gyrraedd gyferbyn â'r drws a'r sglein yn ei lygaid o hyd. Daeth sŵn o'i hôl a gorfu iddi fynd i'r ochr er mwyn i ddwy lori 'fudo fynd heibio. Edrychodd yn frawychus ar y ddwy'n arafu ac yn aros hanner canllath o'i blaen a'r gair bras Nottingham ar y ddwy fel ei gilydd yn ei gwawdio am y gorau.

'Ac i be mae lecsiwn yn dda hefo petha fel hyn?'

Aethant heibio i'r ddwy lori gyda'r dyhead herciwlaidd o afael ynddynt a'u lluchio'n ddidrafferth yn ôl ar draws dwywlad yr un mor gryf yn y ddau, heb i'r un ohonynt orfod ei fynegi. Gafaelodd Tecwyn ynddi fel pe i'w hamddiffyn rhagddynt. Daeth awyren filitaraidd uwchben yn sgrech i gyd i gadarnhau'r fuddugoliaeth a diflannu'n ddidostur, wedi dod yno ym mherffeithrwydd ei phroffesiynoldeb ar yr union eiliad a benodwyd ar ei chyfer. Trodd tristwch yn ddicter sydyn.

'Un gair croes heno a mi'u damia i nhw.'

Troes Tecwyn ati a'i lygaid yn perfio.

''Rarglwydd, ia. Gwna hynny.'

'Ble mae'r cwarfod?'

'Dros yr afon, yn y neuadd. Coffa'r gwaed gwirion.'

Cyraeddasant y bont. Arhosodd y ddau i bwyso drosti.

'Be ddigwyddodd i welyau glân?' gofynnodd hi.

'Be?'

'Ers talwm mi fedrat weld cerrig neu ro mân ar welyau afonydd. Erbyn hyn 'weli di ddim ond haenan frown a siâp cerrig odani. Pam?'

''Wn i ddim. Cemega, ella. Gwrteithia.'

'Fuost ti'n 'sgota wedyn?'

'Naddo. Canys y mae'r Pwerau Mawrion wedi datgymalu'r enwair a'i chloi mewn dirgel fan.'

'Mae'n ymddangos fod y Pwerau Mawrion yn dipyn o feistres arnat ti.'

'Wel... rhoi rhyw droedfadd ne' ddwy o raff iddi bob hyn a hyn i'w chadw hi'n ddedwydd a mae hi'n medru bod yn hynod glên a chydweithredol. Annwyl, hyd yn oed.'

'Roedd dyrnaid o geir o flaen y neuadd, a'r drws yn gilagored. Aethant i mewn. Gosodasid rhyw dri dwsin o gadeiriau yn y gwaelod o dan y llwyfan ac er syndod iddi gwelodd Sioned fod y rhan fwyaf wedi'u llenwi. Trodd bron pawb i edrych arnynt. 'Roedd y cyfarfod ar ddechrau ac 'roedd dyn ar ei draed yr ochr arall i fwrdd o flaen y gynulleidfa. Eisteddodd y ddau ar y cadeiriau gweigion hwylusaf.

'Oedfa arall i'r cadwedig,' sibrydodd Sioned.

Cymerodd Tecwyn gip brysiog ar yr hyn a welai o'r gynulleidfa cyn ateb.

''Wn i ddim am hynny chwaith. Mae 'ma wyneba diarth. Ella cawn ni sbort.'

Dechreuodd y Cadeirydd arni, gyda chroeso di-lol. Dyn bychan ydoedd, oddeutu'r deg a thrigain o bosib, a sbectol ganddo'n anghyffyrddus ar flaen ei drwyn er mwyn y nodiadau yr oedd wedi'u sgriblian ar baced o sigarennau ar y bwrdd o'i flaen. Cymharodd o'r frest y presennol â'r hen gyfarfodydd lecsiwn, gyda'u gweiddi a'u cecru, a diolchodd am fod o hyd un blaid oedd â digon o barch i'r etholwyr i fynd atynt i ateb cwestiynau pobl go iawn wyneb yn wyneb mewn cyfarfodydd cyhoeddus. Daliodd ati am sbelan rhwng atgof a'r dwthwn hwn

118

cyn i Dei Gamfa, a eisteddai yn y pen arall i'r bwrdd, godi ato a sibrwd yn ei glust. Gwelid ei wep yn disgyn gyda phob gair.

Aeth Dei Gamfa'n ôl i'w le. Bu eiliad o ddistawrwydd ysol cyn i'r Cadeirydd ailafael ynddi, ond y tro hwn yn Saesneg a hwnnw fel mat rhacs. Ailadroddodd rywfaint o'i groeso. Teimlodd Sioned gynhesrwydd tuag ato y munud hwnnw. Ymembarasai Dei Gamfa'n weladwy yn y pen arall i'r bwrdd.

'Y Berseiniaith yn ei disgleirdeb,' sibrydodd Tecwyn.

'Mae'i Saesneg o'n well na Chymraeg y rhai mae o wedi'i 'nelu hi atyn nhw,' sibrydodd hithau'n ôl yn ffyrnig. 'Yli crechwenu mae'r diawliaid atgas,' hisiodd wedyn yn ddigon uchel i lawer yn y gynulleidfa droi eu pennau—ambell un yn syn—tuag atynt.

Rhoes y Cadeirydd hoffus y gorau iddi, er mawr lawenydd iddo'i hun, drwy gyflwyno'r siaradwr cyntaf. Cododd hwnnw ar ei draed yn eiddgar, a bwrw iddi nes bod yr ystadegau'n diferu oddi arno. Buan iawn yr ymollyngodd Sioned i chwilio am ei llun, a cheisio'i gael eto yn ei gyfanrwydd perffaith yn ei meddwl.

'Sonist ti wrth y Canon am y llun hefyd?'

'Do.' Braidd yn euog.

''Ddaru ti ddim dweud wrtho fo sut dois i i wybod 'i fod o wedi'i losgi?'

'Naddo siŵr.'

Gwasgodd hithau ei law i doddi'r euogrwydd. 'Roedd lluniau di-ri yn y seler, yng nghanol pob math ar bapurau eraill, a go brin fod Watcyn Lloyd wedi cael cyfle i fynd trwyddynt cyn cychwyn ar ei sgawt. Os oedd un copi o'r llun wedi dod i'r fei mewn lle annisgwyl 'roedd yn bosib os nad yn debygol fod copi neu gopïau eraill ohono'n llechu mewn mannau yr un mor annisgwyl. Byddai hunanlywodraeth yn talu, meddai llais o'r pellteroedd diflas a mynd ati i brofi hynny eto fyth. Pe bai hi'n cael gafael ar y llun eto byddai'n gofalu y tro nesaf na châi neb, ar wahân i'r talpyn cynnes bywiog wrth ei hochr, gael ei bump arno.

Neidiodd. 'Roedd Dei Gamfa wedi codi ar ei draed ac wedi dechrau cymeradwyo'n uchel. Yn ei syndod llyncodd y siaradwr ystadegyn pwysig iawn a oedd yn hongian yn ei geg. Clywodd hi Tecwyn yn pwffian chwerthin wrth ei hochr. Daliai Dei i glapio ac i annog ei gynulleidfa i godi bob yn ail. Daeth sŵn o'r cefn a throdd Sioned i weld yr Ymgeisydd yn dod i mewn a dau arall ar ei ôl. Ymunodd y rhan fwyaf yn y cymeradwyo a chododd un neu ddau ar eu traed. Sleifiodd yr Ymgeisydd yn ddigon diddrama i'r gadair yn y canol rhwng Dei a'r siaradwr ond daliai Dei i glapio'n fyddarol o fewn modfedd i'w glust. Ysgydwodd yr Ymgeisydd ei law arno i geisio'i dawelu a gwnaeth wyneb syched anniwall am ragor o ystadegau'r siaradwr. Gwenodd hwnnw'i ddiolchgarwch deallus.

Bu'n ddigon hirben i orffen yn fuan. Diolchodd y Cadeirydd iddo a rhyfeddu at ei stôr o wybodaeth, a chyflwynodd yr Ymgeisydd gan lwyr anwybyddu stumiau Dei a geisiai eto ei atgoffa'n weladwy fod dwy iaith yn y Dywysogaeth.

'Mae Dyfed yn hen foi iawn, 'sti.' 'Roedd Tecwyn wedi sythu yn ei gadair i wrando. 'Wyt ti'n 'i nabod o?'

''Rydan ni wedi cyfarfod unwaith ne' ddwy.'

Dywedodd yr Ymgeisydd nad oedd am fod yn hir a chymeradwyodd Sioned yr un mor uchel â Dei Gamfa, yn ei meddwl. Ateb cwestiynau oedd swyddogaeth y cyfarfod, meddai'r Ymgeisydd drachefn, ac nid oedfa ddarlithio. Bu wrthi am bum munud digon di-lol yn gosod safbwyntiau clir a diamwys ar lawer pwnc. Ni soniodd yr un gair am yr ymgeiswyr na'r pleidiau eraill. Yna gwahoddodd gwestiynau, ac er syndod i Sioned, fe'u cafodd. Amryw ohonynt, a'r rhan fwyaf yn groesholi. Aeth drwyddynt yn ddidrafferth ac yn ymddangosiadol onest. Daeth rhesi o gwestiynau Saesneg o un geg, ac atebodd hwynt i gyd, fesul un.

Nes y tarfwyd arno, a hynny'n annisgwyl, yn fwy annisgwyl i'r tarfwr nag i neb arall. 'Roedd y Sais wedi gofyn cwestiwn am agwedd y blaid yr oedd yr Ymgeisydd yn ei chynrychioli at ddwyieithrwydd, ac wedi cael ateb byr. 'Roedd yntau'n gredwr cryf mewn dwyieithrwydd, ychwanegodd, a'i geg yn meinio, ond ai hanner munud o Saesneg di-raen am bob hanner awr o Gymraeg oedd diffiniad y blaid hon o ddwyieithrwydd, fel yn y cyfarfod hwn?

'Os ydi o'n gredwr mor gry yn yr egwyddor o ddwyieithrwydd pam na wnaiff o'i ymarfer o ei hun?'

Trodd pawb, yn flêr. 'Roedd hi ar ei thraed, a'i hosgo a'i llais yn gadarn, a sŵn dwy lori yn dal yn ei chlustiau i'w gyrru ymlaen. Nid oedd angen ymateb am y tro i'r olwg syfrdan ar lawer wyneb. Ar ôl ennyd o sioc, dechreuodd Tecwyn ddyrnu'i ben-gliniau mewn cymeradwyaeth.

'Ac ers pa bryd y mae arnon ni angen gwers gan yr uniaith ar sut i fod yn ddwyieithog?'

'Roedd y dirmyg yn ei llais bron fel pe bai wedi'i fesur a'i baratoi'n ofalus. Trodd yr holwr yn ebrwydd at rywun wrth ei ochr, a daeth gwrid cyflym i wyneb hwnnw. Daeth dychryn i wyneb Dei Gamfa a cheisiodd roi arwydd iddi roi'r gorau iddi'n ddistaw gan geisio peidio â dangos hynny i neb arall. Trodd hi ei hwyneb oddi wrtho'n sgornllyd.

'A pham mae isio i bawb a phopeth ond nhw'u hunain fod yn ddwyieithog?'

Dechreuodd y Cadeirydd godi, a rhoi'r gorau iddi ar y canol. 'Roedd y Sais yn prysur gael cyfieithiad ac yn prysur dynnu'i hun yn ôl. Daeth cymeradwyaeth o ambell sedd, a daeth mwy o ddychryn ar wyneb Dei. Cododd y Cadeirydd ei law.

'Wel ia.' Ceisiai ei orau glas i swnio'n ddiniwed. 'Mae 'na rwbath yn yr hyn mae'r ferch ifanc yn 'i ddweud. 'Wn i ddim pwy ydach chi chwaith.'

'Mae isio i ni fod yn ddwyieithog er mwyn iddyn nhw gael peidio â bod.'

'Roedd Sioned yn dechrau gwylltio gormod i sylweddoli ei bod yn ei hailddweud ei hun, a deuai'r arwyddion cyntaf o gynnwrf i'w llais. 'Roedd pawb ond y Saeson wedi distewi.

'Dyna ddigon!' Neidiodd Dei Gamfa ar ei draed. Ceisiodd hel y Cadeirydd yn ôl i lawr gydag ystum â'i fraich. 'Steddwch, y munud yma!' gwaeddodd ar Sioned. 'Nid eich—eich Cymdeithas yr Iaith chi ydi fa'ma!'

'A'r rheswm y mae mor bwysig iddyn nhw beidio â bod ydi am na fedran nhw ddim bod.'

Edrychai'n syth i lygaid Dei, i'w herio. Deallodd yntau hynny ar unwaith.

''Steddwch!'

'Roedd ei waedd yn mynd yn fwy croch a di-reol.

'Mi gei di ddifetha fy nos Sadwrn i, y cwdyn bach.'

Dim ond Tecwyn glywodd hynny.

'Paid â chrwydro! Dal ato fo!'

'Mae 'na gymaint o esgusion pam nad ydyn nhw'n ddwyieithog â sy' 'na o ohonyn nhw 'u hunain, ond dim ond un rheswm.'

''Steddwch!'

Daeth llais arall o rywle o'i blaen, yn llawer distawach, yn dweud wrthi am ddal ati.

'A'r rheswm ydi 'u bod nhw'n rhy ddwl i fod.'

'Eithafwyr!' Darganfu'r targedau eu llais yng nghanol y cynnwrf a'r cyfieithu. 'Fandaliaid!'

''Steddwch, medda fi!'

121

'D. W. L. Dwl!'

'Dyna ni!' 'Roedd y Sais yn codi a'i ddwrn uwch ei ben. 'Dyna wir liwiau eich Plaid chi! Ac mae gynnoch chi'r digwilydd-dra i ddod yma efo'ch eithafiaeth . . .'

'Dos yn d'ôl lle doist ti.'

Dim ond llais oer, diystyrllyd. Daeth 'clywch clywch' o rywle ac fel pe bai hynny wedi bod yn arwydd 'roedd pawb yn dechrau murmur ac yna'n codi'u lleisiau.

'Rŵan, gyfeillion.' 'Roedd yr Ymgeisydd ar ei draed a'i ddwylo'n fflipian yn argyfyngus am dawelwch o'i flaen. 'Mi ddylem allu datrys y . . .'

'Natsïaid!'

Ymdeithiodd y Sais tua'r drws. Dilynwyd ef gan gryn hanner dwsin o'i gyd-ddioddefwyr.

'I.R.A.!'

'Ia, cerwch.'

'Welsh Blydi Nash!'

Caewyd y drws â chlep. Taniwyd ceir yn ffyrnig. Trawodd rhywbeth caled, esgid neu garreg, y drws. Eisteddodd Sioned. 'Roedd un neu ddau arall yn y gynulleidfa wedi codi i fod yn barod am unrhyw ddigwyddiad. Safent braidd yn ffrwcslyd ar ôl iddi hi eistedd, heb wybod beth i'w wneud nesaf.

'Haleliwia!' Ebychiad gan Tecwyn a oedd yn arwraddoliaeth pur.

Yna aeth y gynulleidfa'n annaturiol ac afresymol o dawel, gyda'r rhan fwyaf ohoni'n edrych yn amheus ddisgwylgar ar Dei. 'Roedd yr Ymgeisydd wedi eistedd ac wedi plygu'i ben. Edrychai'r Cadeirydd hefyd ar Dei, yn barod i godi.

'Ylwch be 'dach chi wedi'i wneud!' 'Roedd ei lais yn codi bron yn sgrech. 'Naw mis! Naw mis o waith caled gymrodd i mi i egluro i Mr. Laidlaw amcanion a pholisi'r Blaid. Naw mis diarbed o ennyn digon o frwdfrydedd i'w gael o a'r cyfeillion erill yma heno i wrando.'

'Wel ia.' Gwnâi'r Cadeirydd ymdrech i fod yn hamddenol. Gwnaeth ymdrech flêr arall i hanner codi. 'Brwdfrydedd 'ta twrw oedd o, Dei? Clagwydd mewn crwc . . .'

Ni chafodd orffen. 'Roedd Dei wedi croesi i ddod o flaen y bwrdd. Pwyntiodd fraich unionsyth uchel at Sioned.

'Allan!'

'Aros lle'r wyt ti!' hisiodd Tecwyn.

''Does dim isio i ti sibrwd, 'sti,' meddai hithau'n beryglus ddi-ffrwt.

'Allan!'

'Aros am funud bach, Dei.' Gwyddai'r Cadeirydd i ba blaid yr oedd yn perthyn. Gorffennodd godi'n iawn, i gadarnhau ei farn. 'Mae'n anodd gweld bai ar neb am golli'i fynadd hefo nhw weithia. Duw a ŵyr be ddaw ohonon ni os ydan ni am roi i mewn iddyn nhw ar bob un dim bob tro.'

'Allan!'

Daliai'r fraich i fyny o hyd. Am y tro cyntaf yn ei bywyd, sylweddolodd Sioned yr awdurdod a'r pwysigrwydd yr oedd braich yn syth allan yn ei greu. Daeth ofn rhyfedd drosti. Ond 'roedd y Cadeirydd yn benderfynol o geisio tawelu'r ddrycin.

'A dyma'r brwdfrydedd 'ma'r oeddat ti'n sôn amdano fo,— wel, 'dw i'n cofio'r plant acw'n prynu'r sgidia efarlasting hynny yn Dre ers talwm. 'Roeddan nhw'n lwcus ar y diawl i'w cael nhw adra'n gyfa...'

'Sgidia? Sgidia?' Dechreuodd orymdeithio. 'Allan!'

Brasgamai i'r cefn, ei fraich ymhell o'i flaen o hyd a'i lygaid wedi'u hoelio'n wyllt ar Sioned. Daeth ebychiad argyfyngus o'i hymyl a chododd Tecwyn, yn welw. Aeth heibio iddi, i fod rhyngddi hi a Dei. 'Roedd ei ddyrnau'n dynn wrth ei ochr.

'Symud o'r ffordd!'

'Meiddia di, y basdad.' Llais tawel, peryglus.

Arhosodd y llall, fel pe bai wedi'i blycian. Daeth y fraich i lawr.

'Be galwist ti fi?'

Hanner ebychiad, hanner gwaedd, ond serch hynny, 'roedd ei gwestiwn yn ddiffuant. Ni fedrai gredu. Daeth ato, ac aros o'i flaen, bron â chyffwrdd ynddo. Sythodd.

'Be galwist ti fi?' Gwaedd o'r iawn ryw.

Rhuthrodd i'r bathodyn a wisgai Tecwyn ar ei siwmper a'i rwygo i ffwrdd.

Yna daeth chwerthin. Chwarddiad hapus, soniarus, yn afiaith peraidd. Bu'n ddigon i atal Tecwyn. Am eiliad, 'roedd yn llonni. Fi pia hwnna, gorfoleddodd, i mi mae hwnna. 'Roedd Dei Bach a'i giamocs yn prysur ddiflannu i amherthnasedd. Am eiliad.

'Dyna ti wedi colli dy streips.'

'Roedd y llais chwareus yn fiwsig pur.

'Dos â honna allan, a chliria hi dy hun!' gwaeddodd yr Amherthnasol.

Yna 'roedd llaw ar ei ysgwydd.

'Tyrd. 'Dwyt ti ddim yn gorpral, hyd yn oed.'

123

'Roedd y llygaid yn ei feddwi'n lân. Troesant yn gellweirus dosturiol ar y llall.

'Iawn, mi awn ni'n dau. Mae gynnon ni waith canfasio.'

'Byth!' Ymwthiodd heibio i Tecwyn i gael gweiddi yn ei hwyneb. ''Deith 'na'r un o'ch traed chi i ganfasio yn y lle yma! Chi ddyla fynd yn ôl lle daethoch chi!' Rhuthrodd llaw i grafangu'n egr am ei braich. ''Rydach chi'n felltith ar y lle 'ma!'

Yna 'roedd Dei Bach Gamfa ar wastad ei gefn ar y llawr a Tecwyn ar ei hyd ar ei ben yn ei bwyo. Syrthiodd dwy neu dair o gadeiriau'n swnllyd wrth gael eu gwasgaru a daeth sŵn cadeiriau eraill yn crafu'r llawr wrth i bobl godi. Rhuthrodd amryw i'w gwahanu. Llusgwyd hwy oddi wrth ei gilydd a chododd Dei gan fustachu a bathodyn Tecwyn yn dal yn dynn yn ei law a gwaed yn dechrau diferu o'i drwyn. Cododd Tecwyn gan fytheirio. Yna arhosodd, a'i anadl yn chwyrnu'n wyllt i mewn ac allan ohono. Edrychodd o'i gwmpas yn ansicr. Gwelodd yr Ymgeisydd yn syllu arnynt, wedi dychryn. Gwelodd y gwaed ar drwyn Dei. Sylwodd ar y tawelwch newydd, rhyfedd.

'Duw Duw, Dei.' Rhoes ei law allan. 'Shêc, achan.'

Trodd Dei oddi wrtho'n swta a'i gwneud hi am nodded y bwrdd.

'Tyrd.' Gafaelwyd ynddo. 'Chdi 'nillodd.'

Aethant allan, a'r sibrwd o'r tu ôl iddynt yn cynyddu fel yr aent.

'Be rŵan?'

'Mi awn am dro. Mae arna i d'isio di i gyd i mi fy hun tra byddi di'n dadferwi. Mi sgorist ti ddau gant ar y diwedd 'na.'

'Dim ond gofyn cwestiwn wnest ti.'

'Ia. Dim ond hynny.'

Gafaelodd ynddo. Daliai ef i grynu ac i anadlu'n drwm. Edrychodd braidd yn drist arni cyn plygu'i ben i orffwys, fel plentyn, ar ei hysgwydd.

'Sut wyt ti'n gallu bod mor hunanfeddiannol?' gofynnodd ef.

''Wn i ddim. Ella 'i fod o yn y teulu.'

Teimlodd hi ei chwarddiad sydyn ymollyngol ef yn cosi yr holl ffordd i lawr ei chefn.

'Fel teulu ni, felly.'

'Hidia befo. Mi siwtiwn ni ein gilydd. Mi wna i'n siŵr o hynny.'

'Wyt ti'n 'i feddwl o?'

'Ydw, ydw, ydw. Tyrd o'ma. Dos â fi i'r llwybr bychan 'na'r oeddat ti'n ei ddangos o yn y llun pnawn ddoe.'

'Ella 'i fod o wedi cau.'

'Mi gawn ni 'i weld o, 'run fath.'

Aethant. Bu'r cynnwrf a'r anadlu trwm yn hwyrfrydig o gilio. Pan ganiatâi'r cloddiau a'r tai troai Tecwyn ei ben i gymryd cip cythryblus ar y neuadd. Ni throai hi ei phen o gwbl.

'Stomp,' meddai hi yn y man.

'Stomp.' Ategiad a oedd o hyd yn bradychu'r anadlu cyflym.

'A fi ddechreuodd o.'

'Ia. Galw'r Meistri'n ddwl. Teyrnfradwriaeth.'

'Mi wnes i lanast.'

'Os ydi dweud y gwir yn golygu creu llanast, wel llanast amdani.'

'Mae 'na'r fath beth â doethineb.'

'A'r fath beth â llond bol. Ond mi fydd 'na horwth o helynt rŵan.'

'Mi fasa'n well i ti chwilio am hogan dda.'

Yna chwarddodd ef, chwarddiad go iawn, gwerthfawrogol, yn hapus afieithus. Gafaelodd ynddi a'i chodi a'i throi a'i chusanu, a dal i wneud nes colli'i wynt.

'Plant da ydi'r petha gwaetha greodd Duw erioed.'

''Rwyt ti'n dallt ei bod hi'n da-ta ar ganfasio rŵan? 'Rydan ni'n wleidydol annerbyniol.'

'Yn union fel 'tasat ti wedi cynllwynio'r peth.'

'Wyt ti'n ddig wrtha i?'

'Dig!' Chwarddodd eto. 'Ond mi awn i Dyn Ffordd yr un fath.'

'Awn. Wedyn mi wnawn ni briodi a chael yr un faint o blant â fydd gynnon ni o gyfloga i ni gael ein derbyn yn ôl i'r gorlan.'

'Roedd dau o'r syniadau yn ei gynhyrfu. Ceisiodd guddio hynny.

'Fydd hynny'n cynnwys y swyddi rhan-amser?'

Cyraeddasant y llwybr, a'i gael yn agored a thaclus. Aethant at y clawdd i edrych a oedd olion o'r hen fwthyn yn dal yno, ond ni welsant ddim ond un pentwr bychan blêr o gerrig.

'A dyna hwnna i ebargofiant.'

'Dim o anghenraid. Gwna di dy ymchwil, a 'fydd o ddim.'

Cerddasant yn araf ar hyd y llwybr. Gwelid y neuadd yn glir ohono. Gwelsant bobl yn dechrau dod allan ohoni. Aeth un neu ddau ymaith ar eu hunion ond arhosodd y rhan fwyaf i siarad.

Pwyntiodd rhywun i'w cyfeiriad ac yna 'roedd pawb wedi troi i edrych.

'Mae'n rhaid ein bod yn betha tlws i'w ryfeddu.'

'Rhed atyn nhw a dwed wrth Dei Bach bod 'na deulu neis iawn o Nottingham isio ymuno â'i Barchusblaid amlieithog o a bod arnyn nhw isio help i ddadlwytho'u dodrefn.'

*   *   *

Agorwyd iddynt gan Janw. Dim ond mymryn o'r ansicrwydd a welsai Sioned y tro cyntaf a ddaeth i'w llygaid pan welodd hi.

'Gwerthu Jehofas ydach chi?'

'Ia'n Duw.'

'Pwy sy' 'na, Janw?' O'r tŷ.

'Hogyn Meri Gertha a'r hogan ddiarth o'r Plas.'

'Wel pera iddyn nhw ddŵad i mewn.'

'Gwerthu maen nhw.'

'Hidia befo. 'Dalwn ni tro nesa.'

'Dowch 'ta. Sycha dy draed, ne' mi colbia i di.'

'Ia wir, gwrando ar y ddynas, Sioned.'

'Wrthat ti'r o'n i'n deud, y llymbar gwirion. I be llusgach chi beth fel hyn hefo chi, 'dwch?'

Gwenodd Sioned ei hateb wrth fynd dros y trothwy. 'Roedd Math wedi codi i ganol y llawr a pherodd hwy i fynd i eistedd rhwng y bwrdd a'r ffenest fel pe baent yn mynd i gael te-parti. Synnodd Sioned at y dresel sgleiniog orlawn y safai Math o'i blaen. Caeodd Janw'r drws a daeth i'r gegin. 'Roedd ffagad o dân dianghenraid yn y grât.

'Canon oedd yn deud wrthan ni am alw.'

'I be felly?'

'I seboni am bleidlais i Dyfed.'

'O. Y Tori 'di hwnnw?'

'Wel ia, siŵr Dduw.'

Symudodd Math yn ôl i'w gadair a gwelodd Sioned ef y munud hwnnw. Rhythodd arno, wedi dychryn, heb wybod beth i'w wneud. 'Roedd ei ddarlun hi—darlun Sonia Lloyd—mewn fflâm euraid ar flaen y dresel.

Ond nid ei llun hi ydoedd. 'Roedd yn amlwg ei fod wedi'i dynnu yr un adeg â hwnnw, ond yn hwn edrychai'n syth i'r camera. Ac efallai fod rhywbeth tebyg i wên gynnil ar ei gwefusau.

Ac nid llun Sonia Lloyd ydoedd o gwbl. Teimlai Sioned ei hun yn oeri gan fraw. Llun Catrin ydoedd.

''Roedd 'na gwarfod yn Pentra gynna. 'Roedd Dyfed yn siarad ynddo fo.'

''Dydi'r cyfarfodydd lecsiwn 'ma ddim fel y buon nhw.'

'Nac ydyn. Bobol annwyl, nac ydyn.'

'Digon hawdd i ti 'i gymryd o'n ysgafn, clap. 'Dwyt ti ddim yn 'u cofio nhw. 'Dydach chitha ddim chwaith, Miss . . .'

'Sioned.'

'Ia. Ia siŵr. Sioned. 'Well na rhyw Fiss ne' Fusus, 'tydi?'

Llun Catrin ydoedd. Nid Sonia Lloyd ydoedd o gwbl.

''Rydw i'n cofio'r hen gyfarfodydd. A Janw 'ma. Y neuadda'n llawn. A gweiddi. A chwffio.'

'Bobol annwyl!'

Llun Catrin ydoedd.

'Cwffio am y peth lleia.'

'Pwy fyddai'n cwffio? Janw?'

''Chwffiwn i ddim er mwyn yr un ohonyn nhw.'

Nid Sonia Lloyd.

''Roedd 'na lawar yn cael 'u talu am godi helynt. Hefo poteli cwrw.'

'Ych a fi!'

Catrin.

''Tasat ti'n cwffio mewn cwarfod lecsiwn heddiw mi fyddai pawb yn meddwl dy fod ti o dy go.'

''Rydan ni wedi ymwareiddio ers ych oes chi.'

Ac 'roedd Watcyn Lloyd wedi'i losgi o.

'Faint oedd gen ti yn dy gwarfod heno? Dyrnad?'

'Ddim ymhell o dri dwsin.'

'Oedd 'na? Dei Gamfa wedi bod yn 'u hel nhw.'

'Roedd Watcyn Lloyd wedi llosgi llun Catrin.

'Mi fedrwn gael car yma i'ch nôl chi ddiwrnod y lecsiwn.'

'Ia, un da ydi Dei. Mi fasa'n chwith i chi hebddo fo.'

A hithau wedi bod mor argyhoeddedig mai llun Sonia Lloyd ydoedd.

'Wyt ti'n fyddar, d'wad?'

'Y?'

'Deud o'n i y byddai hi'n chwith i chi heb Dei Gamfa yn ych plaid.'

'O ia.'

'Chwith iawn. Fo sy'n gwneud y gwaith i gyd.'

'O.'

Ac nid oedd cysylltiad felly rhwng y llun a'r pytiau llawysgrifen yn y llyfrgell.

'A mae o'n hen foi mor ddymunol. A hawdd gwneud hefo fo.'

'Fyddwch chi angan car?'

''Synnwn i damaid nad ydi o'n werth dau gant o bleidleisa tua'r pentra 'na. 'I ffordd o hefo pobol.'

Byddai'n gorfod ailfeddwl am bopeth o'r dechrau yn awr.

'Mi orffennodd y cwarfod yn fuan gynnoch chi. Neb fawr ddim i'w ddweud?'

'Na. 'Roedd 'na gwestiyna.'

'Maen nhw'n dweud hyd y lle 'ma fod yr hen Ddei wedi perswadio dipyn go lew o'r Saeson 'ma i roi croes iddo fo.'

'Fyddwch chi angan car?'

'Duw, be haru ti mor swta?'

''Dydw i ddim yn swta.'

'Y cwarfod ddim yn plesio?'

'Cwarfod yn iawn.'

'O. Droth 'na dipyn o'r Saeson i mewn?'

'Fyddwch chi angan car?'

Catrin aeth ar goll. Hon. Dyna beth oedd pryder y ddynes.

'Dyna i ti'r hen gwffio gwirion 'na ers talwm. 'Wn i ddim faint o les oedd o'n 'i wneud. Mwy o ddrwg, 'synnwn i ddim.'

'Mae'n rhaid i ni fynd rŵan.'

'Mynd? Newydd gyrraedd ydach chi. Janw, hulia banad iddyn nhw.'

'Na. Mae—mae'n rhaid inni fynd. 'Rydw i wedi cael ordors i fynd â Sioned adra am banad.'

'Dyna chi, 'ta. Dowch draw eto, y ddau ohonoch chi, ar ôl yr hen lecsiwn wirion yma. Ella na fydd honno'n tarfu ar dy nerfa di erbyn hynny.'

'Ia, mi ddown ni.'

Cododd y ddau. Cymerodd Sioned un olwg angerddol olaf ar y darlun cyn symud at y drws. Sylweddolodd nad oedd wedi clywed gair o'r sgwrs. Fel yr oedd yn mynd allan, clywodd lais y tu ôl iddi.

'Sioned.'

Trodd. Edrychai Janw'n syth i'w llygaid.

'Dowch draw eto. A dowch yn fuan.'

'Mi wna i.'

Aethant. Caeasant y giât fach ar eu holau, a chododd Math a Janw law arnynt cyn cau drws y tŷ. Cerddasant yn ôl tua'r pentref yn ddistaw. Cuchiai Tecwyn gyda phob cam.

'Be oedd ar y lob? 'Fedar o ddim godda Nico Bach. Mi wn i'n iawn.'

Ni chafodd ateb. Troes ati, a throdd hithau ei phen oddi wrtho. Gafaelodd yn gadarn ynddi a'i throi ato.

'Hei.'

Plygai ei phen. Ffrydiai dagrau i lawr ei hwyneb.

'Sioned! Be sy'n bod?'

Ysgydwodd ei phen.

'Dwed wrtha i!'

'Nid llun Sonia Lloyd oedd o.'

'Be?'

'Y llun. Llun Catrin ydi o.'

Yna 'roedd yn disgyn arno ac yn beichio wylo.

Ni wnaeth ymdrech i'w hatal. Daliodd hi'n llonydd, wedi dychryn. 'Roedd ganddo gymaint i'w ddysgu amdani, a hithau mor ddiamddiffyn, mor fregus mewn byd rhyfedd. Nid oedd wedi sylweddoli ei bod wedi ymgolli cymaint ym myd y darlun i'w darganfyddiad beri'r fath sioc iddi. 'Roedd ei hwylo'n ymbil am dynerwch. Ceisiodd yntau ei roi. Daeth ceir heibio, a chuddiodd hi rhagddynt gan gymryd arno eu bod yn cusanu. Rhwbiai hi ei dagrau ei hun oddi ar ei siwmper ef i geisio'i sychu, ond câi bwl arall o wylo chwerw i'w gwlychu drachefn. Yna daeth car arall heibio a chanu corn swnllyd arnynt ac ysgydwodd hi ei hun yn rhydd. Sychodd ei llygaid yn ddiamynedd.

''Rydw i'n iawn rŵan.' Edrychai'n drist a gwelw ar y dagrau ar y siwmper. 'Tyrd. Mi awn ni.'

Dechreuasant gerdded yn araf. Daliai hi i rwbio'i llygaid bob hyn a hyn.

''Tasa...'

'Be?' gofynnodd hi.

''Tasat ti'n penderfynu fod petha'n mynd yn drech na chdi ac y byddai'n well i ti adael Gartharmon, be wnei di?'

''Dydw i ddim wedi meddwl. 'Does arna i ddim isio mynd.'

''Rwyt ti'n dallt y down i ar d'ôl di beth bynnag ddigwyddith?'

'Dros y dŵr i'r Eil O Man.'

'Hyd yn oed fan'no. Ar yr amod ein bod ni'n dysgu Manaweg.'

'Inni gael llai o groeso hyd yn oed nag ym mhlaid Nico Bach.'

Daethant at y llidiardau mawr.

'Mi a' i rŵan.'

'Na, paid.' 'Roedd Tecwyn yn daer. 'Tyrd adra hefo fi. Mi 'danfonith Dad di i fyny wedyn.'

Nid oedd llawer o waith perswadio arni. Aethant hebio i'r Rheithordy heb weld neb yn dilyn eu hynt yn un o'r llofftydd, a dal ati'n dawel tuag at y pentref. Yna arhosodd Tecwyn yn stond.

'Wel yli!'

'Roedd car heddlu o flaen ei gartref. Arhosodd yn llonydd am eiliad. Yna ffyrnigodd ei lygaid.

'Mi awn ni i gwrdd â'r gyfraith.'

Dynesasant at y car. Yna gloywodd wyneb Tecwyn.

'Wyt ti'n gêm?'

'Be?'

'Aros yn fan'na yn ddistaw, ddistaw.'

Rhedodd ar flaenau'i draed heibio i dalcen y tŷ ac i'r cefn. Arhosodd hithau yng nghysgod coeden fechan nad oedd yn gysgod o fath yn y byd pe bai rhywun yn dod i ddrws neu ffenest y tŷ i chwilio. Ond daeth Tecwyn yn ei ôl mewn chwinciad.

'Cawn beintio'r moto'n ddu, hogia, peintio'r moto'n ddu.'

'Roedd ganddo dun paent a brws yn ei law. Aeth at y car a pheintio dros y gair Police i'w chwalu'n llwyr. 'Roedd digon o le ar ôl uwch ei ben a llwyddodd i gael y llythrennau HEDD yn daclus a gweladwy iawn uwchben y sgwâr du.

'Aros funud.'

'Be?'

''Fedra i ddim pledio'n euog os na fydd 'y nghydwybod i'n gadael imi wneud hynny.'

Gafaelodd Sioned yn y brws. Gwenai o'r newydd, yn hapus eto. Edrychodd yntau arni gydag edmygedd digymysg.

'Gofala na fydd 'na'r un atom o'r paent 'na ar dy fysedd di.'

'Be wyt ti'n feddwl ydw i? Prentis?'

Gorffennodd hithau'r LU mewn llythrennau yr un mor daclus.

'Dyna ni. Cywaith. Mi gawn rannu'r wobr.'

'Beth am yr ochra?'

Rhoes Tecwyn gip brysiog at y tŷ.

'O'r gora 'ta. Brysia. A phaid â cholli'r un mymryn.'

Cawsant lonydd anghyffredin i orffen eu gwaith.

'Dyna ni.'

'Lle cuddiwn ni'r tun?'

'Tyrd â fo.'

Diflannodd Tecwyn eilwaith. Yna, 'roedd ei ben yn dod heibio i dalcen y tŷ i amneidio arni.

'Mi sleifiwn ni drwy'r cefn. Mae'n rhaid i ti olchi'r olion dagra 'na ne' mi fydd 'na hen groesholi.'

Aethant i'r cefn yn ddistaw, ac i mewn i'r gegin fach. Daliodd Tecwyn ddesgil o dan dap a gollwng dŵr yn araf iddi.

'Diolch.'

'Gad i mi wneud.'

Tynnodd ef dafell o bapur o rolyn a'i wasgu yn y dŵr. Glanhaodd ei hwyneb yn dyner araf, a'i chusanu bob yn ail. Sychodd yr wyneb fesul mymryn gyda lliain glân, gan fynd dros bob amlinell ohono wedyn gyda'i fysedd. Gwasgai hithau ef. Rhoes ei ddwy law ar ei bochau a'u mwytho.

''Waeth gen i am na darlun na chyn-Sioned yn sgrechian ar lechan las, 'rydw i'n dŵad hefo chdi i ble bynnag yr ei di. Wyt ti'n 'y nallt i?'

'Ydw.'

'Costied a gosto.'

Cymerodd hynny gadarnach ymdrech i'w ategu.

'Costied a gosto.'

''Chawn ni ddim rhannu'r un gell heno chwaith.'

'Rhaid inni 'i gadw o i siarad rŵan tra bydd y paent yn sychu.'

'Ia, ne' mi fydd pryfaid wedi glynu ynddo fo wrth iddo fo fynd yn ôl i'r Dre. Mi 'drychith yn hyll.'

Agorodd drws yn sydyn.

'A fa'ma'r wyt ti yn llyfu ac yn llechu, y Tomi Ffâr gwirion, y penbwl diawl!'

Buont wrthi am hydoedd yn egluro. 'Roedd yr heddwas yn ddigon digyffro ac yn amlwg yn gweld yr ochr ddigri, er ei fod yn gyndyn o ddangos hynny. Mr. David T. Humphries o'r Gamfa oedd wedi gwneud cwyn swyddogol i'r heddlu am fod un Tecwyn Hughes wedi ymosod arno a'i fwrw i'r llawr mewn cyfarfod etholiadol yr oedd ef wedi'i drefnu ar ran plaid wleidyddol. Gwnaeth y Tecwyn Hughes ddatganiad maith a manwl yn llawn o eiriau ac o ymadroddion amryliw a bu'r heddwas yn crafu llawer ar ei ben wrth geisio glastwreiddio digon ar y llifeiriant i'w wneud yn addas ar gyfer sarjant blin ac ynadon parchus. O'r diwedd, er tragwyddol ollyngdod i'r heddwas, gorffennodd y parabl. Dyna'r pryd y mynnodd un Sioned Davies hithau wneud datganiad hefyd.

Aeth y fam i wneud te. Eisteddai'r tad yn ei gornel yn gwenu'n swil. Yfodd yr heddwas a sgrifennu bob yn ail.

131

Arwyddodd Sioned Davies y datganiad. Aeth y fam â'r heddwas i'r drws, a sleifiodd dau i fyny'r grisiau.

Cerddodd yr heddwas i'r ffordd. Trodd at y car. Cerddodd ato. Arhosodd yn sydyn pan oedd ar fin agor y drws. Rhythodd. Plygodd, o'r golwg. Cododd. Aeth at gefn y car, ac wedyn i'r ochr arall. Rhoes ei ddwrn ar ei dalcen fel pe mewn gweddi. Aeth i'r car. Cododd ffôn, a siarad. Rhoes y ffôn yn ei ôl. Eisteddodd yn ei unfan gan guro'r llyw yn araf ysgafn â'i fysedd. Cyn hir, agorodd y drws, a daeth allan. Sleifiodd dau i lawr y grisiau.

'Daliwch ych dwylo allan. Yn fa'ma o dan y gola.'

Pedair llaw lân a diniwed yn agor a chau, yn troi drosodd ac yn ôl, ac yn cyffwrdd, o dan olau trydan y gegin. Nid oedd Tecwyn wedi gweld ei dwylo o'r blaen, yn ystyr odidog lawn y gair. Rhyfeddai nes teimlo'i hun yn gwegian. O'r diwedd, cododd ei olygon o'r dwylo i'r llygaid. Daliodd i edrych tra bu'r heddwas yn archwilio'i lewys a'i siwmper, ei drowsus a'i esgidiau. Daliodd i edrych tra bu'r heddwas yn archwilio, braidd yn betrus ac ymwybodol, y dillad a orffennai ym mherffeithrwydd y dwylo diniwed eraill.

'Gwisgo menig oeddach chi. Nabod ych tricia chi'n iawn.'

'Mae'n fis Mai, Cwnstabl. Lle gwelsoch chi fenig ym mis Mai?'

'Dim o dy glyfrwch di, was, ne' mi a' i â chdi i mewn rŵan hyn!'

'Cwnstabl, mae'n amhosib cael menig ym mis Mai. 'Fydd y Loj ddim yn cwarfod eto tan ar ôl troi clocia.'

'Un gair eto!'

'Roedd y llygaid yn dweud wrtho am gymryd pwyll.

'Oedd y car wedi'i beintio pan ddaethoch chi'n ôl gynna?'

'Oedd.'

'Ydach chi'n siŵr?'

'Yn hollol siŵr.'

'Pam na ddwedsoch chi hynny?'

'Be 'dach chi'n 'i feddwl?'

'Pam na ddwedsoch chi wrtha i fod rhywun wedi peintio Heddlu ar draws y car?'

''Roeddan ni'n meddwl mai chi ddaru.'

'Be?'

''I weld o mor daclus. 'Roeddan ni'n meddwl fod 'na newid polisi wedi digwydd.'

''Rarglwydd!'

132

'Mam, pam oeddach chi'n bygwth plismon arna i bob tro'r o'n i'n rhegi ers talwm?'

'Garat ti i mi fygwth rwbath arall arnat ti?'

Cafodd yr heddwas ganiatâd parod a chynorthwygar i chwilio'r cefn, yr ardd, a'r ddau gwt. Bu'n busnesa hefyd dros wrychoedd ac mewn gerddi eraill. Archwiliodd y bin lludw'n drwyadl a blin.

'Oes arnoch chi isio dau ddatganiad arall?'

'Cerwch i'ch gwlâu, bendith Dduw i chi.' Brasgamodd at ei gar a'i baent. 'A gofalwch mai gwlâu ar wahân fyddan nhw.'

Aeth y car, heb ddangos gormod o barch i'w deiars. Gafaelodd Tecwyn ynddi.

'Byth. Wyt ti'n 'y nallt i?'

'Ydw.'

'Roedd y tad a'r fam wrth eu hochrau, yn gwrando'n ddigyffro arnynt, wedi synhwyro eu bod yn deall. Ac wrth ddilyn y ddau yn ôl i'r tŷ nid oedd yn syndod i'r un ohonynt fod y naill wedi chwilio am law y llall.

*   *   *

Canodd y ffôn. Amneidiodd Janw.

'Fo.'

'Ia, de'cini.'

Cododd Math ac aeth at y cwpwrdd bach ger y dresel. Eisteddodd, a chodi'r ffôn.

'Wel?' 'Roedd y llais yn llawn chwerthin eisoes.

'Wel, Refrand.'

'Be ddigwyddodd?'

'Difyr iawn.' Chwarddai Math. 'Mi gymrodd o bethau'n ddigon detha pan ddechreuis i arni i sôn am hen gyfarfodydd.'

''Chymrist ti ddim arnat?'

'Dim o gwbwl.' 'Roedd y diawl bach yn chwarae'r gêm cystal â minna, nes i mi ddechra brolio Dei Bach. Dyma hi'n gau.'

'Be ddwedodd o?'

'Mi synnat cyn lleiad. Troi'r stori bob gafael. 'Roedd o fel 'tasa'i din o'n berwi gan gynrhon. 'Ro'n i'n teimlo'i figyrna fo'n glasu dan bwr'.'

'A soniodd o ddim am yr helynt?'

'Dim ebwch.'

'Beth am Sioned?'

'Sioned?' Sobrodd. ''Ddwedodd hi'r un gair o'i phen. Dim ond syllu a syllu ar lun Catrin. 'Roedd hi fel—fel 'tasa hi wedi'i syfrdanu.'

Cododd Janw'n ebrwydd a phlycian y ffôn oddi arno.

'Peredur?'

'Ia?'

'Mae arna i isio gwybod be ddigwyddodd i Catrin.'

'Oes.' Gwyliadwrus.

'Ond nid ar draul yr hogan fach 'na. Wyt ti'n gwrando?'

'Ydw, Janw. Trystia fi. Mi fydd Sioned yn iawn.'

'Gofala di hynny.'

'Janw? Gwrando.'

'Be?'

'Os down ni o hyd i'r gwir, mi fydd yn rhaid inni 'i gymryd o i gyd. 'Chawn ni ddim dewis a gwrthod pytia. Wyt ti'n 'y nallt i?'

Rhoes Janw'r ffôn yn ôl i Math.

*   *   *

Daeth cnoc swil ar y drws.

'Mewn!'

Agorodd y drws a daeth bachgen tua deuddeg oed i mewn.

'Ie?'

'Mae—mae Mr. ym—mae'r Prifathro isio gweld Tecwyn Hughes, Syr.'

Amneidiodd yr athro. Cododd Tecwyn a llwa'i ffordd tua'r drws. Edrychodd y bachgen i fyny i'w wyneb gyda chymysgedd o barchedig ofn a thosturi.

'Be sy' arno fo'i isio?'

''Ddwedodd o ddim. Dim ond gwasgu 'ngwar i a deud wrtha i am styrio. Yr hen uffar creulon.'

Aeth y bachgen ymaith gan dynnu'i fys ar hyd y mur ar ei ôl. Trodd Tecwyn i'r cyfeiriad arall a hamddena ar hyd dau gyntedd. Daeth at ddrws, a churodd arno. Byddai'r ymateb yn dibynnu'n ddi-os ar ryw gyfuniad annirnadwy o dymer a throsedd. Gellid weithiau gael cyfarchiad diymdroi o'r ochr arall, o amrywiol ansawdd. Neu fe allai'r drws agor y munud hwnnw a byddai gorchymyn cwta i aros yno'n cael ei ddilyn gan gyfnod a allai fod cyhyd â hanner awr, hyn eto'n dibynnu ar yr un cyfuniad. Trosedd un a thymer y llall. Hei ho.

Agorodd y drws yn ddirybudd. Rhoes yntau lam fewnol

gynnil. Nid bod arno ofn. 'Roedd pen yr yrfa'n rhy agos i hynny.

'Tecwyn. Dowch i mewn.'

Lledobeithiol hyd yma. Cofiai amseroedd dieiriau, pan fyddai llaw gafael cranc wedi ymdreiddio i'w gnawd a'i hyrddio i'r arteithfa.

''Steddwch.'

Steddwch? Nefoedd yr adar! Be ar wyneb daear? A glywyd y fath air erioed? A oedd yn dyst i ffrwyth Cwrs Ehangu Geirfa Athrawon Hŷn? Neu a oedd Geiriadur Prifysgol Cymru wedi cyrraedd S?

'Ym—diolch, Syr.'

'Rŵan 'ta. Pa mor ddoeth ydi mynd allan gyda'r nosau a'r arholiada o fewn wythnos?'

'Syr?'

'Mae gynnoch chi oes gyfa o'ch blaen i wleidydda. Oedd raid mynd i gyfarfod lecsiwn neithiwr?'

Nico annwyl ei di drosta i ar dy ben yn erbyn tanc?

'Mi fûm i'n gweithio drwy'r pnawn, Syr. O un tan chwartar i saith yn ddi-stop.'

'O? 'Doeddach chi ddim yn yr ysgol, felly?'

'Oeddwn, yn bora, Syr. Mi ges i ganiatâd i fynd adra amser cinio am nad oedd gen i ddim yn pnawn.' Mae hanner y gwir yn well na dim. Wel, traean. Bydd ddiolchgar dy fod yn cael cymaint â hynny, Sami Smel. 'Gan Mr. Roger Rowlands.'

'Sut?'

'Y ces i ganiatâd.'

'O?'

Awgrym o syndod?

'O!'

Peth crwn a thwll yn 'i ganol o ydi'r llythyren o-ho-ho.

'Mi ffoniodd 'na ddyn yn un swydd acw neithiwr. Be ddigwyddodd, Tecwyn?'

'Arno fo'r oedd y bai, Syr. Mi 'ddylis i 'i fod o am ruthro Sioned.'

'Sioned.'

''Roedd o wedi gafael ynddi hi, Syr. Rhoi 'i hen facha... Mi ofynnis i iddo fo ysgwyd llaw, Syr, ar y diwadd. Fo wrthododd.'

'Hm. Pwy ydi Sioned?'

A! Mi fedra i atab hwnna, ond 'ddallti di ddim.

''Y nghariad i, Syr.'

135

Yr un â'r dwylo perffaith, sy'n gwybod sut i anwesu a chofleidio a pheintio'r glas yn ddu. Yr un â'r llygaid perffaith sy'n wylo weithiau ond sy'n gallu dweud wrtha i a neb arall be mae hi'n 'i deimlo. Yr un â'r corff perffaith, annwyl, cynnes, yr ydw i am gael ei weld o cyn bo hir. Mi fedra i aros. Yr un sy'n 'y nhrin i fel—fel bod dynol, yn wahanol i Feistri Mostyn y Gyfundrefn Addysg ac Uchelswyddogion gwleidyddiaeth lipa. Yr un sydd angen help am fod rhyw orffennol yng Ngartharmon yn bygwth ei thynnu hi'n gareia. Ond 'chaiff hynny ddim digwydd. 'Chaiff hynny ddim digwydd.

'O. Eich cariad.'

'Ia, Syr.'

Mae 'na ffordd o ddweud cariad a mae 'na ffordd o ddweud piso cath. Mae hynny o reswm sy' gen i'n dweud y dylai'r ddwy ffordd fod rom bach gwahanol i'w gilydd. Ond dyna fo. Mi ddwedis i na fasa fo'n dallt.

'Sioned. Hm. A be ddigwyddodd i—ym—Rhianwen?'

Yr Arglwydd a'n gwaredo! Sami Smel! Pwy arall o drigolion daear lawr a nef a fyddai'n cropian ar 'i bedwar ac wysg 'i din yr holl ffordd i Sain Ffagan i chwilio am newyddion?

'Mae 'na lawer o betha wedi rhyw droi ers hynny, Syr. Y rhod a ballu.'

'O.'

Peth crwn a...

''Roedd o'n dweud 'i fod o wedi bod at yr heddlu.'

'Do, mi ddaru. Mi fuo 'na un acw.'

'A mi fydd 'na achos yn eich erbyn chi?'

Terfysgaeth, gwrthryfela, annog apartheid, cynllwynio i afael mewn tun paent, cynllwynio i afael mewn brws paent. Un dau tri pedwar pump chwech meddai clychau.

'Mae'n ddigon posib, Syr.'

'Hm. 'Roedd y dyn fu ar y ffôn neithiwr mor wyllt,—'roedd o'n beio'r ysgol yma'n fwy na dim arall. 'Roedd o mor ffyrnig fel y darfu i mi ffonio nifer o bobl eraill i gael cymaint o'r stori lawn ag y medrwn i.'

'Do, Syr?'

'Do. 'Roedd fersiwn pawb arall dipyn yn wahanol.'

Pa beth yw hyn?

'Rŵan, Tecwyn, 'rydach chi'n gwybod 'mod i'n gredwr cry mewn disgyblaeth.'

'Rwyt ti wedi gweithredu digon arno fo, yr epa, beth bynnag am 'i gredu o.

136

'Ydw, Syr.'

'Ond 'dydi disgyblaeth heb degwch yn dda i ddim.'

Wel, wel! Clywch chi ni! Mr. Chwarae Teg 1877.

'Syr?'

'Tegwch a synnwyr cyffredin.'

'Ia, Syr.'

Mae hwn wedi bod yn darllen rhyw bamffled yn rhwla. Maniffesto'r R.S.P.C.A.

'Mi fyddwn i'n tybio y byddai'r dyn yma'n tynnu'r cyhuddiad yn ôl pan ddaw o at ei goed, yn enwedig wrth bod enw da ei blaid o'n gysylltiedig â'r peth, a'r lecsiwn mor agos.'

Bu farw dau gyhuddiad bach gan adael dim ond deg.

'Ella, Syr.'

'Ond os na wnaiff o, mi fydd yn rhaid i chi fynd i'r Llys Ynadon.'

'Bydd, Syr.'

Regina a'r byd *v* fi. A Sioned. Mae'n iawn, felly.

'Os digwydd hynny, mi ddo' i yno i siarad o'ch plaid chi.'

'Iesu bach!'

'Sut?'

'Ym—diolch, Syr. Diolch yn fawr iawn.'

'Ond gweithio o hyn allan, ia?'

'Ia, Syr.'

'Wel dyna ni. O leia mi fydd gynnon ni wrthblaid os sefyldlir hunanlywodraeth y mis nesa.'

'Syr?'

'Gwrthblaid un-dyn. A'i gariad.'

'Ia, Syr.'

'Mae'n well i chi fynd yn ôl i'ch gwers rŵan.'

Sami, o Sami. Cynifer o flynyddoedd yr ydwyf wedi bod yn yr Academïa o dan dy adain ac ni roddaist un amser arwydd bod unrhyw beth amgenach na saim 'lwynion trên yn llifo drwy'th wythiennau india-rybyr, a phan droseddais yn erbyn dy orchmynion ni ddangosaist erioed na maddeuant na thrugarowgrwydd dim ond saethu'th ddedfrydau dicllon yn ddidostur a diymdroi fel fflamau'r uffern fawr ei hun. Ond wele drugaredd a chyfiawnder yn ymraeadru o'th gorpws megis pelydrau'r haul ar ôl ystorom neu buraf seiniau ehediaid bychain y nefoedd ar doriad gwawr. O Sami, maddau. O Smeli, mor annheilwng fy meddyliau gynt.

'Diolch yn fawr, Syr.'

'Dyna ni.'

Agorwyd y drws iddo. Agorwyd y drws iddo! Sami Sme—
Mr. S. Pritchard, M.A., M.Ed. yn codi o'i ddesg, yn cerdded
heibio iddi, yn cerdded eto gryn saith cam tuag at y drws yn un
swydd er mwyn ei agor iddo fo!

'Diolch yn fawr iawn, Syr.'

'Roedd y glusten a gafodd yn ddigon i'w hyrddio ar draws y
cyntedd. Yn syth bin 'roedd llaw wedi gafael ynddo a'i droi fel
pe bai'n gorcyn potel. 'Roedd y llais a'i cyfarchodd yn cymryd
yn ganiataol ei fod wedi gadael ei glustiau, heb eu glanhau, ym
mhen arall y sir.

''Roedd Mr. Roger Rowlands yn ei wely drwy ddydd Sul a'i
wres o'n gant a thri!'

Clusten.

''Roedd Mr. Roger Rowlands yn ei wely drwy'r dydd ddoe
a'i wres o'n dal i fod yn gant a thri!'

Clusten.

'Ac mae Mr. Roger Rowlands wedi aros yn ei wely eto
heddiw yn y gobaith y bydd ei wres o wedi dod i lawr erbyn heno
i rywbeth fel cant!'

Clusten.

'Cerwch am y dosbarth 'na!'

Cic.

Sami Smel. Yr un ddoe, heddiw, fory, ac yn dragywydd.

*　　　*　　　*

'Roedd y llais yn ei phen. 'Roedd y llais ym mhobman. Llais
a oedd yn mynd yn fwy annymunol o funud i funud. 'Roedd
wedi ei tharo gyntaf fel yr oedd yn rhoi ei phen ar y gobennydd
y noson cynt a hithau ar ddechrau ailfeddwl popeth ynglŷn â'i
llun o'r dechrau un. 'Roedd wedi'i hatal rhag cysgu tan oriau
mân y bore. Nid oedd damaid gwell ar ôl iddi godi. Ceisiodd
amrywio'i gwaith. Ceisiodd ganu wrthi'i hun. Ond drwy'r
cyfan 'roedd un dyn yn gafael yn egr yn ei braich ac yn ei brifo
hefo'i fysedd ceimion a'i ewinedd caled. Ac nid oedd dim ond
casineb noeth yn ei lygaid a'i lais.

''Rydach chi'n felltith ar y lle 'ma.'

PENNOD 7

'Roedd tymer ddrwg arni. Buasai wrthi am ddau ddiwrnod cyfan yn chwilio ac yn chwalu drwy'r seler ac nid oedd damaid elwach. Cawsai brofiadau eraill, annymunol bob un ohonynt, yn ei thynnu i'r gwaelodion nes gwneud iddi deimlo fel hen gant erbyn nos. Nid oedd wedi gweld Tecwyn er nos Lun ac nid oedd hynny'n plesio chwaith. 'Roedd yn argyhoeddedig mai syllu allan drwy ffenest ei lofft yr oedd ef yn ei wneud yn hytrach na gweithio p'run bynnag. Ysai am gael ei weld, a'i gyffwrdd. 'Roedd eu hanturiaethau nos Lun yn gofyn am eu cael gyda'i gilydd i swcro'i gilydd.

'Roedd eu hanes ym mhobman, ym mhob twll a chornel. Triniai Rhodri a Lleucu hi fel un o arwyr mawr yr oesoedd. Codai Cetyn ei ddwylo uwch ei ben a gweiddi ar ei fam bob tro y gwelai hi. Daethai stori peintio'r car i'r amlwg hefyd a deuai pawb i'r un casgliad â'i gilydd amdani. Erbyn amser cinio dydd Mawrth 'roedd rhaglen newyddion y radio wedi cael achlust fod yr heddlu'n ymchwilio i ddau ddigwyddiad. Chwarddodd hithau, a bu hynny'n gystal cyfrwng â dim i gael y llais annymunol hwnnw o'i phen. Ganol y prynhawn cyrhaeddodd llond dau gar o bobl teledu. Sgrialodd pawb ond Cetyn i'w ffeuau. Troes yntau'n fud a byddar byrfyfyr a'u cadw yno am dros awr nes eu bod erbyn y diwedd wedi mynd i ffraeo ymysg ei gilydd lawn cystal, o ran ffraeo, â dim a glywyd yn y neuadd y noson cynt. Daliai yntau i wneud stumiau ac arwyddion hanner dealladwy yn eu hwynebau a gwenu'n ddel ddiniwed ar y ffraeo. Ac 'roedd Cetyn yn gwneud hynny i gyd er ei mwyn hi. Llonnai gan werthfawrogiad.

Ond nid y bore hwn. Nid oedd gwerthfawrogi yn ei meddwl wrth iddi grafu brecwast. Bu'r noson cynt yn oer a gwyntog, a hwnnw'n wynt gogledd fel gwynt Mawrth. Gwnaeth hithau dân coed a mynd i un o'r cytiau i nôl rhagor o flociau, a chael profiad dychrynllyd arall ynddo, bron mor ddychrynllyd â hwnnw ar y llechen, heblaw nad oedd, hyd y gwyddai, wedi gweiddi. Dechreuai'r profiadau fynd yn boen arni; gwaethygent yn raddol, a hynny yn hytrach na'r profiadau eu hunain a fu'n gyfrifol am noson anesmwyth arall eto fyth.

Gwrandawai ar y newyddion ar y radio. Aeth blas gwaeth ar ei brecwast wrth iddi sylweddoli'r hyn a ddarlledid. 'Roedd

Ceidwadwr wedi awgrymu neu annog y dylai'r Llywodraeth nesaf ddod â cherdyn adnabyddiaeth i bawb, pob copa walltog, i'w gario gyda hwy fel eu calonnau o'r crud i'r bedd. 'Roedd y rhaglen wedi mynd i un o drefi Cymru i gael yr hyn a alwai hi yn ymateb y cyhoedd. Anghofiodd Sioned am ei brecwast wrth i'r naill ddiniweityn ar ôl y llall frolio'r syniad. Arswydai a digalonnai.

Cododd, yn ddiflas. 'Roedd wedi cael syniad o sut i gael ei llun yn ôl wrth syllu i'r tân y noson cynt. Arwydd da oedd fod y syniad yr un mor ymarferol yn y bore. Tua deng mlynedd ar hugain ynghynt 'roedd helynt Catrin wedi llenwi'r papur lleol yn ddiamau. Y Dref oedd cartref y papur, felly 'roedd llun Catrin yn y Dref. Mor syml â hynny.

Mor syml â hynny hefyd oedd darogan y byddai pob bws i'r Dref yn llawn am ei bod yn ddiwrnod marchnad. Ped arhosai bws wrth lidiardau'r Plas i'w chodi hi go brin y byddai angen gofyn testun y sgwrs gyfansawdd oddi yno i'r Dref. Diffoddodd y radio a phrysurodd allan.

Cafodd hyd i Gwydion cyn iddo gychwyn. Nid oedd ef wedi bod yn y cyfarfod nos Lun ac nis gwelsai ers yr helynt. 'Roedd Gwydion o ddifri calon ynghylch ei wleidyddiaeth a'i ganfasio ac ni fyddai'n syndod o gwbl pe bai ei ymateb ef yn llawer mwy difrifol na'r lleill.

Ond nid oedd angen iddi boeni. 'Roedd yn falch o'i gweld.

'Mi ddois i yma'n hunanol i gyd i ofyn am reid i'r Dre a dim arall.'

''Does 'na ddim yn hunanol yn hynny.'

'Oes. 'Doeddwn i ddim ar feddwl dy helpu di. Fydd hi'n brysur arnat ti?'

'Bydd.'

'Mi weithia i hefo chdi heddiw, felly.'

Aethant i'r fen, a chychwyn. 'Roedd aroglau'r planhigion yn ei llenwi ac yn ei hatgoffa'n syth o'i diwrnod cyntaf yn y farchnad. Rhoes Gwydion ei ben allan i weiddi ar Rhodri yn y pellter na fyddai Sioned ar gael i glarcio am y dydd. Cododd yntau ei fawd.

'Tec Bach yn cofio atat ti. Mi fûm i yno neithiwr.' Trodd ati, a gwenu. ''Ddrwg gen i, Tecwyn.'

''Dydw i ddim wedi'i weld o . . .'

'. . . ers nos Lun. 'Roedd y peth fel marwnad ar 'i wefusa o.'

'Arholiada.'

'Ia. Am 'u gwerth. Dyna ydi'r holl stiwardio mae'i fam o'n 'i

140

wneud, ar ôl iddo fo'u methu nhw llynadd. Hidia befo, pythefnos arall a mi'i cei o i gyd. Pam mae arnat ti isio mynd i'r Dre mor gynnar?'

''Does arna i ddim. Isio osgoi'r bws.'

'O. Nos Lun.'

Efallai fod y ddau mor ansicr â'i gilydd beth i'w ddweud nesaf.

'Arna i 'roedd y bai.'

'Faint o amsar gymrodd o i ti?'

'Be?'

'I fynd rownd Lloegr i berswadio cymaint ohonyn nhw i ddŵad i fyw yma?'

'Ia, ond mewn cwarfod gwleidyddol...'

''Rwyt ti'n dechra mynd i siarad fel Dei Bach. Mi fydd yn rhaid i mi gael gair hefo Tecwyn.'

'Gwylltio ddaru mi. 'Roedd 'na lwyth arall newydd gyrraedd.'

Aethant heibio i Dyn Ffordd. 'Roedd y drws wedi'i gau.

''Rwyt ti'n swnio fel 'tasa hi'n edifar gen ti.'

'Wel mae'r peth wedi mynd dros ben llestri, 'tydi? Y teledu, y radio,—mae pawb wedi rhuthro am y stori.'

'Pa ddrwg neith hynny? Sôn am betha go iawn mewn lecsiwn am newid.'

'Ia, ond mae 'na ffordd,—mae 'na ddull...'

''Rydw i'n meddwl mai'r gair 'rwyt ti'n chwilio amdano fo ydi cwrteisi.'

'Y?'

'A pharchusrwydd. Ac ewyllys da. Y tri hyn.' Cododd ei law at ei wddf. ''Rydan ni at fa'ma ynddyn nhw. Mi fydd hi'n broblem i gael y tri yn daclus hefo'i gilydd ar ein cofadail ni.'

Arafodd y fen i aros o flaen goleuadau dros dro. Nid oedd angen i Gwydion godi cymaint ar ei lais wedyn.

'Mae cwrteisi a pharchusrwydd sy'n cael 'u dangos ar draul hunan-barch yn waeth na phuteindra.' 'Roedd mor bendant fel y teimlai hi y byddai'n ei sarhau pe bai'n ei ategu. Cychwynnodd y fen drachefn a chododd ei lais. ''Does dim angan i ti fod yr un iotyn yn edifar am be ddigwyddodd.' Chwarddodd. 'Nac am y grefftwaith.'

'Ydi hi mor amlwg â hynny?'

'Ydi, debyg. Dyna un gorchwyl ges i neithiwr. Mynd ag un tun paent ac un brws i'r goedwig i gynnal gwasanaeth angladdol uwch 'u penna nhw. Mae 'na rwbath yn dweud wrtha i nad ydi'r

Glas ddim wedi gorffan efo chi'ch dau eto ac mae'n well i'r dystiolaeth fod o dan y bwtias.'

Cynhyrfodd.

'Fan'no claddist ti nhw?'

'Ia. Mi roist ti a dy gariad y du dros y glas a mi rois inna fo odano fo. Dyna pam yr es i'n un swydd i'w gladdu nhw yno a gwneud seremoni ohoni. Yr un chwara teg i'r ddau liw.'

'Tynnu 'nghoes i 'rwyt ti.'

'Dim o gwbwl.' Rhoes gip llawn direidi arni. ''Roedd hynny'n well na'r gorchwyl arall oedd ar 'y nghyfer i.'

'Be?'

''Roeddwn i'n un o gynrychiolaeth oedd wedi'i phenodi o leoedd uchal iawn i fynd at Dei Bach Gamfa i ofyn iddo fo—ar dy ran di a Tecwyn—ailystyried ynglŷn â dŵad ag achos yn ych erbyn chi.'

'Be?' Y peth nesaf at waedd.

'Hidia befo.' Chwarddai Gwydion. ''Des i ddim. A mi fu'n rhaid newid bron pob un o'r amoda cyn yr âi neb arall chwaith, a dŵad ag amball air fel callio i mewn i'r drafodaeth. 'Wn i ddim be ddigwyddodd.'

'Ydi Tecwyn yn gwybod am hyn?'

'Ydi. Pwysedd gwaed, hwnna ydi o.'

Pan gyraeddasant y dref 'roedd Sioned yn dal i fod ymhell i ffwrdd ynghanol ei bwtias. Y peth cyntaf a welsant yn y farchnad oedd cwffas. Pan drodd Gwydion y fen i mewn dyna'r lle'r oeddynt, o leiaf bedwar, ar bennau'i gilydd ynghanol stondinau wedi hanner eu codi. Clywent weiddi a rhegi am y gorau. Ciliodd un yn sydyn a'i law dros ei lygaid cyn rhuthro i'r canol drachefn gan ddefnyddio dyrnau a thraed. Ni ddangosodd Gwydion yr un arwydd o syndod.

'Cwarfod gwleidyddol.'

'Diawl!'

Yn raddol ymgynullai tyrfa o wylwyr o amryfal dymherau i wylio'r gweithgareddau, gydag ambell un yn cyfrannu ac yn cilio yr un munud. Câi un hwyl iawn a chwarddai dros y lle. Trodd rhai o'r lleill arno a dechreuodd yntau weiddi gan fygwth dechrau is-gwffas yn y fan a'r lle. Ond yna rhedodd un arall atynt o rywle y tu ôl i'r fen a daeth dau heddwas ar ei ôl, ychydig yn fwy hamddenol.

'Gofyn iddyn nhw ble mae'r car.'

'Ydi hi fel hyn yma bob dydd Iau?'

'Ydi, y rhan amla. Un wedi dwyn modfadd o stondin y llall,

ne' wedi mynd â'i damad o oddi arno fo neithiwr. Dibynnu'n llwyr faint oeddan nhw'n fodlon 'i dalu i'r lodesi. Mi fyddan yn chwrnu ar 'i gilydd rŵan drwy'r bora nes byddan nhw wedi hel digon o bres i gael rhoi 'u meddylia ar y rheini.'

Llwyddodd y ddau heddwas i atal y cwffio, ond 'roedd y gweiddi a'r bygwth yn dal yr un mor groch am ysbaid wedyn. Deuai rhybuddion di-flewyn-ar-dafod o enau'r ddau heddwas fel ei gilydd a llwyddasant yn raddol i ostegu'r sŵn a chwalu'r gynulleidfa. Yna, yn ddirybudd, rhuthrodd stondinwr i wddf un o'r heddweision. Yr eiliad nesaf 'roedd yn llyfu'r llawr ac un heddwas yn eistedd arno fel pe bai'n ymbaratoi i gael picnic tra oedd y llall yn rhoi cyffion am ei arddyrnau. Wedi'i lonyddu, llusgasant ef ar ei draed yn ddiseremoni a'i hyrddio o'u blaenau.

'A chofiwch mai cefndar i chi yw'r ffeitar,
Mae'r cynfas o hyd yn dewach na'r carchar.'

'Be?'

'Barddoniaeth aruchel. Dyma nhw, yli.'

'Roedd y gynulleidfa wedi'i hethol ei hun yn gymodwr i ymbil ar ran y pechadur. Daethant ar ôl yr osgordd gan neidio a throelli o'i chwmpas fel plant drwg o flaen Santa Clôs masnachol, yn clebar a dawnsio ar draws ei gilydd. Ysgydwai'r ddau heddwas hwy a'u dadleuon i ffwrdd gyda'u breichiau ond nid ymddangosai'r dyrfa'n fodlon i hynny gael tycio. Tynnodd un heddwas bastwn yn sydyn, a'i ddal o'i flaen am eiliad cyn dechrau ei anelu at bob un yn y dyrfa yn ei dro.

'Y Gyfraith a'r Drefn yw'r Meistri diysgog,
Mae'r pastwn o hyd yn dewach na'r penglog.'

'Gwydion Cocos!'

Ond ef oedd yn iawn. Trechodd y pastwn. Gadawyd yr ymladdwr i'w hynt a dynesodd yn sorllyd tuag atynt a'i ddau hebryngwr yn dynn ynddo. Tynnodd Sioned ei gwynt ati'n sydyn, a phwyntio at yr un ar y dde.

'Plismon ni ydi hwn!'

A dyna'r union eiliad yr adnabu plismon ni hithau. Rhythodd arni wrth ddynesu, wedi gweld ei bys yn anelu ato ef. Arhosodd wrth y ffenest agored. 'Roedd y boen yn llygaid y stondinwr yn arwydd eglur o natur y gafael ynddo. Gafaelai'r heddwas yn ei bastwn o hyd a daliodd ef o fewn modfedd i'w hwyneb, a thynnodd hithau ei hun yn ôl yn reddfol.

''Dydw i ddim wedi gorffan hefo chdi, 'mach i.'

'O?'

143

'Nac ydw. Ddim o bell ffordd. Nac hefo'r cyw maliffwt o gomidian drama cegog 'na sy'n cwna o dy gwmpas di chwaith.'

'Bobol annwyl! Inspector!'

Chwyddwyd y mymryn lleiaf un ar y pen y tu ôl i'r pastwn, a daeth ffrwydrad trwynol bychan o'r sedd wrth ei hochr.

'Mi'ch ca' i chi. A phan ga' i chi—pan ga' i chi, mi fyddwch chi i mewn. Ac i mewn y byddwch chi!'

'Hwnna'n swnio fel pôs.'

'Pôs? Pôs, ia? Wel gwrando. Mi fydd gen ti ddigon o amsar i'w ddatrys o pan fydda i wedi gorffan hefo chdi.'

Tynnodd ei bastwn yn ôl. Plyciodd ei garcharor yn ei flaen. Troes gwên lydan Gwydion yn chwerthin.

'Inspector! Tyrd, rho help i mi ddadlwytho tra bydd dy draed di'n rhydd. 'Rwyt ti wedi creu gwaith sgwrio iddo fo. 'Fydd maddeuant ddim i'w gael yn hawdd.'

Daethant allan. 'Roedd Gwydion yn gosod ei stondin mor gyflym a didrafferth fel y teimlai hi ei bod ar ei ffordd.

'Pwy oedd y dyn 'na?'

'Sisyrna. Os oes arnat ti isio siswrn sâl mi fydd yn rhaid i ti fynd i chwilio i rwla arall.'

''Oes 'na'r un siop gwerthu sisyrna yn y Dre?'

'Ha!' Arhosodd Gwydion. 'Dyna'r ydw i wedi bod yn 'i bregethu ers y dydd y dois i yma. 'Welis i 'rioed fwy na thair stondin yn y farchnad 'ma lle'r oedd y pres yn aros yn yr ardal ar ôl iddyn nhw gau. 'Rydan ni'n hannar honco.' Estynnodd ddau fwced. 'Gosod di'r petha 'ma tra bydda i'n nôl dŵr iddyn nhw.'

Dadlwythodd Sioned hynny a oedd yn weddill o'r fen. Daeth chwiff o arogl lafant i'w ffroenau. Plygodd i gael rhagor ohono a phinsiodd fymryn ar y dail arian bychan i'w gryfhau. Pinsiodd un arall.

'Faint ydi o?'

Trodd, yn euog. Gwenai dyn arni.

'Mi fydda inna'n gwneud hynna hefyd, yn enwedig gyda'r nos.' Cymerodd y potyn oddi arni a'i ddal wrth ei drwyn. 'Mi gollis fy llwyni i yn y rhew mawr ddechrau'r flwyddyn yma, er 'u bod nhw wedi dal gaeafa c'letach.' Rhoes gip ar y pris ar waelod y potyn. 'Dowch â dau.'

Y ddau gyntaf o lawer. Cawsant baned tua hanner awr wedi naw a gofynnodd Sioned am ganiatâd i ddengid a chyfarwydd-iadau i fynd i swyddfa'r papur newydd. 'Roedd ei gorchwyl yn y Dref yn dechrau pwyso arni a phenderfynodd orffen honno cyn gynted ag y gallai.

Cafodd ail. Nid argraffdy y daeth ato ond swyddfa fechan lân rhwng dau fanc. 'Roedd posteri a hysbysebion mewn fframiau dur yma ac acw ar y carped melyn. Aeth i mewn, heb hyder, ac aros y tu ôl i ddwy ddynes. Talodd un ddyled; gofynnodd y llall am delerau a chyfarwyddyd i werthu bwrdd bach hynod o ddel dim blotyn gwaeth, ac am fenthyg beiro. 'Roedd gwaith cyfansoddi a golygu enfawr ar yr hysbyseb bymtheg gair a Sioned yn sefyll yn llonydd y tu ôl i'r cyfansoddwyr yn cwmanu gan ddiflastod.

O'r diwedd, nid oedd dim ond desg fechan goch rhyngddi hi a'i neges.

'Ydi'n bosib cael gweld ôl-rifynna, os gwelwch yn dda?'

'Pâdn?'

'Ymhle 'dach chi'n cadw hen gopïa o'r papur?'

'O, 'wn i ddim be maen nhw'n 'i wneud hefo nhw. Mae'r rhan fwya'n gwerthu i gyd, chi. Laifli pêpr, 'te. Un pa bryd oeddach chi isio, del?'

''Dydw i ddim yn siŵr iawn. Mae arna i angan gweld rhai tua deng mlynadd ar hugian yn ôl.'

'Pâdn?'

'Hen gopïa. Oes gynnoch chi rai?'

Aeth llaw o dan y ddesg. Codwyd papur.

'Dyma i chi un wsnos dwytha, ylwch. Un ar ôl.'

'Na, na.' Ceisiodd wenu. 'Lle mae'r archifa?'

'Pâdn?'

'Pan fydd 'ma bobol yn dod i ofyn am hen gopïa . . .'

''Fydd 'na neb.'

'Sut?'

''Rydw i yma ers sicsdîn mynths a 'welis i 'rioed neb yn gofyn y fath beth.'

'Ymhle mae pencadlys y papur?'

'Wel Liverpool siŵr iawn. Lle modern. 'Dydyn nhw ddim yn cadw hen betha.'

Chwiliodd am ateb am ennyd fer, yna trodd ar ei sawdl a cherddodd ar ei phen i wasgod wlanen Dei Gamfa. Edrychodd y ddau ym myw llygaid ei gilydd am eiliad, heb ganfod unrhyw gyd-ddealltwriaeth ar ddim yn yr eiliad honno. 'Roedd tri arall yn sefyll y tu ôl iddo. Ni welsai hi yr un ohonynt. Trodd i'w osgoi ac aeth o'r lle.

Safodd ar y pafin, yn chwerw siomedig. Trodd yn ôl i fynd i'r farchnad. Caeodd drws car yn ei hymyl a bu bron iddi â mynd i'r un cysylltiad â botymau arian côt plismon ni ag a wnaeth â botymau bychain y wasgod wlanen.

'Reit. Hefo fi.' Agorodd ddrws y car a chodi'r sedd. ''Rydan ni newydd gael gafael ar dy gariad bach annwyl di ac mae o wedi gwneud llond 'i drowsus ac wedi cyfadda'r cwbwl.' Pwyntiodd mewn buddugoliaeth. 'Am y cefn 'na, Miss Picasso!'

      *   *   *

''Wn i ddim i be'r wyt ti'n fy ffonio i yma. 'Does gen ti ddim i'w ddweud na fedr aros tan ddiwadd yr wythnos.'

''Dydw i ddim yn hapus.'

''Dydi honna ddim yn gân newydd. Ac os bu neb erioed heb achos i beidio â bod yn hapus. . .'

'Mae hi'n prowla yn y selar.'

'Dyna ran o'i gwaith hi.'

'Mae hi'n stwna hefo hogyn Meri.'

'Tecwyn?'

'Ia.'

'O, neis iawn. 'Ta ydi hwnna'n bechod yn 'i herbyn hi hefyd?'

'Mae'r ddau ohonyn nhw wedi bod yn Nhyn Ffordd.'

Bu saib hir, a gadawodd iddi fod felly er mwyn i'r wybodaeth ymdreiddio i'w heithaf. Gwyddai sut i frifo.

'A hefo'r Peredur 'na.'

'Wel gad iddyn nhw.' 'Roedd y llais yn fwy diamynedd, yn brawf o lwyddiant. 'Pa ddrwg wnaiff hynny?'

'Mi wyddost ti. . .'

''Rwyt ti â dy gyllell yn Peredur byth a hefyd.'

'Nid heb reswm.'

'Mae Peredur yn iawn.'

'Mae gofyn iddo fo fod, 'tydi?'

Bu saib arall.

'Er mwyn pwy, tybed?'

''Welist ti'r papur heddiw?'

Saib.

'Naddo.'

'Mae gan Ford gar newydd.'

'Y nefoedd wen!'

146

Rhoed y ffôn i lawr yn ebrwydd. Rhoes yntau ei ffôn ef yn ei ôl. Chwyrnodd arno cyn codi a mynd yn ôl i astudio'i hysbyseb.

*   *   *

'Roedd ei lyfrau blith draphlith ar y cwpwrdd bach ger erchwyn y gwely a thaclusodd hwy cyn mynd i wneud y gwely ei hun. Nid oedd llawer o waith arno. Rhoes blwc i'r gynfas isaf i'w thynhau a'i thacluso ac ysgydwodd y gobennydd gan greu siffrwd papur wrth wneud hynny. Cododd y gobennydd. 'Roedd darlun a dalen o bapur odano.

'Wel yr Arglwydd mawr!'

'Roedd y papur wedi'i blastro gydag enw Sioned, bob tamaid ohono, y ddwy ochr fel ei gilydd. 'Roedd wedi sgrifennu'i henw rai cannoedd o weithiau arno. Eisteddodd ar y gwely a throes ef drosodd ac yn ôl gan ysgwyd ei phen yn araf.

'A pheth fel hyn ydi gweithio at yr arholiada.'

Edrychodd ar y darlun. 'Roedd yn llun diweddar ohoni, yn chwerthin yn hapus ddigwmwl i'r camera. 'Fawr ryfedd ei fod wedi gwirioni. Chwarddodd yn ysgafn gynnil wrth roi'r darlun a'r papur yn eu holau. Cododd, a gorffennodd wneud y gwely. Edrychodd ar ei horiawr a llonni am fod ganddi funud neu ddau i sbario. Brysiodd i'r llofft arall ac estynnodd gist fechan o'r cwpwrdd. Aeth â hi at y gwely, ac eistedd arno. Tyrchodd ynddi a thynnodd ddarlun ohoni. Astudiodd ef gan wenu gwên bron yn hiraethus arno. Synnodd o'r newydd wrth weld mor debyg i Tecwyn ydoedd.

'Mi fuost titha'n gwirioni yr un fath on'd o, y lwmp? Ac yn dal i wneud, 'tasa hi'n mynd i hynny.'

Rhoes gusan fach i'r darlun, a'i gadw'n ofalus. Aeth y gist yn ôl i'r cwpwrdd ac aeth hithau i lawr y grisiau'n ysgafndroed.

Cael a chael fu hi. Fel 'roedd yn cloi'r drws ar ei hôl 'roedd y bws am y Dre yn cyrraedd.

*   *   *

'Roedd tymer ddrwg arno. Ffarmwrs diawl. Dyna'r drwg gweithio mewn lle fel hwn, pawb yn 'u nabod 'i gilydd ac yn 'i nabod yntau, ac unwaith 'roedd stori'n dechrau mynd o amgylch deuai'n ei ôl o bob cyfeiriad yn llawn trimins a sbeit. A chan eu bod yn gwsmeriaid gallent fygwth mynd i rywle arall

147

os troai ef du min tuag atynt, ac nid oeddent ond yn rhy falch o gael edliw hynny iddo hefyd. Ffarmwrs diawl.

'Roedd pob un—pob un wan jac—o gwsmeriaid y diwrnod hwnnw wedi cael gwybod am helynt nos Lun, a phob un gyda'i fersiwn gelwyddog ei hun i'w lluchio'n ôl i'w wyneb, gyda'r celwyddau'n tyfu o un i'r llall yn union fel pe baent yn llawn o furum. Ac nid oedd dianc o'u gŵydd am bum munud wedi bod yn ollyngdod o fath yn y byd chwaith oherwydd pan biciodd i swyddfa'r *Llais* pwy a safai yn y ciw o'i flaen yn llances i gyd ond honno. Gweld ei hwyneb herfeiddiol yn ei watwar a wnaeth iddo benderfynu.

Llyncodd ei ginio. Clywai ffarmwr diawl arall yn gofyn i Bili Bach pryd oedd y ffeit nesaf a chlywodd Bili Bach yn gorchwerthin. Fe gâi o hwnnw hefyd,—ar ôl yr etholiad. 'Roedd ei bleidlais yn y fantol, ond 'doedd canfasio ddim am bara am byth, ac unwaith y byddai'r etholiad drosodd byddai Bili Bach yn cael talu'n feunyddiol am ei glyfrwch a'i grechwen. Y cyw deunaw oed.

Sleifiodd allan. 'Roedd gwenau lecsiwn yn straen ond yn orfodol. Gwenodd hwy heb aros i siarad â neb. Wrth weld drws swyddfa'r heddlu, daeth mymryn o betruster drosto. Ond sbeit oedd sbeit, crechwen oedd crechwen. Troes yn gawr a brasgamodd i mewn.

'Mae gen i wybodaeth i chi ynglŷn â'r difrod a gafodd ei wneud i un o'ch ceir chi nos Lun.'

Cododd yr heddwas ei ben.

'Difrod?'

'Ia. Y peintio.'

'O.' Ymddangosai'n ddi-hid. Efallai ei fod yn cael gormod o gyflog. ''Rhoswch funud.'

Aeth y munud yn bump. Daeth y petruster yn ei ôl, droeon. Efallai y byddent yn amau ei dystiolaeth, efallai y byddent yn ei gyhuddo o wastraffu eu hamser. Ond darostyngiad oedd darostyngiad. Ymwrolodd.

Agorodd drws.

'Dowch trwodd.'

Aethpwyd ag ef i stafell a'i roi i eistedd o flaen bwrdd. Eisteddai ditectif gyferbyn ag ef.

'Enw?'

'D. T. Humphries. David T. Humphries. David . . . '

'O ia. Wel?'

'Mi wn i pwy ddaru beintio'r car nos Lun.'

'Sut gwyddoch chi?'

'Mi'u gwelis i nhw.'

'Ha!' Dangosodd y dyn ddiddordeb. 'Pam na fasach chi wedi dweud ynghynt?'

'Roedd yn barod am hwnnw.

'Wel, mi fûm i'n pendroni, wedi'r cwbwl . . .'

'Pwy ddaru?'

'Tecwyn Hughes o'r pentra ydi un. Hogan sydd wedi dŵad i Gartharmon ydi'r llall.'

'O. 'Wela i.'

Distawrwydd. Ni wyddai a ddylai ganlyn arni ai peidio. 'Roedd y ditectif wedi agor ffeil, a darllenai ryw bapur ynddi. Cododd ei lygaid amheus i edrych arno ef cyn troi'n ôl at y papur.

'Ac mae'n siŵr bod y Tecwyn Hughes 'ma yr un Tecwyn Hughes â hwnnw y cwynoch chi yn ei erbyn o wrthan ni nos Lun.'

'Ydi, —ym—Mr. —ym . . .'

''Wela i. Mi fuodd hwn yn brysur nos Lun felly.'

Ni wyddai a ddylid ategu'r sylw hwnnw ai peidio.

'O'r gora. Ewch ymlaen.'

'Mi'u gwelis i nhw wrthi.'

'Sut?'

'Sut?'

'Ia. Sut gwelsoch chi nhw?'

'Wel, dŵad ar hyd y lôn 'roeddwn i. Wedi bod am dro. A phan ddois i heibio i'r tro ar ôl pasio'r Rheithordy mi'u gwelis i nhw.'

'Am dro. Hm. Ia?'

'Mi 'rhosis i i edrach be'r oeddan nhw'n 'i wneud.'

'A be oeddan nhw'n 'i wneud?'

'Wel peintio'r car!'

'Pam na stopioch chi nhw?'

'Roedd hwnnw'n annisgwyl.

'Be?'

''U stopio nhw beintio.'

'Wel . . .'

'O, ia, wrth gwrs. 'Roedd o wedi ymosod arnoch chi un waith yn barod, 'toedd?'

Distawrwydd. Distawrwydd hir, annifyr. A oedd hwn hefyd yn chwerthin am ei ben? 'Roedd wedi disgwyl gwell croeso na

149

hyn, gwell ymateb nag oerni coeglyd. 'Roeddent yn cael gormod o gyflog.

'Sut na welson nhw chi?'

'Sut?'

'Sut na chlywson nhw sŵn y car?'

'Cerddad oeddwn i.'

Codwyd aeliau.

'Cerddad?'

'Ia.'

Distawrwydd. Astudio papurau eto.

'O. Faint o'r gloch oedd hyn?'

'Tua naw. Rhwng naw a chwartar wedi.'

'Mi fuoch mewn cyfarfod gwleidyddol. Mi gawsoch gweir. Mi ddaethoch i'r dre i gwyno. Mi aethoch adra. A dyma chi'n mynd am dro, a cherddad ar ben hynny, a gweld hyn. Y cwbwl o fewn dwyawr. Hm.'

Distawrwydd.

'Felly. Be welsoch chi?'

'Wel, gweld y ddau yn peintio'r car!' Bechod ar y diawl ei bod yn drosedd i ysgwyd plismyn.

'Ia. Manylwch.'

''Roedd yr hogan yn chwalu'r gair Police efo paent a'r llall yn peintio Heddlu uwch 'i ben o wedyn.'

'Hefo be?'

'Hefo paent!'

'Sut baent?'

'Tun! Tun chwythu! Tun chwistrellu.'

Llygaid yn meinio. Ysgyfaint yn chwyddo.

'Ydach chi'n siŵr?'

Llawn bygythiad. Pwy oedd wedi troseddu?

'Yn hollol siŵr! Paent du.'

'Be wnaethon nhw hefo'r tun?'

Croesholi oedd hyn, nid gofyn.

'Mi—mi roddodd yr hogyn o yn 'i bocad. Naci—o dan 'i siwmpar.'

'A be wedyn?'

'Mi aethon nhw i'r tŷ.'

Cododd y ditectif a dod ato. Eisteddodd ar y ddesg yn union o'i flaen.

'Nid cael 'i chwistrellu ddaru'r paent.'

'S-sut?'

150

'Cael 'i roi hefo brws ddaru o. Hefo brws!' 'Roedd ei geg bron â'i frathu yn ei drwyn. 'Brws!'

'O—o. Wel—ella ma' brws oedd gynno fo.' Cynhesai'n gyflym. ''Fe—'fe—'fe . . . ond nhw ddaru!' Rhuthrai'r geiriau. 'Mae pawb yn gwybod mai nhw ddaru! Mae'r peth yn amlwg!' Gostyngodd ei olygon, fel plentyn. 'Isio helpu sydd arna i.'

'Ia. Isio helpu.' Cododd y ditectif ac agor y drws. 'Nid isio dial.'

Amneidiodd arno. Cododd, yn ufudd, a mynd at y drws.

'Mi gawn ni sgwrs eto. A go brin y byddwch chi'n 'i hoffi hi o gwbwl.'

Caewyd y drws arno. Agorodd heddferch orgyflogedig ddrws arall iddo fynd allan.

Aeth yn ôl ar frys, wedi dychryn. 'Roeddynt am ei gyhuddo o ddwyn anfri ar yr heddlu. Gwastraffu'u hamser. Dweud celwyddau wrthynt. 'Roeddynt am ddod ag achos yn ei erbyn cyn yr etholiad er mwyn rhoi'r cyhoeddusrwydd mwyaf posibl i'r peth. Ymguddiodd yn y cefn nes dod yr amser yr oedd yn rhaid iddo fynd yn ôl at y cownter. Gwasanaethodd ei gwsmeriaid mewn gwelwedd. Cododd ebychiad o ofn ohono pan ymddangosodd y ditectif yn y drws ganol y prynhawn a rhoi'r un amnaid haerllug ag o'r blaen arno. Aeth ag ef i'r pafin.

'Dim o'r blydi lol 'na eto.'

Aeth y ditectif yn ei flaen heb air arall. Trodd yntau yn ei ôl i'r siop a'r gollyngdod yn rhuthro drwyddo. Aeth yn syth i'r cefn i wneud paned, i gadw'r diolchgarwch iddo'i hun rhag ofn i Bili Bach ddarganfod. Clywodd rywun yn gofyn am ddau bâr o fenig bocsio, ond ni chymerodd sylw. Fe gaent sbeitio fel y mynnent.

Ond byrhoedlog oedd y rhyddhad. Daeth y cam a'r annhegwch yn eu holau i'w boenydio gorff ac enaid. A'r gwarth o orfod ufuddhau i amnaid drahaus pwt o blismon fel pe bai'n gi. Nid oedd am ildio oherwydd un methiant. Pwyll oedd ei angen, a meddwl. Felly y deuai cynllun. Felly y byddai'n eu sodro.

Aeth Janw Tyn Ffordd heibio i'r drws, gyda bag neges ym mhob llaw. Gwyliodd hi'n croesi'r ffordd a'i choesau fel pe baent yn ceimio dan y pwysau, er nad ydoedd y bagiau i'w gweld yn llawn iawn. Yna cofiodd. Cysylltodd. 'Roedd y posibiliadau'n gloywi ei lygaid.

*   *   *

'Drws pella. Cerwch i fyny.'

Aeth Sioned i fyny'r grisiau'n ddistaw ac ymlaen ar hyd y cyntedd at y drws. Curodd yn ysgafn arno.

'Chdi!'

'Ia. 'Rydw i wedi cael gwadd i swpar.'

'Wel 'tydi hi'n ddynas!' Tynnodd hi i mewn a chau'r drws. 'A dyna be 'di'r gêm? 'Ro'n i'n meddwl bod 'na baratoada manylach nag arfar.'

'Mi gawsom banad hefo'n gilydd pnawn, dy fam a minna. Mi fuom ni'n sôn llawar amdanat ti.'

'Wel, dwed dy stori.'

'Aros funud.'

'Roedd wedi bod yn ysu amdano drwy'r prynhawn. Câi byliau o grynu—crynu braf—wrth ail-fyw croesholi'r bore, croesholi milain a dyfal, clên a bygythiol, a hwnnw'n para am awr a hanner di-dor. Yr unig ffordd o gael ymwared â'r crynu oedd drwy gofleidio, cofleidio'n dynn am hir, a'i deimlo'n mynd ymaith yn llwyr o'i chorff. Mwythodd ei dwylo i fyny ac i lawr ei gefn a chododd ei grys am fod hwnnw'n dod rhyngddi hi a'i gnawd. 'Roedd y croen yn llyfn a chynnes ac yn gwneud iddi ddyheu am gael ei feddiannu i gyd. 'Roedd yntau wedi rhoi ei law o dan ei siwmper wen hi a cheisiai fwytho tuag at ei bron ond daliai hi ef yn rhy dynn i hynny. Pwysai eu cluniau'n erbyn ei gilydd ac âi eu hanadl yn fwy a mwy cynhyrfus. Tynnodd hi ei dwylo ymaith i afael yn ei wyneb i roi cusan ffyrnig iddo cyn ymwahanu. Eisteddodd y ddau ar y gwely, heb ddweud dim.

'Cawn, rhyw ddiwrnod. Ond nid rŵan.'

Hi ddywedodd. Troes ef ati, ac aeth yr ymbil yn ei lygaid yn wên. Tynnodd hi ato i'w chusanu eto.

'Chdi sydd i ddweud. 'Rydw i'n d'addoli di.' Gorweddodd ar y gwely. 'Tyrd yma i ddweud dy stori.'

Gorweddodd hithau wrth ei ochr. Ond 'roedd hynny'n waeth, a chododd ar ei heistedd. Sylweddolodd ef, a chwarddodd. Dechreuodd hithau ei bwnio ond gafaelodd ef yn dynn yn ei dwrn a dechrau ei gusanu.

'Be ddigwyddodd?'

'Mi gafodd afael arna i yn y Stryd Fawr. Hannar awr wedi deg. Mi wyddwn i'n iawn 'i fod o'n 'u palu nhw. Hannar dydd y ces i ddŵad allan. Pedwar ohonyn nhw'n holi ar draws 'i gilydd ac yn trio 'maglu i hefo pob cwestiwn. 'Roeddat ti wedi cyfadda ers ben bora meddan nhw drosodd a throsodd. Dim o'r fath beth meddwn inna bob tro nes bod 'u hwyneba nhw bob lliw.'

'Y diawliaid.'

'Be oedd yn 'y mhoeni i oedd 'mod i wedi addo helpu Gwydion ac ynta'n gorfod gwneud pob dim 'i hun yn y diwadd.'

'Chdi ddaru yrru Gwydion i'r ysgol? Dim ond am eiliad y gwelis i o.'

'Naci. 'I syniad o oedd hwnnw. Munud y clywodd o'r hanas mi ruthrodd draw i dy rybuddio di. Be wnest ti amser cau?'

'Sleifio dros ben clawdd ym mhen draw'r cae.'

'Mi ddois i i'r ysgol i dy gwarfod di.'

Daeth siom i'w wyneb. Gwenodd hithau.

'Syniad Gwydion oedd hwnnw hefyd. Nid i ti'r o'n i i fod i ddangos 'mod i yno.'

'Ddaethon nhw yno?'

'Do. Fo'i hun. Mi ges y blaen arno fo o hannar munud union. Mi drodd yn ôl dan ddamio.'

'Bwyd!'

'Iawn,' gwaeddodd Tecwyn yn ôl. 'Tyrd.' Cododd. 'Mae hyn yn golygu y ca' i fynd allan heno.'

'Aros. Yli be sy' gen i i ti.' 'Roedd wedi dod â bag papur efo hi ac wedi'i osod i lawr wrth y drws. Aeth ato a'i godi. 'Anrheg i ti. Y peth druta yn y farchnad.'

Agorodd Tecwyn y bag.

'Crys.'

'Ia. Agor o.'

Crys-T claerwyn. Agorodd Tecwyn ef. Gwaeddodd ei chwarddiad. Neidiodd i fyny.

''Roeddwn i'n meddwl y byddai o'n plesio. 'Rydw i wedi crafu'r enw odano fo i ffwrdd. Canys yr ydoedd wedi'i arysgrifio mewn Zaezneg.'

'Anfarwol!'

'Roedd llun nico a'i aden felen a'i ben coch a du'n llenwi tu blaen y crys. Safai'r aderyn ar bwt o gangen yn dechrau a gorffen yn unman a thair deilen ystrydebol yn codi'n ir oddi arni. Odano 'roedd angen craffu i weld yr olion crafu lle bu'r enw.

''Roedd 'na resiad ohonyn nhw reit gyferbyn â'n stondin ni. Llun wiwar oedd ar yr un ar y tu blaen a 'ddaru minna ddim meddwl dim mwy am y peth. 'Roedd 'na bobol yn tyrchu i ganol y rhes bob munud ond mi ffansïodd rhywun y wiwar a be oedd y tu ôl i honno ond llun gwalchan. Haleliwia, medda finna, os oes 'na walchan ella bod 'ma adar erill. Ac wele.'

'Bwyd!'

'Iawn!'

'Gwisga fo.'

Edrychodd Tecwyn ar y crys ar ei lin. Daliai i chwerthin. Yna tynnodd ei grys ei hun. Daliodd hithau ei hanadl. Sylwodd yntau a pheidiodd â chwerthin. Daliai gwên fechan chwareus ar ei wyneb. Aeth hithau ato a gafael yn y crys. Ond tynnodd ef hi ato a chodi'i siwmper a chladdu'i wyneb odani. Dechreuodd gusanu a llyfu bob yn ail, llyfiadau bychain direidus â blaen ei dafod. Tynnodd hithau ei hun yn ôl yn benderfynol a sodro'r crys dros ei ben. Rhwbiodd ei gorff fel pe bai'n sicrhau na fyddai rhwystr i'r crys. Cyn hir fe'i cafwyd i'w le. Ffitiai'n lled dynn.

'B! W! Y! D!'

''Rarglwydd! T'rana. Tyrd.'

Gwasgodd ef.

'Cawn, rywdro. Ond nid rŵan.'

'Chdi sydd i ddweud. Mi fedra i ddal. Ella.'

Aethant i lawr. 'Roedd gwledd helaeth ar eu cyfer.

'Mam. 'Rydach chi'n werth y byd i gyd, yn grwn, yn sgwâr, pa siâp bynnag ydi o.'

''Stedda yn fan'na'n reit ddistaw, i ffalsian.'

'Ylwch 'y nghrys gora newydd i.'

''Rydw i wedi'i weld o, y pnawn 'ma. 'Wn i ddim i be gwaria Sioned arnat ti.'

Dechreuasant fwyta.

'Dad. Fy nhad.'

'Na chei.'

'Ond mi fasa Sioned wrth 'i bodd yn cael reid yn y car. 'Does 'na ddim ceir lle mae hi'n byw.'

'Mi fasa'n well i titha fynd i fyw yno hefyd, felly.'

'Weli di lle ces i'r holl anwyldab 'ma?'

'Mae Sioned wedi bod yn y car, p'run bynnag. Fi aeth i'w nôl hi.'

'A gwrandwch, y ddau ohonoch chi.' 'Roedd y fam wedi codi'i chyllell yn bwyslais ar y gorchymyn. ''Rydach chi'ch dau'n cael mynd allan heno ar yr amod eich bod chi'n cadw'n glir o bob cwarfod lecsiwn, yn cadw'n glir o Dei Gamfa, ac yn cadw'n glir o bob plismon. Cerwch am dro i ben y mynydd. 'Fyddwch chi ddim yn ddraenen i neb yn fan'no, siawns gen i.'

Ac fe aethant, ac nid oeddent. Ni welsant yr un enaid byw,

ond o hirbell wrth droi'n ôl i edrych ar y pentref bob hyn a hyn. 'Roedd y tad wedi egluro'n bwyllog na fyddai'r car ar gael i Tecwyn nes y byddai'n un ar hugain oed o leiaf, a hynny drwy orchymyn neu fygythiad y cwmni yswiriant yn hytrach na'i benderfyniad ef. Nid bod hynny'n poeni Sioned; 'roedd yn noson hyfryd, yn hollol wahanol i'r noson cynt nad oedd yn orawyddus i'w chadw yn ei chof.

O ran hwylustod yn hytrach na dim arall y gelwid y lle yn fynydd. Troellai llwybr hawdd yn ôl arno'i hun deirgwaith i gyrraedd pen esgair fechan, a lediai'r llwybr bron yn unionsyth ddidrafferth wedyn ar hyd yr esgair at ychydig lathenni o graig i wneud rhyw fath ar gopa.

Aethant i'w ben, a'r graig yn hawdd ei dringo. Eisteddasant yno. Nid oedd angen dweud llawer, ar wahân i fymryn o wers ddaearyddiaeth bytiog gan Tecwyn yn awr ac yn y man. Bys yn pwyntio at dŷ neu dyddyn, a phwt o stori am un o'i drigolion. Stori arall i gysylltu dau le. Straeon hel llus a dwyn 'fala, chwarae ymguddio a malu ffenestri. Manion dibwys, pwysig.

Tawodd ei barabl achlysurol. Bodlonasant ar syllu a gweld. 'Roedd Gartharmon yn ffitio'i le yn daclus a cheisiodd Sioned graffu i leoli ffenestri ei chegin a'i llofft. Wedi dod o hyd iddynt, aeth ei llygaid ar y daith o'r Plas i lawr i'r llidiardau, ac i'r boncyff. Credai ei bod yn ei weld o flaen y goedlan. Oedodd yno am ennyd cyn symud i'r goedwig ac at y bwtias cuddiedig.

'Sut mae cyn-Sioned?'

'Roedd yn amlwg ei fod ef wedi bod yn dilyn ei llygaid. Daliodd hi i edrych ar y coed.

'Drwg. Mae hi'n hen ddiawl fach annifyr. 'Roedd hi'n ddidostur wedyn neithiwr.' Ysgydwodd ei phen. 'Mae arna i 'i hofn hi.'

'Mae'n rhaid i ti gael help felly.'

'O ble?'

''Wn i ddim. Y Canon.'

'Dyn pawb at bob peth.' Arhosodd, a throi i edrych arno. 'Mae'n ddrwg gen i. 'Doeddwn i ddim yn 'i feddwl o.'

'Mae arno fo isio dy helpu di.'

'Mi ges i ail heddiw.'

'Be?'

'Mi es i i'r dre er mwyn mynd i swyddfa'r papur newydd. 'Roeddwn i wedi penderfynu neithiwr y cawn i lun o Catrin yno. 'Roedd o'n siŵr o fod wedi bod yn y papur pan fu'r helynt.'

'Ond 'doedd o ddim?'

155

''Doedd 'na ddim yno. Dim byd ond dynas blastig yn credu mewn hysbysebion. Wrth ddod allan y cafodd y Glas fi. Mi ddwedodd Gwydion wedyn fod y papur a'i berchenogion wedi'u gwerthu ers pum mlynadd.'

'Ydi.'

'Roedd hi'n hanner disgwyl i Tecwyn ddweud rhagor, ond 'roedd ef fel pe bai'n canolbwyntio ar yr olygfa. Gwnaeth hithau yr un fath. 'Roedd arni eisiau sôn am fynd yn erbyn Dei Gamfa yn y swyddfa, ond penderfynodd beidio. 'Roedd pen y mynydd yn lle rhy braf i sôn amdano.

''Rydw i'n teimlo'n euog,' meddai Tecwyn yn y man.

'Am be?'

'Am ein bod ni'n mwynhau'n hawddfyd ar ben y mynydd 'ma a'r holl waith canfasio i'w wneud hyd y gwaelodion 'cw.'

''Tasan ni'n bobol aeddfad mi fasat yn gallu anghofio am hynny rŵan.'

'Faswn i?' Edrychodd arni, am hir. Yna trodd i edrych o'i flaen a thano. ''Rydw i'n mynd i ddifetha'r darlun perffaith yma rŵan, hefo mymryn o'r hyn y mae pawb ond gwleidyddion a Nico Bach yn 'i alw'n wirionadd.' Dechreuodd bwyntio yma a thraw. 'Tŷ Sais, tŷ Sais, tŷ Sais, tŷ Sais, tŷ Sais, tŷ Sais, tŷ Sais, tŷ Sais. Mi gei di ddweud ''wê''.'

'Os dweda i ''wê'' fydd 'na lai ohonyn nhw?'

'Ne' mi fedran ni newid y pwnc.' Pwyntiodd fel cynt. 'Fan'cw, fan'cw, fan'cw, fan'cw,—mi gei di ddweud wê eto hefyd. Pan oedd Dad a Mam yn dod i ben fa'ma i garu 'roedd pob un o'r rheina'n ffermydd. Ond 'dydyn nhw ddim mwyach. 'Rydw i'n difetha dy noson di. Dryllio'r delwa.'

'Nac wyt. Pan ddoi di adra hefo fi mi a' inna â chditha i ben mynydd a dweud yr un peth yn union wrthat ti. Ond yn wahanol i chdi 'fedra i ddim mynd o amgylch y lle i ganfasio'n llawn hyder.'

'Mae'n rhaid i ti gael hwnnw.' Gosodiad sydyn, llawn pendantrwydd.

'Oes. Mi chwilia i yn Dre y tro nesa y bydda i yno.'

'Heb hwnnw 'waeth i ti roi'r ffidil yn y to ddim.'

'Na waeth.'

'Dyna gytuniad llawn argyhoeddiad.'

'Ia.'

'Beth bynnag ydi'r broblem 'dydi pesimistiaeth ddim yn atab.'

'Mae Lleucu wedi marw ond mae'r blodau'n dal yn fyw.'

'Help!' Chwarddodd yn gynnil. 'Dyna ydi optimistiaeth?'
Rhoes ochenaid wneud. 'O, wel, o leia mae hi'n well na ''Gŵyr
Harlech''. 'Does 'na ddim yn ffug ynddi hi.'
   Ni chwarddodd hi. Daliai i astudio'r ardal.
   'Yli'r caea 'ma, a'r cloddia. Pob un â'i hanas 'i hun, pob cae,
pob clawdd. Mae hyd yn oed 'u siapia nhw'n hanas. Caea mawr
a gwrychoedd boliog llawr gwlad a muria cerrig noethion yn cau
a chysgodi caea bychain y llethra 'ma. Be 'di o bwys gan y petha
diarth 'ma am y gwahaniaeth? Neu pwy 'cododd nhw, a phwy
fuo'n gweithio ynddyn nhw nes bod 'u cefna nhw'n clecian, ac
at bwy 'roeddan nhw'n mynd adra, i garu neu i ffraeo? Be 'di o
bwys ganddyn nhw fod 'na genedlaetha o bobol wedi bod yn dod
i ben y mynydd 'ma i ddweud yr un straeon â'r rhai oedd gen ti
gynna, dim ond bod ambell enw wedi'i newid? Be 'di o bwys
ganddyn nhw am ddiawl o ddim nad oes 'na raglen deledu a
chylchgrawn misol yn cael 'i gyhoeddi amdano fo i'w gwneud
nhw'n arbenigwyr?'
   Distawodd, yn chwerw. Nid atebodd ef. Daeth pwt o awel a
rhwbiodd hi ei breichiau. Closiodd ef ati yn syth.
   'Wyt ti'n oer?'
   'Nac ydw. Mi gei di afael yno' i yr un fath.'
   Gafaelodd ynddi a'i thynnu'n dynn ato. Rhoes gusan iddi.
   'Ond 'dydi pesimistiaeth ddim yn atab o gwbwl.'
   'Nac ydi. 'Rwyt ti'n iawn. Mi gei di 'y nysgu i.'
   'Mi wna i hefyd.'
   'Mi ddylan ni allu dod yma i werthfawrogi ac i garu. 'Fedrwn
ni ddim. 'Chei di ddim meindio dy fusnas y dyddia yma heb
wneud hynny'n ddwyieithog.'
   Eisteddodd Tecwyn yn ôl a rhoi ei ddwylo y tu ôl i'w ben.
Aeth hithau dros siâp y nico ar ei grys gyda'i bys.
   'Mae gen ti waith arna i, mêt.'
   'Oes. Ond mi lwydda i.'
   Rhoes hithau ei dwylo y tu ôl i'w phen, ac edrychodd i lawr ar
ei choedwig. Deuai car ar hyd y ffordd o'r fferm, Gwydion yn
mynd i ganfasio, efallai. Dilynodd ei hynt i'r llidiardau. Troes
y car am y Dref.
   'Oes 'na archifdy yn y Dre?' gofynnodd.
   'Nac oes. Yn Henryd.'
   'Ddoi di yno hefo fi ryw ddiwrnod?'
   'Dof siŵr.'
   'Hefo bws.'
   'Diolch yn fawr iawn.'

''Roedd dy fam yn dweud y pnawn 'ma nad oes neb yn gwybod sut doist ti o'r ddamwain gest ti yn fyw.'

'Mi ges gyfla i gallio. Nid pawb sy'n cael.'

'Gyrru oeddat ti?'

'Ia. Gyrru. Fel y diawl. 'Tawn i'n cael y car rŵan mi fyddai bil siwrans yr hen ddyn yn codi gannoedd o bunnau.'

''Roeddat ti'n gyrru cymaint â hynny?'

'Oeddwn.' Swniai'n ddi-hid, a'i feddwl ar rywbeth arall.

'Catrin ydi cyn-Sioned.'

'Roedd yn osodiad tawel, digyffro.

Dim ond Tecwyn oedd yn galw'i phrofiadau hi yn gyn-Sioned. Nid oedd hi'i hun yn meddwl amdanynt felly o gwbl. Ond 'roedd yn amlwg ar ei lais ei fod ef yn meddwl yn naturiol amdanynt fel yr unig bosibilrwydd. Ac er iddo'i dychryn am ennyd, yr hyn a âi drwy ei meddwl yn gyntaf un oedd y dylai fod wedi dychryn yn waeth.

'Ers pryd wyt ti'n meddwl hynna?'

''Dydi o ddim yn syndod i ti felly.'

''Ddwedis i ddim mo hynny. Ydi, mae o. Ers pa bryd?'

'Rŵan. Pan ofynnist ti am yr archifdy. Mae gafael llun Catrin mor gry arnat ti fel 'i bod hi'n amhosib nad oes cysylltiad.'

'Ond mae hi mor—mor . . .'

'Hardd. Ydi. Ond nid dyna sydd. Os oes arnat ti isio harddwch pryna ddrych.'

Pwniodd ef.

'Ffalsiwr! Lembo!'

''Ffalsis i 'rioed. Catrin ydi cyn-Sioned.'

Fel y gwawriai arwyddocâd hynny arni dechreuai fynd yn fwy a mwy anniddig. Er ei gwaethaf dechreuai curiad ei chalon gyflymu a chryfhau a gwibiai ei llygaid o un lle i'r llall fel pe'n chwilio am loches. Gwyddai ei fod yntau'n ymwybodol o hynny ond ni fedrai edrych arno. Yn raddol, llonyddodd ei llygaid a chyn hir canfu ei bod yn syllu ar gerrig y fynwent a'r eglwys yn eu canol.

''Dydw i ddim yn credu mewn ysbrydion.'

'Roedd yn ateb blêr, heb argyhoeddi.

''Dydw inna ddim chwaith. Ond Catrin ydi hi.'

Bron gydag ymdrech, cododd ei llygaid oddi ar y cerrig beddi yn y pellter a throes i edrych arno, ei llygaid yn fawr a syn a thrist. Gafaelodd yntau amdani a phwyso'i phen i orffwys arno.

'Paid â dychryn,' sibrydodd, 'nid arni hi mae'r bai am fod dy gysylltiada di â hi'n rhai mor annymunol. Trio dweud wrthat ti mae hi, trio dweud be ddigwyddodd.' Yna chwarddodd yn fyr. 'I be 'dan ni'n sibrwd, dywed?'

'Chdi oedd yn sibrwd.'

'Ia. Ac yn dweud "ni" fel 'tawn i am fod yn wleidydd. Wel gwrando. Nid mewn selar dywyll ysgeler yr ydan ni rŵan ond ar ben mynydd lle mae'r awyr iacha. A lle mae'r awyr iacha y mae dweud. Catrin ydi cyn-Sioned a 'dydi hi ddim yn bwriadu unrhyw ddrwg o gwbwl i ti, ond mae hi'n chwilio am dy gymorth di i ddatrys dirgelwch mawr.' Distawodd, am ennyd. 'Dyna ni. Dyna'r peth wedi'i ddweud ar ffurf cyhoeddiad yn y lle mwya iach a gorad yn yr ardal. Wyt ti'n teimlo'n well?'

'Nac ydw.'

'O.'

'Deimlist ti fi'n mynd yn annifyr i gyd pan wnest ti dy gyhoeddiad?'

'Naddo. 'Roeddwn i â'm holl fryd ar 'y nghlyfrwch fy hun.'

'Paid â phoeni.'

'Beth am fynd at y Canon 'ta?'

'Na. Nid heno.'

'Os ydi'r petha 'ma'n mynd i waethygu mi fydd yn rhaid i ti.'

'Bydd. Bydd, ella.' Closiodd ato'n dynnach. 'Ond nid heno. Dim ond ni'n dau heno. Neb arall.'

'Neb arall.'

PENNOD 8

Daeth Watcyn Lloyd yn ôl brynhawn Sadwrn a bu ond y dim iddo gymryd y goes yn syth wedyn. Eisteddai yn ei gar o flaen y siop yng nghanol y pentref, yn ceisio'i orau i ddal pen rheswm a chadw'i dymer. Pwysai Morus Garth ar do'r car, a'i ben i mewn drwy'r ffenest yn anghyffyrddus o agos at ei wyneb ef.

'Mi goeli di dy fod di'n chwara â thân pan fydd dy ddwylo di yn 'i ganol o, m'wn.'

'Chdi a dy fwganod.' Ceisiai ei orau i wneud llais dirmygus.

'A pha les mae'i strancia hi a'r jolpyn arall 'na'n mynd i'w wneud i dy fusnas di?'

'Twt!'

''U hanas nhw ar hyd a lled y wlad.'

'Roedd ei wyneb yn llwytach nag arfer ond nid oedd am adael i hynny na'r achos amdano amharu ar ei benderfyniad.

''Wna i ddim cael gwarad â hi, nid er dy fwyn di na neb arall.'

'Nac er dy fwyn dy hun?'

Byddai'n haws cynnal ei blwc pe na bai'r wyneb mor anghynnes o agos ato. Edrychodd draw. 'Roedd wythnos gyfan o ystyried dyfal ac o ofni'n dechrau dangos ei ôl.

'Nac er dy fwyn dy hun, medda fi!'

Llyncodd ei boer.

'Na wnaf.' 'Roedd yn rhaid cynnal y cadernid y penderfynwyd arno ymhell i ffwrdd yn nes at y byd go iawn hefyd. 'Na wnaf.' Nid y digwyddiad, ond y digwyddiad a'r gwarth. Daliai i beidio ag edrych i'r wyneb. ''Wna i ddim.'

'Dewr iawn.' Geiriau oer, dilornllyd. 'Mae ynta wedi bod i mewn yn y Plas hefo hi. Maen nhw wedi bod yn edrach ar betha hefo'i gilydd.'

'Wel, dyna fo.'

'Dyna fo? Mi fusnesith hwnna drwy'r ciarpad bag i gyd. 'I drwyn ym mhob twll hyd y lle 'cw.'

'Wyt ti wedi trafod hyn hefo Gwydion?'

Ergyd fechan, ond 'roedd yn well na dim. Fe'i cafodd oddi ar ei echel am eiliad.

'Paid â thrio bod mor glyfar!'

'Roedd wedi bod yn well na dim. Taniodd y car, wedi cael hen ddigon. Ond daeth y pen yn nes fyth at ei wyneb.

'Aros di funud bach, dewr. Ella bod ar hwn isio gair hefo chdi.'

Amneidiodd yr wyneb ar draws y ffordd, a throes ei ben. Gwelai Dei Gamfa'n dwysgroesi'r ffordd tuag atynt. Troes drwyn sur.

'Yn ôl dy straeon di mi fyddai rhywun yn disgwyl 'i weld o mewn plasteri a bagla. 'Dydi o ddim yn edrach yn rhacs iawn i mi.'

'Nac ydi, ella, y tu allan.'

Ciliodd yr wyneb. 'Roedd hynny ynddo'i hun yn rhyddhad. Daeth Dei tuag atynt a gwneud ei wyneb yn bwysicach a mwy difrifol fyth.

'Gair bach, Watcyn.'

'Ia, Dei?'

Disgwyliai weld y llall yn cilio, ond ni wnaeth, ac nid oedd yr olwg ar wyneb Dei'n awgrymu fod gofyn i'w neges fod yn gyfrinachol chwaith.

''Feddylis i 'rioed y byddai enw Gartharmon yn dwyn cymaint o warth . . .'

'Be s'arnoch chi'n rwdlan?' 'Roedd ei ffyrnigrwydd sydyn yn annodweddiadol a chiliodd y ddau arall gam neu ddau braidd yn chwerthinllyd. Rhoes yntau y car yn ei gêr i ddangos ymhellach nad oedd am eu goddef. ''Rydw i wedi cael y stori i gyd ar y ffôn gan Rhodri a Lleucu, ac mae'r ddau wrth eu bodda. Ac mae hi'n gwneud 'i gwaith yn ddirwgnach a di-lol. Maen nhw'n swnian arna i i roi codiad reit dda yn 'i chyflog hi.' Nid oedd hynny'n wir, ond 'roedd yn ddigon da. 'Ac mi wna i hefyd!'

Cychwynnodd y car, ond 'roedd llaw ar ei fraich y munud hwnnw.

'Ydi, mae hi'n gweithio'n galad. Ac mae'i diddordeb hi yn hanas 'i chartra newydd yn gwneud iddi weithio'n g'letach fyth!'

'Roedd ei lais yn llawn buddugoliaeth ac yn codi ofn. Ceisiai ei guddio, ond 'roedd holl amheuon yr wythnos yn dod yn wir gydag un gosodiad milain dyn sorllyd. Arhosai hwnnw iddo ddweud rhywbeth, a'r olwg ar ei wyneb yn dangos yn ddigon eglur gyda phob eiliad o ddistawrwydd fod yr ergydio'n gwneud ei waith. Dyma'r bobl y byddai'n rhaid eu hwynebu.

'Roedd yn rhy hwyr iddo ddweud dim.

'Cerwch i swyddfa'r *Llais* yn y Dre a gofynnwch iddyn nhw pwy oedd yn holi'n haerllug am hen gopïa fora dydd Iau.'

161

'Pwy, felly?' Er ei waethaf 'roedd ei lais yn floesg, ac yn gwneud iddo swnio'n ddiymadferth.

'Be oedd yn digwydd hyd y partha 'ma ddeng mlynadd ar hugian yn ôl, Watcyn? Pam oedd ganddi'r fath ddiddordab yn yr adag honno, tybad?'

Cymerodd arno ymwroli.

'Wel mae hynny'n well na'i gweld hi'n ymosod ar ddynion ac yn 'u curo nhw, on'd ydi, Dei?'

Tynnwyd y llaw yn ôl gan y sioc. Gwelodd yntau ei gyfle ac aeth ymaith. Dechreuodd Dei weiddi ond ni chymerodd sylw ohono. Yn y drych gwelodd ef yn troi i siarad yn daer gyda Morus. Aeth yn ei flaen, yn gyrru'n rhy gyflym. Car ffansi a'i gysur gwag. 'Roedd Tecwyn yn dod allan drwy ddrws ei gartref ac arhosodd yn sydyn a gwichlyd. Pwyntiodd o'i flaen a chododd Tecwyn ei law i gadarnhau. Rhedodd at y car.

'I'r Plas?'

'Ia.'

''Ro'n i'n ama.' 'Roedd yn ymdrech i swnio'n naturiol. 'Tyrd.'

Daeth Tecwyn i'r car. Pan welodd ef yn y drws gwelsai hefyd ei gyfle i gael atebion i lawer cwestiwn ond pan ddaeth ato i'r car ni fedrai ddechrau gofyn yr un ohonynt. 'Roedd hynny o sgwrs a gawsant yn bytiog ac annaturiol ac ni sylwodd fod Tecwyn hefyd braidd yn anniddig. Parciodd y car yn yr iard a gwerthfawrogi am ennyd ddiffuantrwydd diolchiadau Tecwyn. Syllodd yn drist arno'n rhedeg i fyny at y balconi, yn eiddigeddus o'i ryddid. Aeth i mewn i'w gartref, yn ofnus. Busnesodd yma ac acw. 'Roedd popeth mewn trefn. Aeth drwodd i'w stafell fyw foethus. Eisteddodd, wedi ymlâdd. Ond 'roedd yn rhy gynhyrfus i fod yn llonydd a chododd heb wybod beth i'w wneud.

*   *   *

Mynd i mewn, curo'r drws a mynd i mewn, neu guro'r drws ac aros. Pwy fyddai'n meddwl fod y fath gymhlethdodau'n codi o ddewis mor syml? Ond dyma'r tro cyntaf iddo fynd i'r fflat hebddi hi ers iddynt—er dydd Sul. O leiaf nid oedd cymhlethdodau'r funud yn ddim o'u cymharu â'i gyflwr pan gurodd ar ei drws y prynhawn hwnnw. Penderfynodd. Curodd ar y drws, a gwenu.

'Pwy sy' 'na?'

Llais bychan, annisgwyl, cryg, o'r ochr arall.

'Fi siŵr.'

Agorodd y drws a diflannodd y wên. 'Roedd dagrau yn y llygaid ac ar y gruddiau. Brysiodd ati a thynnodd hithau ef i mewn a chau'r drws ar ei ôl.

'Be sy'n bod?'

'Roedd ei dagrau cynnes yn gwlychu'i grys. Pwysodd hi ato a gadael iddi wylo. Nid beichio wylo fel nos Lun pan ddarganfu pwy oedd yn ei darlun ond wylo distaw, cyson, heb ymdrech i'w atal. Claddodd yntau ei wyneb yn ei gwallt a gadael iddi.

'Wedi cael profiad arall wyt ti?' gofynnodd yn dyner yn y man.

Ysgydwodd ei phen. 'Roedd y pwl yn dechrau dod i ben, a thynnodd ei hun yn ôl oddi wrtho gan ddal i afael ynddo. Rhwbiodd ei bys yn ysgafn yn y dagrau ar ei grys.

'Be sy'n bod 'ta?'

'Dim sydd 'nelo fo â Gartharmon.'

Tynnodd ef i mewn i'r gegin. Pwyntiodd. 'Roedd bocsiaid o ddarluniau ar y llawr, ac ambell un wedi'i dynnu ohono a'i adael ar y carped. Syllodd Tecwyn arnynt am ennyd, yna troes ati.

'Os ydi'r llunia 'ma'n cael y fath effaith arnat ti ella y byddai'n well i ti 'u gadael nhw lle maen nhw. Mi fedar petha fel hyn dy dynnu di i lawr i'r gwaelodion.'

Ysgydwai hi ei phen o hyd.

'Nid y rheina.'

Nid siarad yr oedd, ond sibrwd. Dechreuodd ddweud rhywbeth arall, ond rhoes y gorau iddi. Pwyntiodd at y soffa. Yna gollyngodd ef ac aeth i eistedd ar ei chadair. Edrychodd yntau ar y darlun cam ar y soffa. Gwelodd ar unwaith beth ydoedd. Cododd ef, a'i ddal yn llonydd am hir, heb ddweud dim. Edrychodd hi arno. 'Roedd yn siŵr bod sglein deigryn yn ei lygaid yntau.

Tri oedd yn y darlun. Cofleidiai mam ei phlentyn, wedi'i godi i'w breichiau. Ai mab ai merch ni ellid dweud. Coesau bychain noethion dwyflwydd neu dair, a'r ddau wyneb ar goll yn ei gilydd. 'Roedd gan y fam wisg dywyll yn cyrraedd ymhell o dan ei phen-gliniau a gwallt du wedi'i wneud dros ei chlust. Safai ar ryw fath o dir anwastad, ai glaswellt ai pridd neu gerrig ni ellid dweud. Am y plentyn, ni ellid manylu ond am y coesau. Y tu ôl iddynt, rhyw ddau hyd gwn oddi wrthynt, safai milwr mawr tal, dros ddwylath ohono, un droed ar led o flaen y llall mewn ystum

163

hyfforddedig gywir. 'Roedd ei esgidiau'n dynn at ei ben-
gliniau, a'r trowsus llac uwch eu pennau a'r belt tynn am y
siaced uwchben hwnnw wedyn yn ei wneud yn fwy brawychus.
Anelai ei reiffl, a'r strap yn hongian yn ddi-hid oddi arno, at ben
y fam. 'Roedd y bwled yn cyrraedd pen ei daith, oherwydd
'roedd y fam yn dechrau camu ac un droed wedi codi oddi ar y
ddaear. 'Roedd y person a ddaliai'r camera wedi pwyso'i fotwm
ar amrant y glec. Ac nid oedd nac awyr na dim yn y cefndir, dim
ond llwydni. Nid oedd dim i nodi'r safle, 'roedd yn un lle neu
ym mhobman.

Dechreuodd Tecwyn ysgwyd ei ben yn araf. 'Roedd wedi
eistedd ar fraich y gadair yn ei hymyl, a'r darlun ar ei lin. Wylai
hi.

'Mi fuo'n rhaid iddo fo newid 'i ystum i saethu'r plentyn.
Anelu'i wn at i lawr.'

'Roedd ei lais yn dawel, fflat. Teimlodd gryndod mawr wrth
ei ochr.

'Ne' ella 'i fod o wedi'i godi fo a'i daflu o i'r awyr a'i saethu fo
wrth iddo fo ddisgyn yn ôl. Mae honno'n gêm boblogaidd
gynnyn nhw.'

'Paid! Paid!'

Tynnodd ei wynt ato. Rhythai ar y lifrai a'r gwn.

'Mae swydd y milwr yn un nobl ac anrhydeddus.'

'Paid!'

Ni chlywsai erioed y fath ymbil.

'Dyfynnu'r oeddwn i. Un o'n harwyr. Ella nad oedd o wedi
gweld hwn.'

Rhwng y fam a'i saethwr 'roedd dernyn bach tywyll, dilledyn
efallai, neu fag. 'Roedd ffaeleddau'r camera'n troi'n gryfder.
Bag bwyd, o bosib.

'Mi aeth adra wedyn, a'r gwn dros 'i ysgwydd. Mi gafodd 'i
swpar, mi fu'n chwara hefo'i blant ac yn dweud stori wrthyn
nhw cyn iddyn nhw fynd i'w gwlâu. Mi aeth i'w wely'i hun
wedyn hefo'i wraig i'w charu hi ac i wneud plentyn arall ella.
Bora trannoeth dyma fo'n llenwi'i wn yn llawn joch a ffwrdd â
fo'n ôl i'w waith.'

Neu efallai mai carreg oedd y lwmpyn bach tywyll.

'O'r bocs y daeth o?'

'Ia.' Pwyntiodd drwy ddagrau. 'Mae 'na sgwennu y tu ôl
iddo fo.'

Trodd Tecwyn y llun. 'Roedd dwy linell mewn inc gwan ar y
pen uchaf. Craffodd.

164

'Pwyleg ydi o?'

'Ia, am 'wn i.'

'Wyddost ti be mae o'n 'i ddweud?'

'Na wn.'

'Almaeneg ydi hwn.' Rhoes ei fys ar air. '*Einsatzgruppe*. Pan fyddai'r byddinoedd yn goresgyn ardaloedd y rhain oedd yn dŵad ar 'u hola nhw i gael gwarad â phawb oedd ddim yn plesio.'

'Yli be sy' ar y gwaelod.'

'L23/29. Be 'di o?'

'Sgwennu Sonia Lloyd ydi o. Mae o ym mhobman. 'Wn i ddim be 'di o. 'Ŵyr Rhodri ddim chwaith.'

'Wyt ti wedi gofyn i Watcyn?'

'Naddo.'

'Mae o adra. Mi ges i reid i fyny hefo fo.' Daliai i edrych ar gefn y llun. 'Nid Sonia Lloyd sgwennodd y Bwyleg.'

'Na. 'Rydw i'n gyfarwydd â'i llawysgrifen hi.' 'Roedd yn dod ati'i hun yn raddol a chododd ei golygon i roi gwên drist arno. 'Sori. 'Ro'n i wedi bwriadu darparu croeso i ti.'

'Hidia befo. 'Ro'n i'n mynd i roi pregath i ti ar effeithia darlunia arnat ti ond . . . ble yn y byd y cafodd hi o?'

Daeth cnoc ar y drws a chlywsant ef yn cael ei agor. Daeth golwg frawychus ar Sioned, a cheisiodd sychu'i llygaid yn wyllt. Daeth cnoc arall ar y drws canol a cherddodd Miriam Owen i mewn.

'Helô 'ma! Wedi dŵad â mymryn o betha i chi at swpar. O, ac mae hwn yma, ydi o?' Arhosodd yn stond. Rhythodd ar wyneb Sioned. Yna troes yn ffyrnig at Tecwyn. 'Be wyt ti wedi'i wneud iddi, y mwnci bach? Aros di i mi . . .'

'Dim byd!'

'Roedd gwaedd sydyn Tecwyn mor argyfyngus nes gwneud i Sioned chwerthin. Ond ni chwarddodd ef. Daeth dicter gwyllt i'w lygaid.

'Paid â sgyrnygu, wir Dduw.' Daeth Miriam Owen heibio i'r soffa ac atynt. 'Be sy'n bod, Sioned?'

'Hwn.' Rhoes Tecwyn y darlun iddi. 'Hwn sy'n bod.'

'O, damia!' Rhoes ei bag ar lawr ac eisteddodd ar y soffa. 'Ac mae hwn wedi dŵad i'r fei, ydi o?' Rhoes gip brysiog ar y darluniau eraill. 'I be mae isio'u cadw nhw, 'wn i ddim.'

'Am 'u bod nhw wedi digwydd.'

'Roedd llais Tecwyn yn llawn dicter o hyd.

165

'Do, mi ddigwyddon nhw. Mi fu Sonia Lloyd yn gadael hwn hyd y lle ym mhobman, fel na wyddai neb pryd na lle y deuan nhw ar 'i draws o nesa. Ond 'roedd hi'i hun yn gwybod ble'r oedd o bob amser.' Ysgydwodd ei phen. ''Wn i ddim, wir.'

'Ble cafodd hi o?' gofynnodd Sioned.

'Rhyw ffrindia iddyn nhw tua'r Llundain 'na, meddai hi ryw dro. Iddewon. Iddewes ydi'r ddynas 'ma.'

'Ia, mae hynny'n ddigon amlwg.'

''Roedd Sonia Lloyd wedi'i llygad-dynnu cymaint gan y llun fel y'i cafodd o. 'Doedd arnyn nhw ddim mo'i angan o.'

'Roedd dicter Tecwyn yn diflannu.

'Ydach chi'n gwybod be sydd ar y cefn?' gofynnodd.

'Ydw.' Trodd y darlun ac edrych ar y geiriau, heb eu darllen. 'Ydw. Mi'u clywis i nhw droeon gan Sonia. Dyma ddiwedd ein pobl. Daeth teyrnas yr *Einsatzgruppe*. Ni heddiw, chi fory. Dywedwch wrth y byd.'

'At yr Iddewon—y ffrindia—yn Llundain y'i sgwennwyd o?' gofynnodd Tecwyn wedyn.

'Ia. 'Does neb a ŵyr sut daeth o i ddwylo'r Iddewon yng ngwlad Pwyl. Ond mi'i cafwyd o i Lundain rywfodd.'

'Ar ôl y rhyfal?'

'Naci.' Troes Miriam y llun yn ôl i edrych arno. Ysgydwodd ei phen mewn ochenaid hir. 'Mis Mawrth 1942. Mi gofia i Sonia'n dweud hynny oherwydd dyna'r mis yr es i i ffwrdd i Loegr i weithio. Ond 'roedd hi ymhell ar ôl y rhyfal arni hi'n ei gael o ganddyn nhw.'

'Merchaid yn clebran eto.' 'Roedd sŵn yn y drws, a daeth cysgod Robin Owen i mewn o'i flaen. 'O, a mei naps? Hwn yn methu'n cadw'n glir y dyddia yma.'

Gwelodd wyneb Sioned, a thawodd. Yna gwelodd y darlun ar lin ei wraig.

'O, mi wela i. Yr hen ryfal 'na wedi dŵad ar ein gwartha ni eto. Stwff y selar ydi hwn.'

'Ia.'

'Cadwch o yno, 'mach i. Fan'no ydi'i le o bellach.'

'Be 'di'r L23/29 ar y gwaelod?' gofynnodd Sioned.

'Hwn?' Ysgydwai Miriam ei phen. 'Un o gyfrinacha di-ri Sonia. 'Roedd hi'n byw ynddyn nhw.'

''Wyddwn i ddim ych bod chi wedi bod yn Lloegr,' meddai Tecwyn. 'Fuoch chitha hefyd, Cetyn?'

'Naddo'n Duw. 'Wyddwn i ddim am 'i bodolath hi yr adag honno. Peth braf 'di bod yn ifanc.'

Eisteddodd ar y gadair gyferbyn â Sioned, a daeth ennyd o werthfawrogiad yn ei meddwl ei fod yn gwneud hynny heb ei wahodd. 'Roedd Miriam yn canolbwyntio gormod ar y darlun i'w ateb.

'Be oeddach chi'n 'i wneud yn Lloegr?' gofynnodd Tecwyn.

'Ffatri. Gwneud yr un peth awr ar ôl awr, ddydd ar ôl dydd, Duw a ŵyr, nes nad oeddwn i'n ddim gwell na phendil.'

'Gwneud be?'

'Bomia.'

'Roedd Robin Owen wedi eistedd yn ôl yn y gadair ac wedi dechrau mwytho'i getyn gwag. Gwyliai ymateb y ddau'n fanwl, heb gymryd arno. Gwelodd y dychryn a'r ansicrwydd sydyn a ddaeth i lygaid y ddau fel ei gilydd. Gwelodd Tecwyn yn rhythu ar ddwylo'i wraig gyda'r edrychiad a fydd gan bobl pan maent yn edrych ar drychineb ac yn methu troi eu golygon draw. Mae'n braf bod yn ifanc, meddyliodd.

'A rhyw betha fel "Music While You Work" yn gefndir inni,' aeth Miriam ymlaen, 'drwy gyrn siarad a sŵn tun ynddyn nhw. Mi fyddai 'na lawar o bobol papur newydd a ffilmia'n dod yno i dynnu'n llunia ni wrthi, a mi fyddai 'na orchymyn reit siort i wenu bob tro'r oedd hynny'n digwydd. Ac wedyn pan oedd y bomia'n barod 'roeddan ni'n cael sgwennu petha fel "Mae hon i ti, Adolf", ne' "Yn arbennig i'r Führer, gyda chyfarchion a chariad" arnyn nhw. 'Ddisgynnodd 'na'r un ohonyn nhw ar ben Hitler, wrth reswm, a 'doeddan ni ddim yn dallt yr adag honno nad oedd 'na'r un i fod i wneud hynny chwaith, ne' mi fyddai'r gêm i gyd wedi'i difetha.'

Tawodd. Daliai Tecwyn i rythu ar y dwylo, yn ddiarwybod iddo bellach, a golwg ddryslyd arno. Nid nes i Sioned 'stwyrian ychydig yn ei chadair y tynnodd ei lygaid oddi arnynt.

'Arhosoch chi yno tan y diwedd?' gofynnodd Sioned.

'Naddo. Dwy flynadd a hannar. Roedd hynny'n fwy na digon.'

'Mi ddaethoch adra?'

'Do. Am 'y mywyd. A mynd ati i sbaena rownd y lle i edrach gawn i ŵr yn rwla. Mynd rownd a rownd i chwilio am beth felly. Chwilio gem a chael gw'mon.'

''Rarglwydd, Cetyn!' Daeth yr ergyd â Thecwyn ato'i hun ac ysgydwodd ei ben mewn ffug-gydymdeimlad. ''Chymrwn i mo honna.'

'Ha!' meddai Robin Owen, yn falch o weld sylw'i wraig wedi llwyddo i ddod â gwên, a honno'n wên iawn, ar wyneb Sioned.

167

Daliodd ei getyn i fyny mewn syndod gwneud i siarad ag ef. 'Yr hen w'mon druan odani eto. I be mae o'n dda, 'te?'

'Gwrtaith,' cynigiodd Tecwyn yn ddiniwed.

'Ia, gwrtaith.' Rhoes ochenaid iasol a chrynedig wrth ei weld ei hun yn cael ei balu i'r pridd. 'Diar annw'l! Ne',' cododd y cetyn fymryn wrth gael y syniad, 'mi fedri di 'i sychu o i wneud tanwydd. Mi g'nesith hwnnw dy aelwyd di. Ne' mi fedri di 'i stwnsio fo a'i fwyta fo. Mi lenwith hwnnw dy fol di. Ne' mi fedri di wasgu petha ohono fo i wneud ffisig. Mi fendith hwnnw dy salwch di. Ne' mi fedri di wneud dilledyn ohono fo. Mi cadwith hwnnw di'n gynnas.'

Nodiai gytundeb ar y cetyn mewn math o syndod ar ôl pob brawddeg. Gwenai Tecwyn a Sioned, wrth eu boddau. Crychai Miriam ei thrwyn a throi ceg gam arno.

'Ne' mi fedri di 'i glymu o wrth 'i gilydd a gwneud to a muria i dy dwlc ohono fo. Mi cadwith hwnnw di'n ddiddos. Ac os methith y rheini i gyd, fel 'roeddat ti'n dweud, mi fedri di 'i gladdu o yn y pridd, a mi dyfith hwnnw dy gnyda di.' Daeth â'r cetyn yn nes at ei geg yn raddol. 'Hm.'

'Mi lenwith y tŷ hefo fo toc,' meddai Miriam.

'A be fedrwch chi 'i wneud hefo gem, meddach chi?' 'Roedd y cetyn hyd braich ar amrantiad a'r llais wedi codi. 'Pansanna ddiawl o gwmpas 'lle a chrafu am fwy a mwy a mwy ohonyn nhw i'ch crafanga 'waeth pwy fydd yn diodda 'u plegid nhw nac o'ch plegid chitha.' 'Roedd ei lygaid yn ffyrnig. Trawodd gledr ei law ar ei lin i sicrhau ei oruchafiaeth. 'Diolcha, Madam, mai gw'mon gest ti!'

'Ia. Diolch yn fawr iawn. Mi sdicia i beth yn 'y nghlustia y tro nesa y bydda i'n mynd i'r Dre.' Cododd. 'Tyrd, Pero, mae golwg isio llonydd ar y cybia 'ma, a 'wela i ddim bai arnyn nhw. Cadwch yr hen lunia 'ma o'r golwg yn rwla, Sioned fach, yn lle'u bod nhw'n ych styrbio chi. 'Dydyn nhw ddim mo'i werth o, credwch fi.'

''Rydw i'n iawn rŵan.'

'Dos â'r hen beth fach i'r haul,' gorchmynnodd Robin Owen. 'Yn hwnnw y dylach chi fod y pnawn 'ma, a ninna heb gael dim drwy'r gaea.'

'Ia, mi a' i.'

Aeth y ddau allan, a syllodd Tecwyn ar y llaw fu'n gwneud y bomiau'n cau'r drws ar eu holau. Yna taclusodd y lluniau a'u cadw yn y bocs. Cododd y darlun arall.

'Mi fedri di edrach ar hwn rŵan heb wylo.'

'Medraf. 'Rydw i wedi penderfynu be oedd yn mynd drwy'i meddwl hi cyn iddo fo'i dienyddio hi.'

'Nid dienyddiwr oedd o. Llofrudd.'

''Roedd hi wedi penderfynu 'i bod yn well iddo fo 'i saethu hi na bod raid iddi hi 'i saethu o.'

'Ne' wneud bomia a sgwennu "Ta Ta Adolf" arnyn nhw.'

''Ddwedis i mo hynny.'

'Naddo. Dim ond 'i feddwl o.'

''Dydw i ddim am weld bai ar Miriam.'

'Nac wyt, debyg. Pwy yn 'i iawn bwyll a fedra weld bai ar gocosan am fod yn rhan o'r peiriant? Rŵan 'ta, tyrd. Mae 'na waith molchi dagra oddi ar dy wynab di eto heddiw. 'Does arna i ddim isio gwneud hyn yn rhy aml.'

'Fi ydi fi.'

Cymerodd amser hir i wneud ei waith, fel pe bai'n arbenigwr meddygol yn rhoi triniaeth i'w hwyneb. Rhwbiodd gadach meddal o amgylch ei llygaid drosodd a throsodd, wedi rhyfeddu'n lân. Gwnaeth yr un fath gyda lliain, yr un mor feddal. Yn raddol, cynyddai pwysau ei gorff ei hun arni hi.

'Ia. Chdi ydi chdi. Ond 'does arna i ddim isio dy weld di'n drist. Mae arna i d'isio di fel 'rwyt ti yn y llun roist ti imi.'

'Oes?'

'Mae arna i d'isio di.'

Tynnodd hi'n dynnach ato a lluchio'r lliain. Rhwbiodd ei wefusau yn ei thalcen a'i bochau, a'u llyfnder hudol yn cyrdeddu drwy'i gorff. Ceisiodd hithau ymryddhau.

'Paid, paid â 'ngollwng i,' meddai ef, yn hanner sibrwd a'i anadl yn byrhau. 'Tyrd. Mae arna i . . .'

'Dim heddiw.' 'Roedd hi'n llawer mwy hunanfeddiannol, a daeth golwg ddrwg ddireidus i'w llygaid. Ysgydwodd ei phen. 'Dim heddiw.'

'Ond mi 'dw i . . .'

'Wyt. A finna.'

'Be sy'n bod 'ta?'

'Rwbath na chei di mohono fo.'

Gwthiodd ef ymaith yn chwareus. Edrychodd yn syn arni am ennyd. Yna deallodd. Tynerodd ei lygaid fymryn. Aeth ati drachefn a'i chofleidio.

'Mi ga' i afael yr un fath.' Cusanodd ei hwyneb, drosodd a throsodd. 'A phwy sy'n dweud nad ydw i'n 'i gael o?'

'Be?' 'Roedd chwarddiad yn llond ei gwaedd.

'Pan fydd y Ddynas Bia'r Drol,— 'rarglwydd! paid â sôn. Pan fydd hi'n 'i gael o'n ddrwg mi fydd yr hen ddyn a minna'n 'i chael hi hefyd, am ddiwrnoda. Weips, myn uffar. Mi fasat feddwl arni mai ni'n dau ddyfeisiodd y peth.'

'Y petha bach diniwad.'

'Ia.' Sobrodd. 'Ella mai dy fisglwyf di sy'n gyfrifol am iti ymatab mor dorcalonnus i'r llun 'na.'

'Naci.' Ysgydwai ei phen yn gadarn gan edrych i fyw ei lygaid. 'Naci. Cred di fi.'

Tynnodd hi ato drachefn. Daeth gobaith i'w lygaid.

'Ar ôl i'r pwl yma fynd drosodd...'

'Ia?'

'Wel, mi...'

'Mi fyddi di ar ganol dy arholiada a'r Ddynas Bia'r Drol wedi dy gloi di i mewn a mi fydda inna'n ddigon saff.'

Rhoes lyfiad gwlyb ar hyd ei drwyn i selio'i buddugoliaeth. Ni chafodd ef gyfle i ymateb oherwydd curwyd ar y drws, a'r tro hwn ni ddaeth sŵn neb yn dod drwyddo.

'Dos di i'w atab o. Mi gadwa inna'r bocs.'

Aeth ef at y drws, yn llonni am fod y gorchymyn bach hwnnw'n dangos i ba raddau'r oeddynt ill dau'n gallu'u cymryd ei gilydd mor ganiataol.

'Ha! On'd ydi'n syndod mor sydyn mae amball dderyn yn gwneud 'i nyth?'

'Os gwnewch chi addo bihafio a pheidio â dwyn dim byd oddi ar y dresal mi gewch ddŵad i mewn.'

'Mi gadwa i 'nwylo o dan 'y ngheseilia.' Cerddodd y Canon heibio iddo. 'Mi ddois draw i weld Watcyn ond mae o wedi'i gluo hi eto. A rhyw feddwl... A! Sioned.'

'O!' Ebychiad rhwng balch ac ofnus. 'Sut ydach chi?'

'Dim rhagymadroddi.' Fel Robin Owen, eisteddodd yntau heb ei wahodd ar yr un gadair. ''Rydw i'n iawn ac yn pledio'n euog.' Pwyntiodd at Tecwyn a oedd newydd eistedd ar y soffa. 'Ydach chi'n dal i rannu'r cyfrinacha?'

Gwenodd Sioned. Eisteddodd wrth ochr Tecwyn. Closiodd yntau ati'n raddol.

'Ydan. Pob un.'

Edrychodd y Canon o un i'r llall, wedi synhwyro cyfrinach arall. Ond nid arhosodd i geisio'i datrys.

'Mi ddwedis i wrth Rhiannon nos Sul, yr hen ffŵl mawr i mi. Mi gefais hanas fy nain a nain honno, a dyna'r ydw i wedi'i gael i bob pryd a rhyngddyn nhw ers hynny. Sioned fach, maddeuwch i mi.'

'Am be?'

'Am be?' Dangosai syndod. 'Wel am roi llun Catrin yn y bocs, siŵr, y llun y daru Watcyn 'i losgi.'

'Chi ddaru?'

'Wel ia, debyg. Mi welis fy nghyfla pan ges i orchymyn i'w gario fo o'r llyfrgell gan Watcyn.'

'Oes gynnoch chi un arall?' 'Roedd cwestiwn Tecwyn yn sydyn.

'Oes siŵr. Go brin y byddwn i wedi rhoi'r gwreiddiol o 'nwylo.'

'Gawn ni gopi arall gynnoch chi?'

'Cewch.' 'Roedd y Canon oddi ar ei echel braidd, yn methu dyfalu. 'Cewch, siŵr iawn.'

'Ond i be?' gofynnodd Sioned.

'I be y rhois i o yn y bocs, 'ta i be y llosgodd Watcyn o?'

Ysgydwodd Sioned ei phen.

'Y ddau.'

'Mae'r ateb i'r cynta'n stori hir, Sioned, yn ddeng mlynadd ar hugian o hyd.' Daeth golwg synfyfyriol arno wrth iddo ystyried a chofio. 'Deng mlynadd ar hugian a dau fis sydd 'na ers i Catrin ddiflannu. Deng mlynadd ar hugian a phump wythnos sydd 'na ers i mi ddechra busnesa. 'Ro'n i'n ffyddiog ar y cychwyn, fel pob pen bach, ac yn ddigywilydd. Mynd o dan draed pawb i holi a stilian. Mynd o dan draed y plismyn hefyd, a 'doedd hynny ddim yn plesio.'

'A 'dydach chitha na nhwtha fymryn elwach.' 'Roedd llais Tecwyn yn drist.

'Na. Dair blynadd yn ddiweddarach, a minna'n dal i chwilio, mi ddaeth y plwy yn wag, a mi neidis inna amdano fo.'

'Y ditectif yn drech na'r bugail.' 'Roedd Tecwyn yn barod am bob cyfle.

'Wel, diolch yn fawr.' Chwarddai'r Canon. ''Synnwn i damaid nad ydi hynna air am air be ddwedodd Rhiannon yr adag honno.'

'Pam y diddordab?'

'O, ym—cysylltiada.'

Swniai'n annelwig ac amharod i ehangu.

'Â phwy?'

'Wel, teulu Tyn Ffordd.'

'Roedd Tecwyn yn rhuthro drwy rifyddeg.

'Hen gariad.'

'O?' Cododd y Canon aeliau syn. 'A dyna 'di dy ddamcaniaeth di? 'Does dim angan llawar o ddychymyg i ddarganfod o ble daeth y ffon fesur fach yna, siŵr i chi. Wel gwrando, clap. Dos acw a dwed hynna wrth Rhiannon i ti gael gweld sut groeso gei di.'

'Derbyniaf eich cerydd, o Syr.'

'A 'ddaeth 'na ddim o'r holl chwilio.' Syllai Sioned yn drist ar y carped. 'Dim byd.'

'Naddo.' Ysgydwai'r Canon ei ben. 'Dim. Pan ddowch chi acw eto mi ddangosa i 'ngwaith ymchwil i chi. Bocseidia ohono fo. 'Rydw i wedi bod drwyddo fo dro ar ôl tro, flwyddyn ar ôl blwyddyn. Pymtheng mis cyn iddi ddiflannu oedd y tro olaf iddi fynd at 'i doctor. Fflŵ oedd hwnnw. Wyth mis cyn iddi ddiflannu y buo hi at 'i deintydd. Mi lanwodd hwnnw fymryn o dwll mewn dant cil. Petha bach fel 'na, bwysi ohonyn nhw, y rhan fwyaf wedi'u hel at 'i gilydd mewn dullia cyfreithlon.'

'A'r lleill ydi'r rhai gora, mae'n siŵr.' 'Roedd Tecwyn yn pwyso ymlaen, yn awyddus i gael rhagor. 'Mae gynnoch chi ddamcaniaeth, 'toes?'

Bu'r Canon yn dawel am ennyd, fel pe bai heb glywed y cwestiwn.

'Be ddigwyddodd, Canon? Lle mae Catrin?'

''Tasach chi'n gofyn i mi a ydi Catrin wedi marw ers deng mlynadd ar hugain a deufis mi fyddwn i'n dweud "ydi" yn bendant.'

'Ia.' 'Roedd Tecwyn yn awgrymog, yn hanner disgwyl iddo ganlyn ymlaen. Teimlodd law yn chwilio'n slei am ei un ef. Gwasgodd hi. 'A Watcyn Lloyd?'

''Tasach chi'n gofyn i mi a gafodd Catrin ei lladd gan Watcyn Lloyd mi fyddwn i'n dweud "naddo" yn fwy pendant fyth,' meddai'r Canon yn gyflym ar ei union.

'O.' Eisteddodd Tecwyn yn ôl heb dynnu'i lygaid oddi arno. Ceisiodd ei law atal y cryndod yn y llaw arall. 'A 'tasan ni'n gofyn i chi a ydi Watcyn Lloyd yn gwybod be ddigwyddodd i Catrin,' meddai'n bwyllog, 'mi fyddach yn dweud 'i fod o.'

Tynnodd y Canon ei hun yn ôl.

'Dwed di dy stori di a mi ddweda inna fy stori inna.'

'Roedd yr awgrym lleiaf o fod yn swta yn ei lais.

'A! 'Rydw i wedi taro man gwan rŵan, on'd o?'

'Twt!' Yn fwy swta.

'Wyddost ti fod hwn wrth 'i fodd yn dweud wrth bobol mor

172

dda y mae o'n 'y nabod i?' meddai Tecwyn wrth Sioned, a gwên braf ar ei wyneb. 'Ond 'dydi'r hen begor ddim yn sylweddoli 'i fod ynta'n cael 'i nabod hefyd.' Trodd yn ôl at y Canon. 'I be ddaru chi roi'r llun yn y bocs?'

'Arbrawf ydi'r gair ffansi am y peth.'

'Nid er mwyn i Sioned 'i weld o.'

'Wel. . .'

'Nac er mwyn i Watcyn Lloyd 'i weld o.'

'Be?'

'Ond er mwyn i Sioned a Watcyn Lloyd 'i weld o. Y ddau ne' ddim.'

Nid atebodd y Canon.

''Rydw i'n iawn, on'd ydw?'

Nid atebodd wedyn chwaith. Edrychai'n dawel o un i'r llall.

'Ac mae'r Musus wedi'ch pledu chi hefo'r Dengair Deddf am ych bod chi wedi defnyddio Sioned.'

''Rwyt ti'n iawn yn fan'na. Ond nid defnyddio ydi'r gair fyddwn i'n 'i . . .' Cododd ddwy law i ddod allan o'i dwll, a gwenu'n ddiniwed.

'Ond mi wnaethoch chi, Canon.' 'Roedd golwg frawychus yn dod i wyneb Tecwyn. 'Be 'tasa. . .' Llyncodd ei boer. ''Rarglwydd! Canon. . .'

'Na, Tecwyn.' Ysgydwai'r Canon ei ben. 'Na, na. Beth bynnag ydi Watcyn, 'dydi o ddim yn ddyn peryg. 'Tawn i'n credu am eiliad fod 'na siawns mewn mil y byddai Sioned yn mynd i unrhyw fath ar argyfwng oherwydd y llun, 'fyddwn i ddim wedi gwneud be wnes i.' Trodd arno'n sydyn. 'Be gythral wyt ti'n feddwl ydw i, d'wad?' arthiodd.

'Wel, mae un siawns mewn miliwn wedi digwydd cyn heddiw!'

Ymdawelodd y Canon yn syth.

'Nid er mwyn ceisio datrys problem Catrin y dois i'n ffrindia hefo Watcyn,' meddai. 'Ac mi 'dw i'n dweud wrthach chi na chododd Watcyn Lloyd 'rioed fys bach i frifo neb a ni wnaiff o byth. 'Does dim angen chwe mlynadd ar hugian o gyfeillgarwch i wybod hynny.'

'O'r gora.' Nid oedd Tecwyn am roi'r gorau i groesholi. 'Ond i be oeddach chi'n rhoi'r llun yn y bocs? 'Dydw i byth yn dallt yn iawn.'

Nid atebodd y Canon ar ei union.

'Gwrandwch,' meddai yn y man, heb fod yn sicr iawn ohono'i hun, ''does gen i'r un gyfrinach i'w dadlennu i chi, ond

173

'rydw i'n gofyn i chi gadw'r sgwrs yma heddiw i chi'ch hunain. 'Rydach chi'n dallt hynny, 'tydach?'

Nodiodd y ddau, gyda'i gilydd.

'Yr unig beth y medra i 'i ddweud wrthach chi nad ydach chi'n 'i wybod eisoes, ar wahân i fanion, ydi fod Watcyn wedi troi'r stori bob tro'r ydw i wedi llywio'n sgwrs ni i gyfeiriad Catrin. Bob un tro, ar hyd y blynyddoedd.'

'Mae honna'n dystiolaeth ddamniol.' 'Roedd Tecwyn yn dawel, a dychryn yn ei lygaid eto. ''Rydach chi'n gwybod yn iawn, felly.'

'Mi wn i o hir brofiad mor gamarweiniol y gall tystiolaeth fod.'

'Canon Cummings. Chwara hefo geiria.'

'Ond pam y llun?' gofynnodd Sioned.

'Am fy mod i wedi'ch gweld chi yn y farchnad y diwrnod cyntaf hwnnw. 'Anghofia i byth mo'r teimlad ges i.'

'Dyna fo.' Cododd Tecwyn ei law i brofi'i bwynt. 'Yr un peth yn union.'

'Be, greadur?'

'Catrin ydi cyn-Sioned.'

Daeth braw i lygaid y Canon. Edrychodd o un i'r llall, yn anniddig. Sylwodd y ddau, ac aeth Tecwyn ati ar unwaith i'w gyfiawnhau ei hun.

'Mae'n amlwg, siŵr. Mae rheswm yn dweud.'

'Dyna'r union fath o beth na fedrai rheswm mo'i ddirnad, heb sôn am ei ddweud. 'Rwyt ti'n dewis dy eiria'n flêr.'

''Ddowch chi ddim ohoni fel 'na, chwaith. 'Dydach chi ddim yn hoffi be ddwedis i, nac ydach?'

'Ac 'rwyt ti'n galw profiada Sioned yn gyn-Sioned?'

'Dim ond fo sy'n dweud hynny,' meddai Sioned, 'a dim ond fo sy'n dweud mai Catrin ydi hi.'

''Rydach chi'n edrach fel 'taswn i wedi dwyn ych uwd chi.'

'Ydw i?' Eisteddodd y Canon yn ôl, a rhoi ochenaid hir fyfyrgar. 'Wel, ella dy fod di, achan.'

'Be?'

''Waeth heb â gweld bai arnat ti am gael dy syniada. 'Waeth heb â gweld bai arnat ti am eu troi nhw'n eiria, chwaith. Un felly buost ti 'rioed. Ond mi fyddai'n well gen i 'tasat ti wedi peidio, y tro yma.'

'Pam?' 'Roedd golwg bryderus sydyn yn llygaid Tecwyn.

'Meddwl am ffordd i helpu Sioned oeddwn i. Ydach chi'n dal i gael y profiada 'ma?' gofynnodd iddi.

'Ydw.'

'Dymunol?'

'Nac ydyn.' Aeth yn annifyr yn sydyn wrth gofio. 'Maen nhw'n gwaethygu. Ond 'does yr un wedi bod yn waeth na hwnnw nos Sul.'

Tawodd. 'Roedd cofio'n rhy annymunol.

'Be sy' gynnoch chi i'w gynnig?' gofynnodd Tecwyn.

'Peidiwch â chwerthin. Ond rhwbath sydd, gwaetha'r modd, wedi cael ac yn dal i gael 'i gysylltu â byd arswyd ac adloniant fâs, a hynny'n anghyfrifol o annheg.'

''Roeddwn i'n meddwl i chi ddweud pan ddaethoch chi yma nad oeddach chi ddim am ragymadroddi.'

'O'r gora, clyfar. Hypnoteiddio.'

Ni ddangosodd Sioned yr un arwydd o syndod.

'I edrach be gewch chi ohono i.'

'Ia. A'i drafod o'n llawn hefo chi wedyn. Mae o wedi gweithio hefo pobol erill. Mi wn i am rai.'

'Ond . . .' Crynodd.

'Mae'n well i chi grynu drwy'r syniad na'i wfftio fo.' Gwenai'r Canon. ''Roeddwn i'n disgwyl i chi 'i gymryd o a fi yn ysgafn.'

'Ond be sy' a 'nelo hynny â fi'n galw Sioned yn gyn-Sioned ac yn Gatrin?' gofynnodd Tecwyn.

''Roeddwn i'n disgwyl i ti ymatab yn llawar mwy dramatig.'

''Rydw i wedi arfar hefo'ch syniada chi bellach.'

''Tasa 'na rwbath yn deillio o hyn, mi fydd yn anodd os nad yn amhosib dweud i ba radda mae dy ddamcaniaeth di wedi'i phlannu'i hun yn ymwybod Sioned.'

''Dydw i ddim yn dallt.'

''Tasa Sioned yn llefaru â thafoda Catrin wrth gael ei hypnoteiddio mi fydd yn amhosib penderfynu p'run ai Catrin ai Tecwyn fydd yn gyfrifol am hynny.'

'O. 'Wela i.' Edrychai Tecwyn yn anghyffyrddus. 'Mi wnes lanast felly.'

'Dim o anghenraid. Dim ond dyfalu'r ydw i p'run bynnag.' Edrychodd drachefn ar Sioned. 'Wel?'

''Wn i ddim.'

'Chi sydd i ddweud a oes brys ai peidio, Sioned. Mi wn i am rywun sy'n gwneud. Mae o'n ddibynadwy ac yn gyfrifol. Ac yn gwneud ei waith am ddim,' ychwanegodd, 'sy'n profi 'i fod o o ddifri. Ystyriwch o, mae o ar gael i chi.'

175

'Ond be oedd diben y llun?' gofynnodd Sioned. ''Dydw i byth yn dallt yn iawn.'

'O, procar bach. Rhag ofn.'

'Ond i ddim pwrpas,' meddai Tecwyn.

'Paid ti â dweud hynny'n rhy fuan,' atebodd yntau, ''dydw i ddim wedi gweld Watcyn eto.'

Dychrynodd Sioned.

'Peidiwch â dweud wrtho fo 'mod i'n gwybod bod y llun wedi'i losgi,' meddai'n gyflym ac argyfyngus. 'Nid—nid drwy deg y dois i i wybod.'

Rhoes y Canon fys cellweirus ar ei wefusau. Cododd.

'A chitha hefyd. Cofiwch, teulu, cymdogion, ffrindia, neb. Dim ond ni'n tri sy'n gwybod am hyn.' Gwenodd, fel hogyn drwg. 'Cadwch chi'ch cyfrinach a mi ddalia inna at yr un stori â honno ddwedis i wrth yr heddwas.'

Cip sydyn o un i'r llall.

'A be oedd honno?' gofynnodd Tecwyn yn ddiniwed i gyd.

'Wedi cael dyfais newydd gyffrous i'r tŷ 'cw 'rydan ni.'

'Be felly?'

'Mae'n anodd 'i disgrifio hi braidd. Ffenast llofft gefn ydi'r term technegol, am wn i. Mae posib gweld drwyddi. Cyfleus iawn.'

'Wel ydi, mae'n siŵr.'

'Ydi. A mae hi'n gweithio'n dda hefyd. Mae 'na lawar o betha i'w gweld drwyddi. Tai, mynydd, caea. Amball gar wedi'i barcio o flaen amball dŷ.'

'Mae hi'n swnio'n ddyfais ddefnyddiol iawn.'

'Ydi. A mi ddaeth 'na gynrychiolydd o Heddlu Teyrngar Gogledd Cymru acw yn un swydd ddoe i ofyn tybad oedd hi'n gweithio nos Lun.'

'Wel wel.'

'Do. Dyn neis iawn.'

'A hogla paraffîn ar 'i ddwylo fo.'

''Ddaru mi ddim snwffian. Ond 'roedd o'n holi llawar amdanat ti, ac yn gwybod dipyn go lew o dy hanas di hefyd. A mi ges i stori arall gynno fo bron heb yn wybod iddo fo. Mi cewch chitha hi am ddim ar yr amod na ddwedwch chi o ble cawsoch chi hi.'

'Ia?'

'Mi fuo 'na ddyn yn swyddfa'r heddlu yn y Dre amsar cinio dydd Iau yn dweud 'i fod o wedi gweld dau fandal yn chwistrellu

176

paent du ar eiddo'r Goron ne' rywun pwysig felly am naw o'r gloch nos Lun.'

'Y bustach!'

'Bustach?' Cerddodd at y drws. 'A finna wedi tybio 'rioed dy fod ti wedi priodoli dwy adain iddo fo. A, wel, mae rhwbath newydd i'w ddysgu'n wastadol.' Agorodd y drws. 'Bendith arnoch chi.'

'Canon?'

'Ia?'

'Oedd y ddyfais yn gweithio nos Lun?'

''Roedd 'y nghenhedlaeth i'n rhy brysur yn bod yn bobol gyfrifol.'

Caeodd y drws ar ei ôl. Cododd Tecwyn, a thynnu Sioned ar ei thraed.

'Mi ddwedis i 'i fod o'n hen drymp, on'd o?'

'Be wna i?'

'Ystyria'r peth. 'Fydd o ddim yn brifo a 'fyddi di ddim gwaeth ar 'i ôl o. Gwranda. Os a' i i lawr hefo fo rŵan mi fedra i weithio am ryw ddwyawr ne' dair a mi gawn ni nos Sadwrn hefo'n gilydd.'

'Mi cadwa i di'n sobor am newid.'

Aeth i'r drws ar ei ôl, ond 'roedd ef wedi rhedeg ar ôl y Canon ac wedi'i ddal cyn cyrraedd pen draw'r balconi. Trodd hithau'n ôl, wedi ennyd o edrych o'i chwmpas yn synfyfyriol. 'Roedd hypnoteiddio'n beth rhy ddieithr iddi a'r syniad yn rhy newydd iddi allu 'i ystyried. Yna gwyddai ei bod yn arswydo rhagddo. Byddai'n dweud pethau na fyddai ganddi'r un iotyn o reolaeth arnynt. Byddid yn chwilio'i meddyliau a'i theimladau mor drwyadl glinigaidd a didostur â phatholegydd yn chwilio corff. Peidiodd â meddwl ac aeth yn ôl. Nid oedd y bygythiad o gadw Tecwyn oddi wrthi tan ddiwedd ei arholiadau'n cael ei wireddu ac 'roedd hynny'n bwysicach na dim.

Aeth i fusnesa i'r bag a adawsai Miriam iddi. 'Roedd pryd da o datws cynnar yn ei waelod a hynny o bridd a oedd arnynt yn dod i ffwrdd yn ddidrafferth dim ond wrth ei gyffwrdd gan adael y crwyn tenau'n lân a bron yn wyn. 'Roedd letysen fach newydd mewn papur, a bresychen bron yn gron mewn papur newydd. Aeth â'r cwbl i'r cefn. Ildiodd. Torrodd frechdanau tra bu'r tegell yn berwi a bwytaodd bob deilen o'r letysen gyda'i brechdanau a'i phaned. Nid oedd wedi meddwl cynnig dim i'w fwyta na'i yfed i'r un o westeion y prynhawn, a theimlodd ychydig o gywilydd o'r herwydd. Cofiodd am stori'r Canon am

Dei Gamfa'n mynd i achwyn, a theimlodd ei hun yn myllio'n gyflym. Rhoes gic i stôl i ddial a throdd honno ar ei hochr gan adael i'r fresychen rowlio o'i phapur ar hyd y llawr.

Sobrodd. Nid oedd y dyn yn werth myllio yn ei gylch. Cododd i roi'r stôl yn ei lle ac aeth i nôl y fresychen. Cododd y papur— dwy ddalen o'r papur lleol—ac aeth ag ef at y bwrdd i gael cip arno. Modfedd neu ddwy o ysgariadau, dau achos llys, hanner tudalen o helynt am stad o dai a oedd yn yr arfaeth yn y Dref. Tudalen a hanner o raglenni teledu, a cholofn grefyddol wedi'i stwffio i waelod yr hanner arall. 'Roedd ar fin troi'r ddalen pan arhosodd yn stond. Rhythodd ar y papur. Ar ôl dyfynnu adnod 'roedd awdur y golofn wedi rhoi ei tharddiad,—Mt.15:28. Cododd o'r bwrdd a rhedodd nerth ei thraed allan ac i'r llyfrgell. 'Roedd yno ddewis o Feiblau. Gafaelodd yn yr un mwyaf hwylus a rhuthro i Luc.

'Canys wele, y mae'r dyddiau yn dyfod, yn y rhai y dywedant, Gwyn eu byd y rhai amhlantadwy, a'r crothau nid epiliasant, a'r bronnau ni roesant sugn.'

Oedd, 'roedd hynny'n gwneud synnwyr. Y tu ôl i'r darlun yr oedd newydd fod yn wylo o'i blegid 'roedd yn gwneud llawer o synnwyr. Aeth yn ôl i'w fflat, a'r Beibl efo hi. Eisteddodd ar y soffa. O dipyn i beth, aeth i wneud llai o synnwyr. Nid ar gefn un darlun oedd yr L23/29, ond ar gefn ac ar wyneb degau o bapurau eraill hefyd, o bob rhyw fath a phob rhyw gyfnod. Aeth i'r mynegai i chwilio am L arall, a throes i'r drydedd bennod ar hugain o Lefiticus.

'Canys pob enaid a'r ni chystuddir o fewn corff y dydd hwn, a dorrir ymaith oddi wrth ei bobl.'

Efallai, ond 'roedd yn sicr mai Luc oedd gan Sonia Lloyd. Cofiodd am y cyfuniad arall, J24/21. Dim trafferth. Aeth i'r mynegai drachefn. Nid oedd gan Joel na Jona na Jwdas ddigon o benodau yn eu llyfrau. Nid oedd Josua'n ffitio. Troes at Job.

'Y mae efe yn dryllio yr amhlantadwy, yr hon ni phlanta . . .'

Ni ddarllenodd ragor. 'Roedd wedi sicrhau'r cysylltiad ac wedi cael damcaniaeth sydyn o rywle a godai arswyd arni.

*   *   *

'Roedd ar ei liniau, ond ni wyddai i ba ddiben. Gweddïo? 'Roedd y syniad yn codi ofn arno. Câi byliau cyson o igian wylo'n ddireol, ond heb yr un deigryn, dim ond cryndod a sŵn. A thwyll a dyhead. 'Roedd y twyll yn hawdd; 'roedd wedi digwydd. Am y dyhead, 'roedd hwnnw'n ddiffuant ac yn hunan-dwyll bob yn ail. Gwyn fyd na fyddai'n un neu'r llall.

'Roedd yn rhaid bod yn ddewr. Dewr! Fel llygoden yn cael ei hunig reid i nyth tylluan. Byddai'n rhaid iddynt ddeall. Deall? Ni fyddent yn coelio heb sôn am ddeall. Heb sôn am wrando. Pa nhw? Cuddiodd ei wyneb yn ei ddwylo wrth ateb, a'i ochenaid yn llenwi'r stafell. Mor ddewr oedd penderfyniadau pell.

Gwelodd fod ei ben-gliniau wedi creu crud iddyn nhw'u hunain yn y carped. Nid bod hynny o bwys. 'Roedd llun priodas ar ben y teledu o'i flaen. 'Roedd wedi edrych arno, am hir, ac yna wedi methu. Rhythai llygaid gweigion i le tân gwag yn llawn llun a fflamau'n gwneud popeth ond difa. Aeth yr wyneb i'r dwylo drachefn, ac aros yno.

'Roedd llais yn y neuadd, a sŵn traed. Dychrynodd. Cododd, yn wyllt. Ceisiodd reoli'i anadl. Gafaelodd mewn papur newydd a'i agor, a'i flerio. Rhoes ef ar y soffa, a daeth cnoc ar y drws.

'O, chdi sy' 'na. Tyrd i mewn.'

'Ia, ia. A mi ddoist yn d'ôl o'th grwydriada. Hm.' Nid oedd ond prin wedi edrych arno. 'Wyt ti'n barod am wyliau arall dywed?'

'Sut?'

'Mae golwg lwydaidd arnat ti. Wyt ti'n iawn?'

'Ydw. Traffig. Hwnnw sy'n blino rhywun.'

'Ia. Ia. O, wel, 'chadwa i mohonot ti.'

'Na na. Nid dyna'r o'n i'n 'i feddwl. 'Stedda.'

Eisteddodd y Canon. Ni chymerodd arno fod y cynnwrf yn llygaid y llall yn llawer mwy trawiadol na'r prinder gwrid ar ei wyneb.

'A mi ddoist ti'n d'ôl eto?'

'Do.'

'Sut wythnos gest ti?'

'Iawn. Iawn.'

'Mi alwis i gynna, ond 'roeddat ti wedi mynd i rwla wedyn.'

'Oeddwn. Mi bicis i'r Dre. 'Ddrwg gen i roi siwrna seithug iti.'

'O, 'ddaru ti ddim, dim o'r fath beth. Mi es i i'r aelwyd fach newydd, a chael croeso mawr.'

'Sut?'

'Sioned. Wyddost ti, Watcyn, 'rwyt ti wedi taro ar hogan dda yn honna.'

'Do.' Brysiai i gytuno. 'Do. Mae hi'n gwneud 'i gwaith yn

gampus a phawb wrth 'u bodda hefo hi. Ac mae hi mor ddymunol.'

'Ac mewn cariad.'

Ceisiodd chwerthin.

'Ydi. 'Roeddwn i'n dallt.'

'Ond gwrando. Mi ddweda i wrthat ti be oedd gen i. Mi wnes i lanast braidd y tro dwytha imi fod yma.'

'Llanast?'

'Roedd y llais yn annaturiol.

'Ia. Wyt ti'n 'y nghofio i'n cario'r bocs hwnnw o'r llyfrgell i stafall Sioned?'

'Ym—o, ia, ia.'

A gallai hynny olygu unrhyw beth.

'Mi faglis i pan ddois i i'r stafall ac mae'n rhaid bod llun oedd gen i mewn amlan wedi llithro i'r bocs. Llun yr o'n i wedi'i chwyddo i Math a Janw oedd o. Llun Catrin.'

'O?'

'Ia, Watcyn. Mi ddwedodd Sioned dy fod ti wedi mynd â fo hefo chdi pan ddaeth hi o hyd iddo fo.'

'O, ia.'

'Lle mae o gen ti?'

'Mae—mae'n siŵr 'i fod o hyd y lle 'ma yn rwla.'

'Ia. 'Does dim brys.' Daliodd y gair am hir i brofi'r pwynt. 'Gwrando. 'Dydw i ddim yn lecio d'olwg di. Tyrd i lawr hefo fi am swpar.'

'Na.' Ysgydwodd ei ben yn gyflym, ffyrnig. 'Na na.'

'Mi blesiat Rhiannon. Mi fydda i'n 'i chael hi ar draws 'y ngwep nad ydw i'n dy wadd di'n ddigon aml bob cyfla geith hi.'

'Sut mae Rhiannon?' Daeth y cwestiwn braidd yn rhy sydyn.

'Yr un hen gyfuniad o'r ffrom a'r annwyl. Tyrd i lawr i ti gael gweld drosot dy hun.'

'Na. Na'n wir. Dim heno.'

'Watcyn.'

'Be?'

''Does arna i ddim isio busnesa, ond 'rydw i'n dy gael di fel 'tasa arnat ti isio dweud rhwbath. Be sy'n bod?'

Penderfyniadau pell. Wyneb yn wyneb, ni fedrai gael llais heb sôn am eiriau.

*   *   *

'I'r Armon ydan ni am fynd?'

'Ia, debyg. Ella cei di gyngerdd eto heno.'

'Cyngerdd gan bwy 'di'r peth.'

'O, ia? Wel os wyt ti'n meddwl 'mod i am fynd o lech i lwyn yn 'y mhentra fy hun weddill fy nyddia rhag ofn i mi gwrdd â Nico Bach, 'dydw i ddim. 'Dwyt titha ddim chwaith.'

''Does arna i ddim isio'i weld o ar ôl be ddwedodd y Canon. Dragwyddol.'

'Hyd yn oed os codith o yr hen wlad yn ei hôl?'

'Yn ei hôl i ble, 'dwch?'

'Gofyn i'r beirdd.'

'Wnei di addo un peth i mi?'

'Mi addawa i filoedd o betha i ti.'

'Paid â chodi helynt hefo hwnna os bydd o yna.'

'Dim peryg. Mae gen i well cynllun.'

Cyraeddasant. 'Roedd gofyn llacio gafael yn ei gilydd i fynd drwy'r drws. Daeth gwên ar lawer wyneb wrth eu gweld ac aeth Sioned yn swil y munud hwnnw. Eisteddai Rhodri a Lleucu yn yr un gornel â'r wythnos cynt ac amneidiasant arnynt. Aeth Sioned atynt ar ei hunion a cheisio ymguddio y tu ôl i Lleucu. Rhoes gip sarrug ar Dei Gamfa'n cnoi ar ei hanner peint yn y pen arall.

'Wyt ti am ista yn fan'na'n hogyn da?'

'Ydw, Yncl Rhod. Mewn eiliad.'

Aeth Tecwyn at Dei. Nid edrychai ef arno'n dynesu.

'Dei, 'dydan ni ddim am sbio fel tyrchod ar ein gilydd tra byddwn ni?' Ni wnâi'r un ymdrech i gadw'i lais yn isel. Edrychai'r tafarnwr drwy gil ei lygaid arnynt o'r tu ôl i'r bar, yn barod. 'Beth am ysgwyd llaw arni a'i hanghofio hi?'

'Paid â thrio cymryd arnat yn llanc i gyd dy fod yn rhesymol, y cyw dandi. Oherwydd 'dwyt ti ddim!' 'Roedd y llais yn uchel ac yn codi. ''Dw i'n dallt dy gêm di'n iawn, y penci bach. Dim ond trio taflu llwch i lygaid pobol.'

'O, dyna fo 'ta, Dei.' 'Roedd yn hamddenol ddi-hid. 'Dim ond rhyw feddwl 'ro'n i.'

'Paid ti â dod ata i i lyfu.'

''Wna i ddim, Dei. Mi a' i hefo Sioned. At Wilias Twrna ben bora Llun i weld be fydd gynno fo i'w ddweud am ych anturiaetha chi ddydd Iau.'

Gwenodd arno cyn troi. Rhythodd Dei ar ei ôl, a'i geg yn agor yn ddiarwybod iddo. Daeth Tecwyn yn ôl at y lleill.

'Dos i'r pen draw 'na,' gorchmynnodd Lleucu. ''Rwyt ti wedi pryfocio hynny'r wyt ti am ei wneud heno, dallt di. 'Roeddat ti wedi hen baratoi'r bregath yna, on'd oeddat?'

Chwarddai Tecwyn yn llawen. Hanner canolbwyntio a wnâi Sioned. 'Roedd Rhodri'n dod â diod iddynt, a hithau wedi darganfod rhywbeth mawr amdano. Yn ei ffordd ryfedd ei hun, 'roedd ei fam wedi dweud wrth y byd ei bod yn ei wrthod, ei bod yn casáu'r syniad o'i gael ef neu unrhyw blentyn arall o gwbl, gan ddweud hynny mewn ffigurau côd, heb fod ots yn y byd ganddi a ddarganfyddai rhywun ai peidio.

Ysgydwai Tecwyn ei ben. 'Roedd y Beibl agored ar ei lin.
''Dydw i ddim mor siŵr.'
'Nac wyt. Mi wn i arnat ti ers meitin.'
'Gweld y ddamcaniaeth wedi rhuthro i dy ben di ydw i, a chditha'n glynu wrthi am 'i bod hi mor sydyn a mor syfrdanol. Mi fedrai 'na rwbath arall fod yn gyfrifol, esboniad llawar symlach.'
'Luc ydi L23/29. A Job ydi'r llall.'
''Dydw i ddim yn ama hynny.'
'I be oedd hi'n 'u sgwennu nhw 'ta?'
'Wel.' Symudodd y Beibl a'i roi ar y bwrdd ger ei wely. 'Mae 'na bosibiliada erill. Mae hi'n cael y llun. Mae'n cysylltu'r adnod ag o y munud hwnnw. Mi fyddai hynny'n beth digon rhesymol. Mi glywist ti Miriam yn dweud y byddai hi'n 'i adael o ym mhobman hyd y Plas, felly, 'roedd ganddo fo ddylanwad arni hi. 'Roedd hi'n cofio ac yn meddwl amdano fo'n aml. Pan fyddai hi'n gwneud hynny, a'r ysbryd yn is nag arfar, mi fyddai hi'n sgwennu'r cyfeirnod ar y peth 'gosa at law ac yn syllu a syllu ar y ffigura wedyn i gadarnhau iddi'i hun bob dim 'roedd hi wedi dod i gysylltu'r llun â nhw.'
'Ella.'
'Yn ddiweddarach mi glywodd hi rywun—y Canon, ella—yn cyfeirio at yr adnod arall, a mi lynodd honno'n ddigon cry iddi fynd i chwilio amdani a'i chofnodi hitha o bryd i'w gilydd. 'Fedra i ddim gweld bod ganddyn nhw yr un cysylltiad.'
'Felly 'doedd hi ddim yn casáu cael Rhodri.'
''Dydw i ddim yn meddwl. 'Dw i'n siŵr y byddai hynny wedi dweud arno fo.'
'Byddai, o bosib.'
''Dwyt ti ddim wedi d'argyhoeddi.'
'Naddo. 'Dydw i ddim yn meddwl 'i bod hi'n ddynas i wneud i esboniada syml 'i ffitio hi.' Cododd o'r gadair wrth y ffenest a dod ato. Gafaelodd yn y llyfr wrth ochr y Beibl. 'Hanas bora fory.'
'Ia. A mi pasia i o hefyd.'
Eisteddodd ar y gwely wrth ei ochr.
'Mae'n well i mi adael iti felly. Cadw efrydydd cydwybodol oddi wrth ei waith.'

'Paid â mynd rŵan!' 'Roedd yn daer yn sydyn. 'Aros nes daw'r Cyhoeddiad Awdurdodedig o waelod y grisia 'na. Canon ofynnodd i ti ddŵad i'r Eglwys?'

'Naci. Neb. Mi fedra i wneud 'y mhenderfyniada fy hun, diolch yn fawr.'

'Mae gen ti hannar awr arall.'

Gorweddodd yn ôl ar y gwely gan ffugio diogi a'i thynnu ar ei ben yn ddirybudd y munud nesaf. Daeth clec fechan wrth i un o'i sandalau ddod oddi ar ei throed a disgyn ar y carped. Gwthiodd ef y llall yn rhydd gyda bawd ei droed a'i hel hithau dros yr ochr.

'Pwyll, mêt.'

'Paid â dweud dim. Dim ond gorwadd.' Trodd hi'n ddeheuig ddidrafferth fel eu bod yn cydorwedd. Rhwbiodd wefusau ysgafn hannar agored ar ei thalcen ac i lawr ei hwyneb a chrynu drwyddo wrth ryfeddu ar y llyfnder. Tynhaodd ei afael ynddi a chyrhaeddodd y gwefusau ei chlust. 'Wyt ti—wyt ti . . .'

'Ydw. O hyd. P'run bynnag, 'fasat ti ddim yn meiddio, debyg, a dy fam a dy dad i lawr grisia.'

'Mi ddaw 'na sgrech toc p'run bynnag.' Daliai i sibrwd. ''Rydan ni'n rhy ddistaw.'

'Pam na wnei di ganu 'ta?'

''Does arni hi ddim isio clywad be 'dan ni'n 'i ddeud, dim ond y sŵn.'

'Roedd ei law'n mwytho'i gwddf a'r gwefusau blysiog yn dal i chwilio'i hwyneb. 'Roedd hi'n llonyddach, yn bodloni ar edrych arno, a chwarae'i bysedd yn araf drwy'i wallt. Ond symudodd ei llaw arall yn sydyn i afael yn ei arddwrn i atal yr ymbalfalu slei am fotymau ei blows, atal heb lawer o argyhoeddiad ynddo oherwydd 'roedd symudiadau dyfal yn datod a thynnu'r blows, yn datod a thynnu'r bronglwm, a'i wyneb yn disgyn gydag ochenaid o wynfyd i ganol ei bronnau cynnes. Ac yna'r cusanu. Cusanu a sugno tyner bob yn ail, a'i ddyhead yn ei anadl yn cael ei fygu ychydig gan yr ymdrech i'w gadw rhag cyrraedd drwy'r parwydydd a'r drws caeëdig i waelod y grisiau islaw.

'Mi fedra inna agor botyma hefyd, cyw.'

Datododd ei grys, fesul botwm, a gadael i'w llaw ddarganfod cnawd newydd sbon gyda phob un. Ceisiai wneud hynny'n hamddenol, ond âi'r ymdrech yn drech na hi yn gyflym. 'Roedd ef, yn sylwi hynny, yn fwy diamynedd ac ymwingodd o'r crys a'i daflu o'r neilltu'n flêr ar waelod y gwely. Disgynnodd arni eto ac yna 'roedd cnawd ar gnawd yn poethi ac yn iasu a'r ddau'n ceisio ymatal rhag gweiddi eu pleser a'u dyhead. Yna teimlodd hi ei law ef yn mynd yn is.

'Wel na chei! Callia! Aros fel 'rwyt ti, yn llonydd.'

Aeth y llaw anfoddog yn ôl at y fron, fesul modfedd, a moldio'n llesmeiriol o'i hamgylch. Daeth ei wefusau i lawr ati eto, a chwythu anadl ysgafn wrth gyffwrdd. Wedi cusan hir, symudasant yn araf i fyny at ei hysgwydd a heibio i'w gwddf gan ddal i arbrofi yma ac acw cyn cyrraedd dros ei gên a'i gwefusau hi. Agorodd ei lygaid a'i chanfod yn edrych arno, yn edrych i'w lygaid. Aeth cryndod mawr drwyddo.

''Fedra i ddim dal. 'Fedra...'

Chwarddodd y llygaid arno.

'Wel mae'n rhaid i ti, y clown! Siarada am rwbath arall.'

Tynnodd ei ben i fyny fel pe bai wedi'i daro. Edrychodd i'w llygaid am ennyd cyn dechrau chwerthin. Siglo chwerthin distaw a'i bysedd hithau am ei gorff yn teimlo a mwytho pob siglad.

'Oes gwlŷdd ar y tatws bellach?'

'Ydach chi wedi bwydo'r nicos heddiw?'

Yna daeth y waedd.

'Be 'dach chi'n 'i wneud i fyny 'na?'

Dau lygad yn chwerthin am ben y llygaid dychrynedig eraill. 'Roedd yn ymdrech i'w llonyddu, ond fe wnaeth. Aeth ei wefusau at ei chlust.

'Mi ddwedis i, on'do? 'Rydan ni'n rhy ddistaw.'

Ailddechreuodd y gwingo odano.

'Mi ddaw i fyny!'

'Na ddaw.'

Llwyddodd ymdrech arall i'w llonyddu.

'Hei! Be 'dach chi'n 'i wneud yn y llofft 'na, y diawlad bach?'

Cododd ef ei ben a'i droi i arbed ei chlustiau hi.

'Cydymsecstinonsansydda!'

'Mi ddaw i fyny!'

'Na ddaw, siŵr.'

'Dowch i lawr y munud 'ma!'

'I be?'

'I Sioned gael panad cyn mynd i'r Eglwys.'

'O!' Trodd ei ben yn ôl ac edrych i'r llygaid. 'Dyna i ti ddynas. Dyna'r banad fwya bwriadol a ddarparwyd yn y pentra ma 'rioed.'

'Da iawn hi.'

Ceisiodd godi, ond daliodd ef hi i lawr.

''Dwyt ti ddim yn golygu hynna.' 'Roedd yr olwg yn ei lygaid yn ei wneud yn debycach i orchymyn na dim arall. 'Doro dy law ar dy galon a dwed o eto.'

'Mae'n well gen i roi fy llaw ar dy galon di.' Gwnaeth hynny, a chau llygaid hapus wrth deimlo'r curiad. 'Tyrd rŵan, gweithia. Os na phasi di dy arholiada y fi geith y bai.'

Cododd ef, yn araf anfoddog. Gwyliodd hi'n rhoi ei bronglwm yn ôl. Daliodd ei law i'w hatal rhag ei gau a rhoes ei law arall odano a'i symud i afael unwaith eto yn ei bron. Ochneidiodd drachefn wrth ei mwytho, a cheisiodd dynnu'r bronglwm i ffwrdd rhwng ei ddannedd.

'Wel, paid!'

'Pryd cawn ni gwrdd eto?'

'Mewn t'ranau, golau mellt, neu 'law?'

'Ha! Mae arna i ofn fod mydr yr hen William yn dy guro di'n rhacs. 'Rydw inna'n cofio Macbeth hefyd.'

'Tyrd pryd fynnot ti.'

Dywedai'r llygaid wrtho pa bryd.

'Nos fory. 'Does gen i ddim arholiad tan pnawn Merchar.'

'Gei di ddŵad?'

'Ga' i ddŵad? A'r Cytundeb newydd rhwng Awdures y Banad Atal Ymgydiad a finna wedi'i gyrraedd ar ôl trafod mor drwyadl a chyfrifol? Caf, debyg. Aros i mi dy helpu di.'

'Helpu.'

Cyn hir, aethant i lawr, a Sioned er ei gwaethaf yn teimlo'i hwyneb yn euog i gyd. Dywedodd hynny. Chwarddodd ef.

*   *   *

'Mae'n iawn. Mae'n dod ati'i hun.'

'Roedd breichiau amdani. Nid ei freichiau ef. Dyna aeth drwy'i meddwl yn gyntaf. Breichiau rhywun arall, ac nid oedd hynny'n gwneud synnwyr . . . dim hawl . . . Yna dechreuodd weld wynebau. Wynebau dieithr, pryderus, a braidd yn chwilfrydig.

'Mae'n cael ei lliw yn ôl. Dyna chi, 'mach i, mi fyddwch yn iawn rŵan. Be ddigwyddodd i chi?'

Be ddigwyddodd? Dim ond mynd i lawr y grisiau am banad hefo Tecwyn ac yntau'n gafael ynddi fel pe bai'n bedwar ugain. Dim byd arall.

Yna gwelodd y cerrig. Cerrig beddi. Edrychodd i lawr.

Llwybr wedi'i dario a sypynnau o wellt wedi mynnu goruchafiaeth yma a thraw arno. Awel ar ei hwyneb a thrwy'i gwallt. Teimlad sâl.

'Mae'n dda i Mrs Evans 'ma droi'i phen. Mi fasan ni wedi mynd yn syth i mewn heb ych gweld chi.'

Ni swniai'r geiriau'n berthnasol. Cododd ei phen a gwelodd yr Eglwys ar ben llwybr arall. Daeth llais eto.

'Mi fyddai'n well i ni gael doctor atoch chi.'

'Roedd hynny'n berthnasol.

'Na na!' Ar unwaith, mewn dychryn. ''Rydw i'n iawn. Mi fydda i'n iawn.'

'Roedd arni eisiau mynd ymhell i ffwrdd, o gywilydd sydyn. Ond byddai hynny'n anniolchgar. 'Roedd yn dal yn ffwndrus.

'Ydach chi wedi brifo? Syrthio ddaru chi?'

'Na. 'Does dim byd. Mae'n rhaid 'mod i wedi—wedi llewygu.'

'Roedd ei geiriau ei hun yn ddychryn iddi. Nid oedd erioed wedi llewygu. Ceisiodd wenu ar y bobl.

'Diolch i chi. Mae beth bynnag oedd o wedi mynd. 'Rydw i'n iawn rŵan.'

'Dowch 'ta. Mi awn ni.'

Daliai'r fraich amdani, braich mewn côt denau a sgwariau bychain du a gwyn hyd-ddi. 'Roedd y ddynes yn ceisio'i chadw'n ôl a gadael i'r lleill fynd yn eu blaenau, ond 'roeddent yn gyndyn o wneud hynny.

''Rydan ni wedi'ch gweld chi hefo Tecwyn, on'do?' meddai un, fel pe bai'n rhannu cyfrinach.

'Do.'

Ond nid gynnau. Dechreuai gofio'n well. Daliai'r fraich i geisio'i dal yn ôl yn slei bach. Daethant at lwybr arall, y llwybr o'r Porth i'r Eglwys. Safodd y wraig.

'Cerwch chi i mewn, neu mi fydd Peredur yn meddwl ein bod ni i gyd wedi'i werthu o.'

Aeth y tair gwraig arall yn rhyfeddol o ufudd. Daeth gwên fechan i'r llygaid.

'Mae statws yn cyfri o hyd, ylwch.' Aeth y wên yn ddireidi wrth eu gweld yn mynd. Yna trodd ati. 'Rhiannon Cummings ydw i.'

'O!'

'Ia, Sioned, ac felly mi gawn ni anghofio 'chwaneg o gyflwyniada.' Gwenai ar ymateb Sioned, a oedd bron yn ymollyngol. 'Mae'n ddrwg gen i 'mod i wedi gorfod trafod

cymaint arnoch chi cyn ych gweld chi hyd yn oed, heb sôn am
ych nabod chi. Gobeithio nad ydi hynny'n gwneud i chi
deimlo'n annifyr.'

Oedd, tan rŵan.

'Nac ydi.'

'Roedd yn hollol wahanol i ddarluniau'i dychymyg. 'Roedd
yn dal, yn dalach o lawer, cyn daled â'r Canon bob modfedd.
'Roedd ei hwyneb yn sicr a digynnwrf, ac nid yn fusneslyd a
gwastrodol. Rhaid mai ar y Canon yr oedd y bai am awgrymu'r
darluniau.

'Be ddigwyddodd?'

''Wn i ddim. 'Dydw i'n cofio dim ond cael panad gan fam
Tecwyn.' Ysgydwai ei phen, yn ddryslyd. ''Dydw i ddim yn
cofio dod o'no, hyd yn oed.'

'Mae hwn yn wahanol i'r lleill.'

'Ydi.' 'Roedd braidd yn chwithig ateb dynes ddieithr.

'Ylwch, dowch yn ôl hefo fi. Mi gân nhw ganu heb 'u . . .'

'Na, wir. 'Rydw i'n iawn. Mae'n well gen i ddŵad, ne' 'wna
i ddim ond . . . 'Rydw i'n cofio cau'r giat o flaen y tŷ.'

'Ond mae'n rhaid i chi ddŵad hefo ni ar ôl y Gwasanaeth.
'Chewch chi ddim mynd yn ôl i'r Plas ar ych pen ych hun.'

Gwenodd.

'O'r gora.'

'Mae arna i ofn na fedra i ddim bod hefo chi yn yr Eglwys.
Mae'n rhaid i mi chwara'r organ.'

''Dydi o ddim gwahaniaeth.'

Aethant i mewn i'r Eglwys fechan. Cyfrannai ei muriau
noethion o bosib at yr awgrym o ias a deimlodd Sioned wrth
fynd drwy'r drws. 'Roedd bedyddfaen carreg crwn ar y dde iddi
a blwch casglu gobeithiol a chlo clap newydd arno gyferbyn.
Aeth rhyngddynt ac o dan y bwa derw at y seddau. Dewisodd yr
ail o'r cefn fel na fyddai neb yn gallu edrych arni. Wyth oedd
yno i wneud hynny p'run bynnag.

Dechreuodd y Gwasanaeth, o'r cefn. Cyhoeddodd y Canon
yr emyn, chwaraeodd ei wraig y bariau cyntaf, cododd yr wyth,
ac adroddodd y Canon y ddwy linell gyntaf mewn llais cadarn.
Canodd ei ffordd araf tuag ati. Yna 'roedd llaw ysgafn ar ei
hysgwydd.

'Peidiwch â phryderu dim.'

Ailgychwynnodd ac ailymunodd yn y gân.

Llwyddodd hi i ganolbwyntio mwy ar y Gwasanaeth nag y
tybiodd ar ei ddechrau. 'Roedd y llewyg wedi'i dychryn ond nid

oedd fymryn gwaeth ar ei ôl. 'Roedd llais a geiriau hamddenol a hyderus y Canon fel moddion. Ond yn well na'r cwbl i gyd oedd dychweliad y cof a'r teimlad am Tecwyn yn gorwedd arni hi ac yn mwytho'i bronnau a chusanu'i chorff, a'i lygaid, pan nad oedd wedi'u cau, yn llawn rhyfeddod pur. Hwnnw oedd y teimlad gorau.

*   *   *

Safai yno, yn methu symud, yn methu'n lân â symud. 'Roedd ynghudd yno yn y goedwig, ond nid oedd wahaniaeth am hynny bellach. 'Roedd ei sbienddrych wedi disgyn wrth ei draed. Plygodd i'w chodi, petai wahaniaeth am hynny. Daethai â hi gydag ef i'w ddedfrydu, a dyna oedd wedi digwydd. Dilynasai ei hynt i'r tŷ. Bu yno am awr a hanner. Yna daethai allan. Gwelodd hwy'n cusanu yn y drws a hithau'n cychwyn at y giat cyn troi'n ôl i roi cusan arall iddo. 'Roedd eu byd mor braf. Yna aethai hi yn syth i'r Eglwys a throi i fynd ar lwybr y fynwent a disgyn. Yno. 'Roedd fel—fel pe bai wedi cael ei thynnu'n un swydd yno. 'Roedd y munud neu ddau y bu'n gorwedd yno'n ddychrynllyd. Ysai am redeg ati ei hun ond ni feiddiai gychwyn. Yna 'roedd y lleill wedi'i gweld ac wedi brysio ati.

Clywodd glec. Troes. Safai'n ei wylio. Ers pa bryd? Rhythodd arno, yn methu dweud gair. 'Roedd wedi bod yn ei wylio am hir, gydol yr amser. Gwyddai hynny. Gwyddai fod dychryn yn ei lygaid yntau hefyd.

'Wel?'

'Roedd ei lais yn arw, yn fygythiol.

'Gad i mi!'

'Wel?' 'Roedd cynnwrf yn y bygythiad.

Brasgamodd heibio iddo. Gafaelwyd ynddo. Ffyrnigodd yn ebrwydd.

'Gad i mi!'

Rhoes ergyd â'i sbienddrych i'r fraich i'w ollwng ei hun yn rhydd. Rhedodd ymaith gan sathru'r bwtias yn ddidrugaredd dan draed. Dechreuodd y llall duthio ar ei ôl.

'Mae'n rhy hwyr i redag! 'Tasat ti wedi gwrando arna i . . .'

Nid aeth y llall i weiddi rhagor. Ataliodd ei duthio hefyd, a bodloni ar gerdded. Y tu ôl iddo, daeth pen arall i'r golwg yn araf ddryslyd o'r tu ôl i goeden, wedi bod yn gwylio dau a gwylio mwy. Daliai i deimlo effeithiau'r cyfyng-gyngor a ddaeth drosto pan welodd Sioned yn syrthio yn y fynwent a sylweddoli nad oedd yr un o'r ddau arall am symud cam. 'Roedd golwg ddi-ddeall ac ofnus arno. Sleifiodd o goeden i goeden ar ôl y ddau arall, yn gwybod nad oedd elwach o wneud hynny erbyn hyn. Wedi munud neu ddau, pan ymwahanodd y lleill, aeth yn ôl at y llwybr a rhedeg yn ôl i ben draw'r goedwig ac am adref. Neidiodd i'w gar a'i yrru'n wyllt ar hyd y ffordd yn ôl heibio i'r coed.

'Roedd yn falch o weld y gwrid iach ar ei hwyneb. Cerddai rhwng y Canon a'i wraig tuag at y Porth. Canodd gorn y car ac amneidio arni, a daeth hithau ato ar unwaith. 'Roedd yn anodd dod o hyd i eiriau.

'Tyrd i mewn am funud.'

''Rydw i wedi cael gordors i fynd i'r Rheithordy. 'Cha i ddim gwrthod.'

'Mi ddo i â hi i fyny,' gwaeddodd ar y Canon.

'Cofia bod dy gefndar wedi cael y blaen arnat ti, clap.'

Cymerodd arno wenu. Agorodd y drws arall iddi.

'Be sy'n bod? Mae golwg ryfadd arnat ti.'

'Gwrando.' Gwridai. Nid edrychai arni. 'Ydi pob dim yn iawn?'

'Be wyt ti'n 'i feddwl?'

'Wel... Damia unwaith.' Rhoes blwc gwirion i'w wallt i fwrw'i lid ar ei afrwyddineb. 'Oes 'na—oes 'na rwbath sydd ddim fel y dyla fo fod?'

Llwyddodd i edrych arni. Sylwodd hithau am y tro cyntaf mor debyg oedd ei lygaid i lygaid Tecwyn pan oeddynt yn ansicr. Gwnaeth hynny hi'n fwy hyderus.

'Nac oes, am 'wn i.' Nid twyll oedd y celwydd hwn. 'Pam wyt ti'n gofyn?'

Chwiliodd am ateb. Nid oedd yr un ar gael heb ei dychryn.

'Gwydion, be sy'n bod?'

''Does arna i ddim isio dy ddychryn di.'

'Be sy 'di digwydd?'

''Fawr ddim.' Rhoes gip nerfus arall arni. Syllodd ar y Canon a'i wraig yn mynd i'w car ac yn cychwyn ymaith. ''Rydw i'n teimlo'n ffŵl.'

Cychwynnodd yn araf ar ôl y car arall.

'Mae 'na rwbath yn bod, ne' 'fasat ti ddim wedi dŵad yma.'

'Dim ond isio gofalu dy fod di'n iawn, dyna'r cwbwl.' 'Roedd wedi bod yn fyrbwyll, ond 'roedd yn ddigon hawdd penderfynu hynny rŵan. 'Paid â—os wyt ti'n iawn, mae pob dim arall yn iawn.'

'Ond pam mae angan sicrhau hynny rŵan?'
''Dydw i ddim yn gwybod.' Rhoes gip arall arni. 'Wir i ti,
'dydw i ddim.' Canolbwyntiodd ar newid gêr, fel pe bai'n
orchwyl arbenigol. 'Yli, 'rydw i am drio darganfod. Os ca' i
wybod rwbath mi gei di wybod fory.'
'Dallt dim.'
Arafodd y car, ac aros wrth lidiart y Rheithordy. Edrychai i
lawr.
''Rarglwydd, 'rydw i'n ffŵl.'
'Nac wyt, Gwydion, 'dwyt ti ddim.' Agorodd ei drws. 'Yli,
beth bynnag 'rwyt ti'n methu'i ddweud, 'rydw i'n
gwerthfawrogi. Wir, rŵan.' Aeth allan. 'Diolch am y reid.'
'Sioned.'
'Be?'
'Dwed wrth Tec Bach 'i fod o'n uffar o foi lwcus.'
'Am fod ganddo fo gefndar sy'n bencampwr ar ddweud 'i
feddwl.'
Gwenodd arno, a mynd. Aeth yntau'n syth adref, a'i dymer
yn cynyddu'n llaes. Gwaed yn dewach na dŵr, o ddiawl. Rhoes
glep ffyrnig ar ddrws y car. Clywai sŵn yn y beudy. Aeth i mewn
yn ei hyll.
'Be 'di'r gêm?'
Ni chododd ei dad ei ben i'w gydnabod.
'Pa gêm?'
'Roedd pwyslais dilornllyd ar y gair. Gwylltiodd Gwydion yn
waeth.
'I be oeddach chi'n mynd i'r coed i wylio Watcyn Lloyd ac i
be oeddach chi'n ffraeo hefo fo?'
'Roedd y ddau gwestiwn yn uchel a chyflym. Trodd ei dad ato
fel tarw.
'Be ddwedist ti?'
'Peidiwch â thrio gwadu. Mi welis i y cwbwl.'
'Ddaru ti? Y cachgi bach slei!'
'Roedd hynny'n annodweddiadol, y geiriau a'r gweiddi.
'Wel dyna uffar o un da i ddeud!'
'Paid ti â meddwl dy fod yn rhy hen i gael dy hiro, was.
'Fydda i ddim dau funud hefo chdi!'
'Roedd yn fawr ac yn gryf. Yna penderfynodd Gwydion fod
ei ymateb ef yn ei fesur yr un mor chwerthinllyd â'r bygythiad.
'Atebwch 'y nghwestiwn i.'
''Does dim rhaid i mi atab dim i chdi. Pwy wyt ti'n 'i feddwl
wyt ti?'

'Be 'di'ch gêm chi?'

'Dos i chwara i rwla.'

''Roeddach chi'n gwylio Sioned, on'd oeddach?'

'Be?'

'Be mae Sioned wedi'i wneud i chi?'

'O! 'Rwyt titha am 'i gwarchod hi hefyd, 'fath â'r llymbar cefndar 'na sy' gen ti!'

''Dewch chi ddim o'r beudy 'ma heb atab 'y nghwestiwn i!'

'Na wnaf?' 'Roedd yn fflamgoch o'i weiddi. 'Ac ydi hi'n fygwth, ydi hi?' Rhuthrodd am bicwach. 'O'r gora! Tyrd 'ta, lanc, i ti gael hon ar dy gefn!' Cododd y picwach uwch ei ben. 'Tyrd yn dy flaen!'

Aeth yn ddistawrwydd, heblaw am chwythu. Edrychodd y ddau ar ei gilydd, yn wyllt. Nid oedd cariad. Nid oedd casineb chwaith. 'Roedd dicter, ac ofn. A thipyn o ddirmyg. Aeth Gwydion allan. Lluchiwyd y picwach yn erbyn y mur nes ei fod yn clecian.

*   *   *

Awgrym o lygaid gwlithog oedd y diolchiadau gorau a gafodd y Canon y Sul hwnnw a llawer Sul arall ac 'roedd yn siŵr mai ei benderfyniad i roi'r darlun mewn ffrâm oedd yr achos. 'Roedd wedi'i gyflwyno iddi yn syth ar ôl iddynt ddychwelyd o'r Eglwys. Yn awr 'roedd ar ei ffordd yn ôl yno, peth digon anghyffredin yn ei hanes ar nos Sul. Aethai ei wraig hefo Sioned i'r Plas gyda'r esgus cyfleus o'i danfon yno.

'Roedd wedi ceisio ffonio Gwydion, ond yn ofer. Awgrym oedd hwnnw hefyd,—Sioned braidd yn anniddig oherwydd ei ymddygiad, ond 'roedd hynny'n hen ddigon iddo ef synhwyro ffynhonnell i fusnesa ynddi. Nid oedd am ollwng yr un trywydd o'i afael. A dyna pam 'roedd ar ei ffordd i'r fynwent.

Wrth ochr y garreg binc. Dyna ddywedodd Rhiannon oedd y lle y gwelsai Sioned wedi llewygu. Tebyg fod y garreg hyllaf yn y fynwent yn lle addas i lewygu yn ei hymyl, os nad o'i phlegid. Edrychodd yn sur ar y garreg ddi-chwaeth, a'r aur ffug yn prysur blician oddi ar yr arysgrif. Edrychodd ar rai o'r cerrig eraill yn ei chyffiniau, y ddwy ochr i'r llwybr, gan ganolbwyntio ar bob un yn ei thro. Ni ffurfiai ateb na damcaniaeth. Aeth yn ôl at y Porth ac edrych i gyfeiriad y garreg binc oddi yno, a cheisio ehangu'r olygfa i gynnwys popeth. Dim ateb. Aeth yn ôl at y garreg gan geisio canolbwyntio ar bopeth eto yn ei dro gyda

phob cam, gan hanner gobeithio nad oedd neb yn ei wylio. Dim
ateb wedyn chwaith. Beddau teuluoedd, pob un ohonynt wedi'u
hagor a'u hailagor ar wahanol gyfnodau. Hen ferch unig yn eu
canol. Am a wyddai ef mai hen ferch ydoedd. 'Roedd bedair
blynedd cyn ei gyfnod ef. Ciliodd yn araf a myfyrgar.

*   *   *

Ni fedrai gysgu. Poen braf oedd meddwl yn ysbeidiol am
Tecwyn yn cysgu neu fethu yn ei wely ef. Nid oedd yn anniddig
chwaith, dim ond yn methu cysgu.

Yn ei ffrâm 'roedd y darlun cyn hardded ag erioed. Bu'n
edrych arno am awr gron gyfan cyn diffodd y golau. Drannoeth
byddai'n wynebu Watcyn Lloyd am y tro cyntaf ers deng
niwrnod, ac ni wyddai'n iawn sut brofiad fyddai hwnnw. Ond
Watcyn Lloyd neu beidio, 'roedd yn benderfynol o wynebu
Gwydion, a hynny er ei fwyn ef. Efallai y byddai'n gallu dweud
rhywbeth wrthi, a byddai hynny er ei mwyn hithau hefyd. Dyna
welliant. Nid oedd hunan-dwyll yn gêm o gwbl.

Ar ôl y llewyg a'i ddychryn 'roedd wedi penderfynu, yn
betrus, dderbyn awgrym y Canon i fynd at yr hypnotydd, pwy
bynnag oedd hwnnw. Dyna pam yr oedd y Canon wedi gofalu
nad oedd hi am gael bod ar ei phen ei hun weddill y noson, i ori.
Deallai hynny hefyd. Rhiannon eisiau mynd am dro! Ond nid
oedd ei phenderfyniad yn ei phoeni; 'roedd yn dipyn o syndod
iddi ganfod ei meddwl yn dawelach o'i herwydd. Ar wahân i'w
phrofiadau rhyfedd nid oedd ganddi ddim i gwyno yn ei gylch,
ac os oedd gobaith i'r dyn siarad-yng-nghwsg-pobl-eraill roi
terfyn ar y profiadau hynny, wel hwnnw amdani.

Llond y lle o goed a bwtias. Dechreuai fynd yn swrth. Llidiart
swanc a tholc ynddi. Os medrai beidio â meddwl am ei syrthni
byddai'n cysgu ynghynt. Y darlun wrth yr erchwyn yn eiddo
cyfreithlon iddi bellach. Dwylo ac wyneb awchus yn rhyfeddu ac
yn mwytho'i bronnau a'i chorff. Braf. Dyn yn damio am ei fod
wedi cael bil am drwsio'r llidiart. Gwenai drwy'r syrthni.
Rhodri'n prynu diod dianghenraid iddi. Mi addawa i filoedd o
betha i ti. Braich gynnes. L23/29.

Cododd ar ei heistedd, yn syfrdan. Rhythodd i'r tywyllwch.
Disgynnodd yn ôl ar y gobennydd, yn sydyn ddiymadferth.
Cododd ar ei heistedd drachefn, yn methu chwalu'r syniad o'i
meddwl ac yn methu dirnad o ble y daeth. Ymbalfalodd yn
gythryblus yn y llinyn uwch ei phen a'i dynnu. Rhwbiodd ei

llygaid i ymgynefino â'r golau, a phlyciodd y darlun ati. Cododd o'r gwely ac eistedd ar yr erchwyn, yn crynu drwyddi, a rhythu a rhythu ar y darlun.

*   *   *

Ni fedrai gysgu. 'Roedd wedi cael dwy gic ofer i geisio'i lonyddu. Bu'n anniddig drwy'r gyda'r nos, yn gwybod yn iawn ei fod wedi methu rhywbeth. Ceisiodd fynd drwy'r symudiadau'n ofalus, fesul cam, fesul munud, fesul dyddiad.

Darllen cerrig. Cofio sefyll uwchben beddau, ac er ei waethaf yn cesio darogan pa bryd y byddai'n sefyll uwchben y bedd hwnnw wedyn. Weithiau flynyddoedd, unwaith bedwar diwrnod. Ambell dro byddai carreg newydd sbon yn cael ei thynnu ddiwrnod neu ddau ar ôl ei gosod. Ond 'roedd mynwent oer yn well nag amlosgfa glyd. 'Roedd gorfod ymladd rhag cael ei chwythu'n llythrennol ar ôl yr arch i'r twll yn well na chynnal gwasanaeth angladdol y tu ôl i ddesg. Câi'r weithred olaf ei chuddio, ac am hynny ei gwadu, yn yr amlosgfeydd. Nid felly mewn...

Fesul dyddiad! Neidiodd. Cafodd gic. Rhythodd i'r tywyllwch, yn meddwl, yn ystyried, yn ceisio dirnad. Nid oedd y wybodaeth ganddo. Ystyriodd drachefn, yna cododd o'r gwely a rhoi'r golau. Dechreuodd wisgo amdano'n gyflym.

'Be yn y byd wyt ti'n 'i wneud?'

'Mynd i'r fynwent.'

Cododd Rhiannon ar ei phenelin.

'Be?'

'I edrach be wnaeth i Sioned lewygu.'

'Wyt ti'n hollol gyfan gwbwl honco, ddyn?'

''Fedra i ddim cysgu, p'run bynnag. 'Waeth i mi yn fan'no ddim.'

'Diolch yn fawr iawn.'

Chwarddodd am ei phen.

'Os gwêl rhywun chdi mi sylweddolan dy fod ti o dy go.'

''Dydi honno ddim yn broblem.'

Rhoes gusan swnllyd ar ei thalcen a diffodd y golau. Rhoes esgus yn ei boced, rhag ofn. Cerddodd i'r pentref. 'Roedd arogl glaw yn yr awel a'r dail newydd uwchben yn cydymffurfio â hi yn ysbeidiol gyda'u dawns a'u siffrwd. Gwelodd siâp car annisgwyl mewn cilfach dros y ffordd a throes olau ei fflachlamp fechan arno. Diolchodd am ei esgus, a phan ddaeth y golau sydyn ar ei wyneb hanner canllath yn nes ymlaen cyn cyrraedd goleuadau'r pentref ni ddychrynodd i'r graddau dyladwy. Digri braidd oedd ymdrech ei lamp ef i ddallu'n ôl.

'A! Cwnstabl. Ydi'r tylluanod yn bihafio?'

'Allan yn hwyr, Syr.'

'Talu am y cof, Cwnstabl.' Tynnodd allwedd yr Eglwys o'i boced a'i ddal i fyny. ''Roedd ias y glaw sy' ar ein gwartha i'w deimlo yn yr Eglwys heno 'ma a mi rois y gwres. A 'dydw i ddim yn cofio 'i ddiffodd o wedyn. Un fel'na ydw i. 'Chysga i ddim nes gwneud yn siŵr.'

'O, ia.'

Anwybyddodd yr amheuaeth gyda gwên ddi-hid.

'Ia, ia.'

'Mae'n ddigon tawal.'

'Ydi, mae hi. Ac yn bum munud i ddau.'

'Ydach chi ddim wedi cofio rhwbath arall ers dydd Gwenar, Syr?'

'Cofio. Cofio?'

'Pan ddois i acw ynglŷn â pheintio'r car.'

'O, ia, ia. Na. A dweud y gwir, 'dydw i ddim wedi meddwl rhyw lawar am y peth.'

'Mae'n drosedd ddifrifol, Syr.'

'Ydi. Ydi'n wir. A phaent wedi mynd yn beth drud.'

'Mae'n rhaid atal peth fel hyn ar unwaith.'

'Rhaid. Ne' mi eith yn ffasiwn. 'Fydd 'na ddim digon o geir i'w cael.'

'Os medran nhw beintio mi fedran nhw losgi.'

'Llosgi. O, ia. Be? Hefo blo-lamp?'

'Syr?'

'Fel rheol, wrth grafu paent mae'r rheini'n cael 'u defnyddio, nid wrth 'i roi o.'

Anadliad dwfn.

'Os gwelwch chi rwbath, Syr, ne' os cofiwch chi rwbath . . .'

'Ar bob cyfri, Cwnstabl. Nos da.'

Aeth yn ei flaen. Cyfrodd enw a dau ansoddair a gair annirnadwy arall ar eu holau. Aeth i mewn i'r Eglwys, rhag ofn, a rhoi'r golau, rhag ofn. Diffoddodd a chloi. 'Roedd digon o olau o'r lamp ar y pafin wrth y Porth iddo fynd at y garreg. Nododd y dyddiad a phlygodd i chwilio o'i hamgylch yn y gobaith fod y saer maen wedi cynnwys ei hysbyseb slei arni. Cafodd hyd i'r enw, ond arhosodd yno wedyn am ysbaid, yn ystyried a dyfalu, yn gyndyn o godi. Yna, bron yn anfoddog, ciliodd yn araf a throes am adref. 'Roedd y car yno o hyd.

*   *   *

Gwelodd ef ym mhen draw'r tŷ gwydr lleiaf. Aeth i mewn. Safai a'i gefn ati, yn gwneud dim ond rhythu ar y glaw yn dylifo i lawr y gwydr o'i flaen, a'i law chwith yn chwarae'n nerfus ar y silff fechan bren wrth ei ochr. Nid oedd yn ei chlywed yn dod.
''Rydw i yma o hyd.'
Troes yn sydyn, a gwrido'n syth. Dechreuodd ddweud rhywbeth, ond tawodd. 'Roedd clais uwchben ei foch dde, ac awgrym o chwydd yn culhau'i lygad. Diflannodd y wên oddi ar ei hwyneb wrth ei weld.
'Be wnest ti?'
'Be sy'n digwydd, Sioned?'
'Roedd ei lais yn llawn cynnwrf a'r olwg syn bryderus yn ei lygaid yn ei hatgoffa o Tecwyn unwaith yn rhagor. 'Roedd am barhau â'i chelwyddau mewn rhyw obaith a oedd yn prysur fynd yn ofer fod y gwir yn amherthnasol.
'Gwydion, wir i ti, 'does 'na ddim yn digwydd y mae'n rhaid i ti bryderu yn 'i gylch o. Wir, rŵan.'
''Tasa hynna'n wir, Sioned, mi fasat ti wedi cynhyrfu mwy na ddaru ti neithiwr.' Dweud yr oedd, nid cyhuddo. 'Be sydd?'
'Catrin.'
Dim ond yr un gair.
'Hidia befo, 'dydw inna ddim yn dallt chwaith. Be wnest ti i dy wynab?'
'Ffrae. Yr hen ddyn 'cw.'
Ei thro hi oedd rhythu'n frawychus.
'Paid â dychryn.' Rhoes chwarddiad nerfus, chwerw. ''Dydi o ddim yn beth beunyddiol acw. Hyd yma, beth bynnag.' 'Roedd ei lais yn gythryblus, siomedig. 'Mi fyddwn i'n cael fy siâr o gwrbins pan o'n i'n llefnyn, ond dim byd fel hyn.' Llyncodd ei boer. ''Ches i 'rioed ddwrn yng nghanol 'y wynab o'r blaen.'
'Roedd arni eisiau gafael ynddo, ond daliodd yn ôl, yn ansicr. Ceisiai ffitio'r wyneb a welodd am ychydig pan aeth Tecwyn a hithau i'r goedwig y pnawn Sul hwnnw i dymer mor ddrwg ag i ddechrau dyrnu. Ond aethai'r wyneb yn rhy annelwig i hynny.
'Pam?'
''Roedd hi wedi bod yn ddrwg rhyngon ni yn y beudy yn syth

ar ôl i mi d'ollwng di hefo'r Canon. Mi es i'n ddigon pell i ffwr i drio meirioli ond pan ddois i'n ôl mi fethis â dal. Mi aeth hi'n helynt arall.'

'Ond am be? Be sy' a 'nelo fi â'r peth?'

''Wn i ddim, Sioned, wir Dduw, 'wn i ddim. Nid am—nid am yr un peth 'roedd yr ail ffrae p'run bynnag. Mi aeth hi'n edliw pob diawl o bob dim, y ddau ohonon ni am y gora. 'Doedd Mam ddim adra i fod yn reffarî. Mi ofynnis i iddo fo yn y diwadd o ble'r oedd o'n cael y pres i brynu'i geir crand oherwydd 'i bod hi'n ddigon amlwg nad oedd o'n 'u gwneud nhw drwy chwys 'i lafur. Dyna'r pryd y disgynnodd y dwrn arna i.' 'Roedd yn cynhyrfu drachefn. 'Y basdad.'

'Be wnest ti?'

'Mynd.'

'Call iawn.'

'Ella. Mae'r diawl deirgwaith gymaint â fi p'run bynnag.' Gwenodd yntau fymryn wrth weld ei gwên sydyn hi. 'Ond mae'r gwir yn lladd. Be oeddat ti'n 'i feddwl wrth ddweud "Catrin"?'

''Dydw i . . .'

'Paid ag atab.'

Edrychai'n rhybuddiol arni, ac amneidiodd heibio iddi. Troes. Prysurai Rhodri tuag atynt.

'Dan do heddiw. Drwy'r dydd, mi allwn . . .' Gwelodd wyneb Gwydion. 'Wel wir Dduw! Rhagor o Anturiaethau D. T. Humphries.'

Sobrodd wrth glywed Gwydion yn dweud ei stori wrtho yntau. Ymesgusododd Sioned ar ganol yr eglurhad, gan ddefnyddio'i gwaith yn gyfiawnhad. Aeth allan a brysio drwy'r glaw yn ôl i'r Plas. Daethai syniad canol nos yn ôl i'w meddwl a gwrthod diflannu ac 'roedd sefyll yn y tŷ gwydr yn euog i gyd yn annioddefol. 'Roedd pentwr o waith y blanhigfa ar ei chyfer yn ei swyddfa, diolch am hynny. Byddai papurau Gartharmon yn amhosib. Gweithiodd, a gofidio am fod y pentwr gwaith yn lleihau'n rhy gyflym. Ganol y bore, clywodd sŵn y fen bost yn crafu'r graean. Cododd o'i desg a mynd drwy'r drws a dod wyneb yn wyneb â Watcyn Lloyd.

'Mr. Lloyd, ydach chi'n iawn?'

Daethai'r cwestiwn bron yn ddiarwybod iddi. Ni chafodd ateb. 'Roedd golwg flêr arno, heb y siwt a'r tei hyderus, a'i wallt bob sut ar ei ben. Ond nid cyffredinedd y dillad na blerwch gwyllt ei wallt a dynnodd ei sylw hi, ond ei wyneb. 'Roedd dan ei lygaid yn bantiau tywyll, poenus, a'i geg yn dechrau agor a'r ên yn crynu, a'i lygaid yn ddwl, ddifywyd.

'Ydw, Miss Davies.'

'Roedd ei lais yn fychan, floesg. Aeth o'i blaen ar hyd y cyntedd at y drws a phlygu i godi pentwr o lythyrau. Aeth drwyddynt fesul un fel pe i'w didoli ond sylweddolodd Sioned gyda braw nad edrychai ar yr un ohonynt, dim ond eu cymysgu fel cardiau chwarae. Rhoes hwynt i gyd iddi.

'Agorwch chi nhw, Miss Davies.'

'Ylwch, ga' i nôl Rhodri neu Lleucu atoch chi?'

'Na na. 'Rydw i newydd fod yn siarad hefo Lleucu.'

Cydgerddodd yn ôl hefo hi ar hyd y cyntedd a daeth i mewn i'r swyddfa. Safodd wrth ei desg, yn rhythu i lawr arni.

'Miss Davies, 'rydan ni'n gwerthfawrogi'ch gwaith chi.'

Dim ond hynny. Disgwyliai Sioned iddo ddal ati, neu roi ryw 'ond' mawr i'w darparu ar gyfer cerydd, ond ni wnaeth. Daliai i edrych ar y ddesg. Ni ddywedodd hi ddim. Clywsant sŵn car arall yn dod i'r iard.

'Beth bynnag a . . . Mae'r gwaith yr ydach chi'n 'i wneud yn gymeradwy dros ben, Miss Davies. Diolch i chi.'

'Roedd yn rhaid iddi ddweud rhywbeth.

'Mi fydda i'n teimlo weithia nad ydw i'n cyfiawnhau 'nghyflog. Mi fydda i'n cymryd oria i fynd drwy amball focs yn y selar, a hwnnw'n focs digon bach.'

'Peidiwch â phoeni am hynny. Mae—mae . . .'

'Helô 'ma!'

'Roedd y llais yn y cyntedd. Pe bai Watcyn Lloyd wedi gallu gwelwi tebyg y byddai wedi gwneud.

'Helô 'ma.'

Daeth i mewn. Cododd Watcyn Lloyd ei lygaid am eiliad i nodio arno.

'Peredur.' Llais yr un mor floesg.

''Chadwa i mohonoch chi. Dim ond picio ar fy ffordd o'r Dre.' Edrychodd y Canon o un i'r llall, a difrifoli wrth weld Watcyn Lloyd. 'Dwy negas. Y gynta a'r bwysica, sut ydach chi, Sioned?'

'Iawn. Hollol iawn, diolch.'

'Da hynny. Glywist ti'r hanas, Watcyn?'

'Hanas?'

'Naddo? Wel wel. Mae arna i ofn ych bod chi'n gweithio gormod ar Sioned.'

'O?'

'Mi lewygodd pnawn ddoe. Yn y fynwent.'

'Bobol! Miss Davies, ydach chi'n . . .'

'Ydw. 'Doedd o'n ddim. Rhain sy'n ffysian.'

'Ffysian. Hm.'

'Roedd y Canon a'i lygaid yn wastadol ar Watcyn Lloyd. 'Roedd yntau'n dal i edrych ar y ddesg, yn yr un lle, yn llonydd, llonydd.

'Ar y ffordd i'r Eglwys yr oedd hi.' 'Roedd penderfyniad tawel yn ei lais, yn sicr ohono'i hun. 'Wel, mewn ffordd o siarad. 'Tasa hynny'n llythrennol wir, mi fedrid esbonio'r llewyg fel rhyw ymateb cynamserol i fy mhregethu i. Ond 'ddaru hi ddim llewygu ar lwybr yr Eglwys. Dyna sy'n rhyfadd.' 'Roedd fel pe bai'n siarad wrtho'i hun, heb falio. 'Mi aeth ar lwybr y fynwent i wneud hynny. Mi aeth o'i ffordd i lewygu. Od iawn.'

'Wel, wel, Miss Davies, os nad ydach chi'n teimlo'n iawn . . .'

'Y dyn 'ma sy'n gwneud môr a mynydd o betha.'

'Elizabeth Magdalen Meddington.'

Tri gair hamddenol, tawel.

'Wannwl! Watcyn bach, wyt ti'n iawn, d'wad? Chdi fydd y nesa i gael ffatan.'

'Mae—fy stumog i, ers nos Iau.'

'Hm. Doctor, Watcyn. Ia, fel o'n i'n dweud, dyna'r enw ar un o'r cerrig lle llewygodd Sioned. A'r garrag yn Gymraeg, a hitha'n hen ferch. A 'does 'na'r un Meddington arall ar gyfyl y lle. Hen athrawes oedd hi, meddan nhw. 'I phrif a'i hunig hobi hi oedd leinio plant.'

Cododd Watcyn Lloyd ei lygaid yn araf.

'Fyddai'n wahaniaeth gen ti 'tasa Miss Davies yn gwneud panad i ti bora 'ma, Peredur? Mae arna i flys mynd i orffwys am ychydig.'

'Wel, ia, syniad da. A doro ganiad i'r doctor.'

'Ia. Ella y gwna i.'

Aeth at y drws, heb edrych arnynt.

'O, Watcyn, ddoist ti o hyd i'r llun bellach? 'Fedra i ddim cadw Math a Janw ar esgusion yn llawar hwy.'

'Mi—mi anghofis i chwilio.'

'O, paid â phoeni.'

Aeth. Trodd y Canon i edrych drwy'r ffenest.

'Er 'i fwyn o ne' er mwyn y gwir. Nid er 'y mwyn fy hun, Sioned, credwch fi.'

199

'Be sy' arno fo?'

''Rydw i'n casáu be wnes i rŵan, yn 'i gasáu o. Mae Watcyn yn un o'r ffrindia gora y medra neb ddymuno'i gael.' Trodd ati. 'Ond mae'n rhaid gwneud. Ac mae'n rhaid gofalu amdano fo.' Gwyliodd hi'n mynd drwy'r amlenni heb eu hagor. 'Yr hyn y dois i yma i'w ddweud oedd 'mod i wedi cael gafael ar yr hypnotydd.'

Cynhyrfiad bychan, fel dedfryd.

'Diwrnod o rybudd mae o 'i angan. Mi gewch chi ddweud pan fyddwch chi'n barod.'

'Ia.' Yna, nid oedd fel pe bai'n canolbwyntio. ''Dydi o ddim i'w weld mor bwysig heddiw. Nid ar ôl . . .'

'I chi weld Watcyn.'

'Ia.'

'Mae'n bosib na fydd yn rhaid i chi fynd. Ella bydd petha wedi'u datrys.'

'Os dowch chi o hyd i Catrin mi fydd fy mhrofiada i'n dod i ben. Dyna ydach chi'n 'i ddeud?'

''Rydw i'n argyhoeddedig o hynny.'

'A mi ddowch o hyd i Catrin.'

'Mae 'na gynnwrf. Y tu mewn a'r tu allan.' Petrusodd. 'Mi ges i ddamcaniaeth neithiwr, ganol nos o rwla, mor gry nes i mi fethu dal yn 'y ngwely. Mi es i fusnesa, ac mi es i'r Dre ben bora heddiw i geisio'i gwrthbrofi hi. Ond mi fethis. Os rhwbath, mi ges dystiolaeth i'w chryfhau hi.' Ysgydwodd ei ben. 'Peidiwch â holi chwaith,' ychwanegodd yn dawel.

''Wna i ddim. Am na fedra inna ddatgelu damcaniaeth ryfeddach ges inna ganol nos, pa mor ryfadd bynnag ydi'ch un chi. Diolch nad oes raid rhoi coel arnyn nhw,' ychwanegodd mewn gobaith ofer. Rhoes ei sylw am ennyd ar y glaw yn curo ar y ffenest wrth i hyrddiad arall o wynt gyrraedd. 'Fedrwch chi fynd i weld Gwydion?' gofynnodd. ''Rydw i'n meddwl 'i fod o angan cymorth. Mae o wedi cael achlust.'

'Ydi o?'

'Rwbath ynglŷn â'i dad.'

''I dad. Morus.'

'Roedd ef ar fin dweud rhywbeth arall, ond ailfeddyliodd.

'Triwch 'i gael o ar 'i ben 'i hun.'

'Gwnaf. Morus Garth.' Ystwyriodd. 'Mi a' i rŵan 'ta. Mi tynna i o i werthu stribed ne' ddau o floda i mi.' Trodd yn y drws. 'Gyda llaw, mae'r Heddlu gweithgar yn dal i chwilio am fotobeintwyr a chyffelyb derfysgwyr a rabscaliwns bob awr o'r

200

dydd a'r nos, yn enwedig y nos. Ella y gwela i chi yn nes ymlaen.'

Gwenodd arni, a mynd.

Bu'n gweithio, yn gaeth. Damia'r glaw. Damia'r llyfrgell a'r seler. 'Roedd yr arholiad ar ben a Tecwyn wedi cyrraedd adref. Ni fyddai'r glaw yn ei atal rhag dod ddiwedd y prynhawn. Diolch am y cynnwrf braf hwnnw. Ceisiodd ganolbwyntio arno, a rhoi'r llall o'i meddwl. Efallai y byddai'n rhedeg yr holl ffordd drwy'r glaw ac yn gwlychu'n socian. Aeth y cynnwrf yn brafiach. Ni welodd y Canon wedyn na neb arall ar wahân i Lleucu. 'Roedd pawb fel pe bai arnynt ofn y glaw. Ond fe ddaeth Lleucu i mewn tua chwarter wedi tri yn wlyb ddi-hid i nôl y llythyrau. 'Roedd cwyno'n beth newydd yn hanes Watcyn Lloyd, cynigiodd, a dyna efallai pam ei fod yn yn edrych mor ddrwg. Ceisiodd hithau gytuno, heb lwyddo ryw lawer, a'r teimlad o dwyll yn tonni drosti. Ond teimlai'n llwfr am ei bod yn llechu yn ei swyddfa, yn union fel pe bai arni ofn gwlychu, a'r munud y cafodd ei thraed yn rhydd rhedodd i'r fflat i wneud pryd sydyn o ŵy ar dôst, ŵy o'r fferm, ŵy Morus Garth. Nage, Gwydion oedd wedi dod â hwy. Llowciodd ei bwyd, rhoes y gôt deneuaf a oedd ganddi amdani, ac aeth allan. Brysiodd i lawr y ffordd a'r glaw yn curo'i chefn a'i choesau. Aeth i'r goedwig at y bwtias a gwlychu'n socian. 'Roedd y blodau'n brydferth o hyd. Ac 'roedd rhywbeth arall.

Rhedodd yn ôl, yn well. Ni welodd neb, diolch am hynny efallai. Da iawn Watcyn Lloyd am roi cawod uwchben y baddon. Trodd y dŵr mor boeth ag y gallai ei oddef, a bu odano am hir, yn golchi'i gwallt a chynhesu'i chorff yn drwyadl, yn barod. Sychodd ei hun yn araf freuddwydiol gyda lliain cynnes a mynd drwodd i'r llofft. Aeth i'r ffenest i wylio'r glaw. Nid oedd beryg i neb ei gweld, a safodd yno'n noeth braf yn gwylio'r bwrw cyson. Ni wyddai sut y deuai drwyddo ati o'r pentref, ond fe ddeuai. Mwythodd y lliain dros ei chorff am ei bod yn dechrau oeri cyn mynd o'r ffenest. Tynnodd ddillad glân o'r cwpwrdd a'u byseddu fel pe bai'n anfodlon arnynt. Wedi penderfynu, rhoes y dillad i gyd o'r neilltu a gafael mewn gŵn nos dew a'i gwisgo. Dechreuodd sychu'i gwallt gyda'i sychwr trydan.

Clywodd sŵn. Rhedodd i'r ffenest. Aeth y car heibio islaw a gwelodd rannau o siwmper ddu a jîns glas golau drwy'i ffenest. Aeth yn ôl at y sychwr.

'Hei!'

'Tyrd i fyny.'

201

Clywodd ef yn cau'r drws ar ei ôl ac yn cychwyn i fyny'r grisiau. Yna clywodd ef yn mynd i lawr yn ei ôl a chlywodd glic fechan y clo. Aeth y car yn ôl. Rhedodd ef i fyny'r grisiau. Tynhaodd hithau'r ŵn amdani.

'Chdi yn gynta, materion y dydd wedyn.'

Gafaelodd amdani. Er byrred ei daith redeg, 'roedd ei wallt a'i ddillad wedi gwlychu a'i wefusau'n oer ond yn cynhesu'n gyflym. Yna'n sydyn bradychodd ei anadl fod ei fysedd wedi synhwyro nad oedd ganddi ddilledyn o dan y ŵn. Gwthiodd ef ymaith a rhoi'r lliain iddo.

'Sycha dy wallt.'

'Rhag ofn i ti gael annwyd.' Dim ond sibrwd.

'Sycha fo.'

Gwnaeth hynny, heb dynnu'i lygaid oddi arni.

'Mae 'na lawar o betha i'w dweud.'

'Mae 'na ddigon o amsar i'w dweud nhw.'

'Oes, ella. Os na fydda i'n ôl erbyn un-ar-ddeg mi fydd y Gwarchodlu'n dŵad i 'nôl i. Be ddigwyddodd i ti neithiwr?'

'Pwy ddwedodd?'

'Y Canon. Mi ddaeth acw'n un swydd. A 'chawn i ddim dŵad ar d'ôl di. 'Astudis i'r un gair wedyn, siŵr Dduw.'

'Ffeintio ddaru mi, am wn i. Dyna mae pawb arall yn 'i ddweud ddigwyddodd. 'Dydw i'n gwybod dim.'

'Hi ddaru?'

'Ella. Hidia befo. 'Dydw i ddim gwaeth. Sut aeth hi?'

'Iawn.' Taflodd y lliain, a chamu ati wedyn i afael ynddi. Tynnodd hi yn erbyn ei gorff. 'Hen ddigon da,' sibrydodd. 'Wyt ti'n siŵr dy fod ti'n iawn?'

'Ydw.'

'Ac yn barod.'

'Barod?' Ymgais nad oedd yn rhy llwyddiannus i fod yn chwareus.

Pwysodd ei wefusau ar ei thalcen, a dal i'w thynnu yn ei erbyn.

'Llofft. A thitha wedi anghofio gwisgo amdanat. Dim byd o dan hwn.' 'Roedd ei anadl yn byrhau. 'Yli.'

Symudodd y mymryn lleiaf ar yr ŵn, a llithrodd honno'n dawel ddiffwdan oddi ar ei chorff a disgyn yn swp blêr buddugoliaethus ar y carped. Er ei fod yn gwybod, llyncodd ei anadl mewn rhyfeddod a chladdodd ei wyneb yn araf araf ar ei hysgwydd. Griddfanodd yn dawel. Dechreuodd ei ddwylo symud. Tynnodd hithau ei siwmper i fyny'n araf.

''Rwyt ti wedi breuddwydio'r dydd a'r nos am y munud y caet ti dynnu pob cerpyn fesul un oddi amdana i yn dy amsar dy hun. Wel 'chei di mo'r fraint, mêt.'

Dechreuodd ef ddweud rhywbeth, ond ni fedrai. Daliodd ei freichiau ymlaen fel plentyn er mwyn iddi dynnu'r siwmper. Am eiliad 'roedd hi â'i bryd ar ei garcharu ynddi ond wrth weld ei grys yn codi yr un pryd a'r croen esmwyth yn ei ddatgelu'i hun odano sylweddolodd mai ar gyfer rhywbryd eto'r oedd rhyw chwarae felly. O natur chwinciad oedd gweddill y dadwisgo er ei bod wedi cynllunio fel arall. Yna 'roedd ei freichiau noethion yn dynn amdani ac yn ei thynnu a'i hanner codi ar y gwely. Byseddai, cusanai fel pe bai am ei llarpio.

'Cymer bwyll! Paid â rhuthro.'

Ei wneud yn waeth wnaeth y sibrydiad yn ei glust. 'Roedd ei ddwylo ym mhobman, yn pwyso ac yn gwasgu'n ddireol ac yn methu cyrraedd digon o fannau yr un pryd, a'i wefusau'n llowcio. Ildiodd hithau. Aeth i mewn iddi gydag un ochenaid uchel, fel pe bai wedi bod wrthi ar hyd ei oes yn ceisio'i chyrraedd.

'Wnei di gymryd pwyll rŵan 'ta?'

Ac yn sydyn fe wnaeth. Tynerodd ei fysedd a'i wefusau. Darganfu gorff i'w garu yn hytrach na'i feddiannu ac ni fedrai'r rhyfeddod hwnnw olygu un dim ond tynerwch. Mwythodd a sugnodd ei bronnau, a chodi ei ben yn glir bob hyn a hyn cyn ei ollwng yn ôl yn araf gan brin gyffwrdd yn ei fwynhad. 'Roedd llyfnder cnawd cariad yn hudolus. Dechreuodd hithau symud ei dwylo, a oedd wedi canolbwyntio ar ei wallt a'i wddw, i lawr ac i fyny ei gefn yn chwilgar, i'w fwytho a'i garu, ac ocheneidiau'i phleser wrth i wefr pob cyffyrddiad ruthro drwyddi'n cael eu hateb ganddo yntau a'i anadl boeth yn poethi'i chnawd. Symudodd un llaw i afael yn ei wallt a thynnu'i ben i fyny er mwyn iddi gael rhwbio gwefusau hanner agored ar ei dalcen a'i amrannau, a theimlodd ef yn arafu y tu mewn iddi er mwyn parhau'r pleser. Dechreuasant gusanu a dychwelodd ei dwylo i archwilio'i gefn i fyny ac i lawr drachefn, gan fynd fymryn bach yn is bob tro a dychwel i foldio a gwasgu'i ysgwyddau cyn ailgychwyn ar eu taith gyfareddol i lawr. Chwiliodd eu gwefusau am ei gilydd eto a chyffyrddd yn ysgafn lesmeiriol wrth i'w dwylo gyrraedd gwaelod ei gefn a chwarae yn y pant bychan cyn dilyn y tro cyffrous at y tin cynnes, crwn. Dechreuodd ochneidio'i phleser wrth gwpanu'i dwylo i fyny ac i lawr ei din a'i goesau a cheisiodd ei dynnu i fyny fel pe na bai posib cael digon ohono.

Yna, 'roedd ef yn cynyddu'i wthio a'i anadl sydyn yn bradychu ei fod yn dechrau colli rheolaeth arno. Daliodd i'w gynyddu wrth i'w boliau boethi yn erbyn ei gilydd ac yna nid oedd modd ymatal. 'Roedd gwefr y dyfod yn dechrau ym mhobman, yn ias gynyddol ddireol drwyddo. 'Roedd ei bleser yn troi'n waedd wrth i'w had ruthro ohono a dal i ruthro nes iddo dybio nad oedd am beidio byth a daeth gwaedd gyfatebol hir o'r genau odano wrth iddi hithau wasgu'i anterth ef yn un â'i hanterth hithau. Disgynnodd yn ddiymadferth arni gan gusanu'i bronnau'n ddi-baid rhwng ochneidiau. Symudodd hithau ei llaw ar ei ben, i'w ddal yno.

Hi oedd y gyntaf i symud. Ymryddhaodd.

'Tyrd. Mi awn o dan y dillad.'

'Mae arna i isio edrach.'

'Mi gei di wneud hynny yr un fath. 'Rydan ni wedi cael rhyw. Mi gawn ni ddechrau caru rŵan.'

Cododd ei ben yn sydyn a daeth gwên hyfryd ar ei wyneb.

'Be wyt ti'n 'i feddwl?'

'Mi gei di weld. Tyrd.'

Tynnodd hi ddillad y gwely drostynt. Swatiodd ef rhwng ei bronnau drachefn. Gorweddasant yno'n dawel am hir, yn mwytho a chusanu a darganfod. Yna ymwingodd ef yn araf i fyny nes dod wyneb yn wyneb. Edrychai hi ym myw ei lygaid. Dechreuai'r edrychiad ei gynhyrfu a chaeodd ei lygaid am ennyd i werthfawrogi'r pleser yn llawn. Yna agorodd hwy.

'Am be wyt ti'n meddwl?' gofynnodd.

'Diolch oeddwn i.'

'Diolch?'

'I Catrin.'

'Am be?'

'Am beidio â dod rhyngon ni gynna. 'Roedd arna i ofn cyn i ti ddŵad y bydda' hi'n gwneud hynny. Ond 'ddaru hi ddim. Mi ces i chdi i gyd i mi fy hun. 'Rydw i wedi bod yn ysu am hyn drwy'r dydd.'

'Roedd ei llaw yn chwarae i lawr ei fol a'i bysedd yn rhwbio'i flew yn araf felys. Griddfanodd ef.

'Ai dyma wyt ti'n 'i olygu wrth garu?'

'Ia. Pan nad ydi o affliw o bwys a gawn ni ryw eto heno ai peidio. Mae pawb sy'n mynd i gysgu ar ôl cael rhyw yn colli hannar y plesar.'

'A'r rhai sy'n caru yn y twllwch.' Cododd ar ei benelin ac edrych ar ei chorff. 'Mae'r rheini'n colli mwy.'

'I be oeddat ti'n cau dy lygaid gynna 'ta?'

Disgynnodd yn ôl dan chwerthin. Cododd hithau a gorwedd arno. Rhwbiodd ei bys yn ysgafn ar hyd ei ddannedd.

'Mi fûm i'n cusanu dy lygaid di i drio'u hagor nhw, ond 'ddaru ti ddim.'

''Wnest ti ddim cau dy lygaid di?'

'Naddo, dim ond weithia. Ac yn y pen dwytha.'

''Wna inna ddim y tro nesa. Mi edrychwn ni ar ein gilydd drwy'r adag.' Ei dro ef oedd chwarae ei ddwylo i fyny ac i lawr ei chefn hi. 'Roedd y llyfnder yn dal i yrru iasau swyn drwyddo.

''Rwyt ti'n dallt nad oes troi'n ôl i fod rŵan, 'twyt?'

'Troi'n ôl?'

'Chdi a fi.'

''Ro'n i'n meddwl ein bod ni'n dallt hynny cyn heno.'

''Rwyt ti'n 'i olygu o!'

Rhyfeddod arall o osodiad. Cyrdeddodd y cadarnhad drwyddo ac aeth yn galed y munud hwnnw yn ei llaw. Ceisiodd ei throi.

'Na, paid. 'Dydw i ddim yn barod rŵan. 'Dydan ni ddim wedi caru digon.'

Tynnodd hi ato.

'Mae'n well i Catrin gadw draw.'

Yna, 'roedd golwg drist yn ei llygaid.

'Mi es i'r goedwig gynna. 'Roedd arna i isio mynd i'r glaw am 'mod i'n teimlo'n rêl babi yn cysgodi rhagddo fo yn y Plas. Mi redis i ganol y coed a gwlychu at 'y nghroen a mi ges ysfa yno i dynnu 'y nillad i gyd a rowlio drosodd a throsodd yn y glaw a'r bwtias. Ella mai Catrin oedd yn gyfrifol am hynny.'

'Mi wnawn ni hynny fory.' Cynhyrfai'r syniad ef. ''Wêl neb mohonon ni.'

'Dim peryg, mêt. 'Rydw i'n dal i drio dyfalu pam aeth Mam mor dawal pan sonis i amdanyn nhw ar y ffôn.'

'Ella bod rowlio yn 'u canol nhw'n wendid teuluol.'

'Gwendid?'

''Rarglwydd, naci. Rhinwedd.'

''Rydw i wedi penderfynu mynd hefo'r Canon at y dyn hypnoteiddio hwnnw mae o'n sôn amdano fo.'

'Pa bryd?'

'Cyn gynted â phosib. Mae arna i ofn i Catrin ddŵad rhyngon ni'n dau.' Tynhaodd ei gafael ynddo a symud oddi arno i orwedd ar ei hochr. ''Cheith hi ddim.' Rhoes ei breichiau amdano. 'Tyrd, swatia, yn dynn, dynn.'

Swatiodd.

'Mae'n beryg i ni gysgu. Mi gawn gop pan ddaw Dad i fyny.'

'Hidia befo. Os cysgwn, mi gysgwn. Gad i drefn petha benderfynu.'

'Iawn, ond mi fu 'na Ddatganiadau Mawr Difrifol cyn i mi gychwyn, ynglŷn â Natur a Chanlyniadau'r Gweithrediadau Sy'n Ymwneud â Secstinonsansyddeg. Duw a ŵyr be fyddai'n digwydd 'tasa hi'n gwybod.'

'Mae'n rhy hwyr. Mi ddarganfyddith hi y munud yr ei di drwy'r drws.'

'Sut hynny?'

'Mae o'n llond dy lygaid di. 'Fedri di byth dragwyddol 'i guddio fo.'

'Mi fydda i'n ddiniwad i gyd.'

''Waeth i ti heb ddim.'

'Mi a' i â chdi hefo fi. Mi gei di egluro, clyfar.'

'Hawdd iawn. Mi ddweda i wrthi mai arni hi mae'r bai am fagu lwmp mor anhraethol gariadus â chdi.'

'Gad i mi brofi hynny 'ta.'

'Yn y munud. Mae 'na beth pwysicach.'

'Be?'

'Paid byth â rhoi'r gora i ryfeddu.'

'Be?'

'Mae o ynot ti. O'r dydd y gwelis i chdi gynta pan oeddat ti'n trio ista i mewn ym mhanal y bws rhag i dy goesa di gyffwrdd yn 'y nghlunia i, 'rwyt ti wedi dangos dy allu i ryfeddu at rwbath neu'i gilydd drosodd a throsodd . . .'

'Chdi. Bob tro.'

'Nid fi. Paid byth â'i golli o.'

''Doeddwn i ddim wedi sylweddoli mai doctor ydi o.'
'Nac oeddach?' Daeth golwg syn braidd ar y Canon wrth iddo dynnu allwedd y car ar ôl ei ddiffodd. 'A finna'n meddwl 'mod i wedi egluro hynny.'
'Ella'ch bod chi. Fi oedd ddim yn cofio.'
'Ydi o'n gwneud gwahaniaeth?' Gwenodd. 'Newyddion da neu ddrwg?'
'Dim gwahaniaeth.' Gwenodd hithau. 'Dim ond dryllio delwa'r dychymyg.'
'Ha! Fel ych darlun o Rhiannon.'
Chwarddodd.
'Ia.'
'Be oedd yr hypnotydd?'
'O, hen ŵr a sbectol wedi melynu mewn stafall dywyll. Gwallt brith, blêr, a rhyw ddirgelwch mawr o'i amgylch o a'i stafall. Y darlun mwya diog posib.'
'Mi gawn weld. Pymthag ar hugian ydi'i oed o. 'Roedd o yr un flwyddyn â'r mab yng nghyfraith 'cw yn y Coleg. Barod?'
'Ydw.'
''Fydd o ddim yn brifo. Dowch 'ta.'
Daeth y meddyg i'r drws i'w cyfarfod. Dyn di-lol yn byrlymu siarad ac yn gwenu'n gyfeillgar. Crys ffwrdd-â-hi amdano a'i lewys wedi'u torchi ymhell uwch ei benelinoedd. 'Roedd y tŷ a'r feddygfa'n un, ac aeth â hwy i mewn ac i'w stafell. Gwelodd hi siaced a thei wedi'u lluchio'n ddiolchgar ar gefn cadair. Câi darluniau o wraig a dwy eneth fechan le amlwg ar ei ddesg.
Buont yn ymgomio'n sionc am ryw hanner awr a daeth yn amlwg i Sioned fod y meddyg wedi cael sgyrsiau hir ar y ffôn hefo'r Canon. Ni soniodd y nesaf peth i ddim am ei phrofiadau, dim ond awgrymu ei fod yn gwybod amdanynt. Holodd hi am ei chefndir a'i diddordebau ac atebodd hithau heb fynd i fanylu am y diddordeb diweddaraf. Ni bu'n hir cyn dileu pob syniad am ddyn dieithr yn busnesa yn ei hymennydd.
'Dyna ni 'ta. Os ydach chi'n barod.'
'Ydw.'
'Os bydd unrhyw beth anarferol mi fydda i'n eich deffro chi. 'Fydd 'na ddim arbrofi hefo chi, mi fedrwch fod yn dawel eich meddwl ynglŷn â hynny. Ydach chi'n ddigon cyfforddus?'

'Ydw, diolch.'

'Dyna chi, 'ta. Ymlaciwch rŵan. Ymlaciwch yn llwyr. Dim ond ymlacio ac edrych arna i.'

'Roedd y meddyg yn amneido ar y Canon bron ar unwaith. Daeth yntau'n nes, a thynnu llyfr sgrifennu bychan o'i boced. 'Roedd dau gerdyn yn llawn nodiadau ynddo. Darllenodd yn ddiangen gan ymdrechu i'w atgoffa'i hun nad oedd am godi gormod ar ei obeithion. Ond troai cynnwrf yn gryndod wrth iddo wylio'r meddyg yn pwyso'r botwm recordio ar ei beiriant.

''Rydan ni'n mynd yn ôl, yn ôl ... yn ôl. Mae isio i chi ganolbwyntio—'rydan ni'n mynd yn ôl ... yn ôl ... be welwch chi?'

Dim ond mwmblian.

'Daliwch i ganolbwyntio. 'Rydan ni'n dal i fynd yn ôl. Be 'di'ch enw chi?'

Mwmblian.

'Sioned.'

'Be welwch chi?'

Dim ateb.

'O'r gora. Mi ddaliwn ni i fynd yn ôl.'

A daliodd ati. Ni châi ymateb, dim ond mwmblian ac ambell air pell. Heb arfer, dechreuai'r Canon anobeithio. 'Roedd golwg llawer mwy amyneddgar ar y meddyg.

'O'r gora,' sibrydodd, 'mi driwn ni eto, hefo 'chydig o abwyd.' Gafaelodd yn un o gardiau'r Canon, a darllen ychydig arno. 'Tyn Ffordd. 'Rydan ni yn Nhyn Ffordd. Be welwch chi?'

Dim.

'Mae Math yn yr ardd a Janw yn y gegin.'

Dim.

'Mae llidiardau mawr Gartharmon rhwng Tyn Ffordd a'r pentre.'

Dim.

Ni châi fachiad. Edrychai arni gyda rhyw syndod pleserus yn ei lygaid, am fod ei chyndynrwydd yn annisgwyl a dieithr iddo, ac o'r herwydd yn her. Ceisiodd eto droeon, heb abwyd, ond ni thyciai. Edrychodd drachefn ar nodiadau'r Canon.

'Mi awn ni am y Plas 'ta,' cynigiodd, yn amyneddgar o hyd. ''Rydan ni'n mynd drwy'r llidiardau mawr ac ar hyd y ffordd,' meddai'n glir a phwyllog. 'Mae un ffordd yn mynd i'r Plas ac mae'r llall yn mynd i'r ffarm...'

'Lôn yn fforchio.'

Llais croyw, pendant, mor annisgwyl erbyn hyn nes gwneud

i'r Canon neidio. Ebychodd, ond cododd y meddyg fys arno, heb edrych.

'Lôn yn fforchio?'

'Ia. 'Cha' i mo'i roi o. Mae o'n hyll, meddai Jên Ji-binc. Cyffordd ydi'r gair cywir, meddai hi.'

Daethai gwên fechan ddigyffro i wyneb y meddyg. Ond rhythai'r Canon arni, a'r cryndod yn dychwelyd.

'Pwy ydi Jên Ji-binc?'

'Dynas Welsh.'

'O. Ble ydach chi?'

'Adra.'

'Be 'dach chi'n 'i wneud?'

'Copïo stori o ryffbwc i llyfr.'

'Ac mae'r athrawes wedi dweud wrthach chi am roi cyffordd yn hytrach na fforchio.'

'Ydi.'

'Be 'di enw'ch cartra chi?'

'Tyn Ffordd.'

'Roedd y llais yr un mor groyw. Ceisiodd y Canon reoli'i gynnwrf.

'A be 'di'ch enw chi?'

'Catrin Humphries.'

'Pwy arall sy' 'na?'

'Dad a Mam.'

'Be maen nhw'n 'i wneud?'

'Mae Dad yn darllen *Y Cymro* ac mae Mam yn smwddio.'

'Ydach chi'n hoffi'ch gwaith cartra?'

''I gasáu o.'

'A'r ysgol?'

'Honno'n waeth. 'Dw i am fadal cyfla cynta ga' i.'

'O'r gora.' Trodd y meddyg at y Canon a chodi'i fawd. Symudodd ei fys i lawr y rhestr yr oedd y Canon wedi'i pharatoi yn cofnodi profiadau Sioned yn eu trefn. 'Mi gymrwn ni gip ar y rhain,' sibrydodd, 'cip bach ar bob un. Mi fydd yn ddigon hawdd dod yn ôl at un ohonyn nhw os bydd angen.' Trodd yn ôl at Sioned.

'Mae hyn yn ddiweddarach. 'Rydach chi wedi dechra gweithio. Ymhle ydach chi'n gweithio?'

'Gartharmon.'

'O'r gora. 'Rydach chi'n sefyll wrth y giatiau mawr. Be sy'n digwydd?'

'Mae Brian yn dŵad.'

209

Llowciodd y Canon drachefn, yr un mor anfwriadol. Cododd y bys rhybuddiol fel cynt. Ond dechreuai'r iasau drwyddo fynd yn annioddefol a diatal.

'Pwy ydi Brian?'

''Y nghariad.'

'Ydach chi am briodi Brian?'

Dim ateb. Deuai golwg amheus ochelgar i'r wyneb. Cododd y meddyg aeliau.

'Ydach chi wedi dyweddïo?'

'Do.'

Codwyd aeliau drachefn. 'Roedd awgrym o wên ar ei wyneb, yn synhwyro ac yn gobeithio am ddirgelwch.

'Sut daeth Brian yna?'

'Hefo moto beic.'

'Be 'dach chi'n 'i wneud?'

Gwg.

'Ffraeo.'

'Am be?'

'Mae o'n dweud 'mod i'n cadw gormod i'r Plas ac yn colli diddordab ynddo fo.'

'Ydi hynny'n wir?'

Dim ateb.

'Ydach chi'n cymodi?'

'Ydan.'

'Oes ar Brian isio i chi 'i briodi o?'

'Oes. Mae o'n swnian bob munud.'

'Oes arnoch chi isio priodi?'

Dim ateb. Darllenodd y meddyg.

'O'r gora. 'Rydach chi'n sefyll wrth y drws ochr, y drws sy'n mynd i'r iard. Be sy'n digwydd?'

'Mae Meistres yn edrach arna i.'

'Pwy ydi Meistres?'

'Sonia Lloyd.'

'Be sy'n digwydd?'

'Mae hi'n edrach arna i.'

'Be 'dach chi'n 'i wneud?'

'Rhoi sglein ar y drws.'

'Ac mae Sonia Lloyd yn eich gwylio chi'n gwneud hynny?'

'Nac ydi. Edrach arna i y mae hi, nid 'y ngwylio i'n gweithio.'

'O.' Ychydig ystumiau syn. 'Pam mae hi'n gwneud hynny?'

'Mae hi'n dweud nad ydi hi ddim yn chwerw am 'y mod i wedi llwyddo a hitha ddim.'

'O?' Petrusodd, rhag ofn ei bod am ganlyn arni. 'Be mae hi'n 'i olygu?'

Dim ateb. Ysgydwai'r meddyg ei ben mewn awgrym cynnil o edmygedd.

'Ydi hi'n dweud rhywbeth arall?'

'Mae hi wedi penderfynu ar gynllun i ddatrys y cwbwl ac i wneud pawb yn hapus.'

'Be ydi o?'

Dim ateb.

'Ydach chi'n ffrindia hefo Sonia Lloyd?'

'Ydw. Ydw.'

'Be arall?'

Dim ateb.

'O'r gora. Rŵan 'rydach chi yn y coed. Mae'n fis Mai, yn haul braf, a'r bwtias ar eu gorau. Ydach chi yno?'

'Ydw.'

'Be sy'n digwydd?'

Nid atebodd mewn geiriau. Ond fe atebodd, mewn ocheneidiau hirion o serch, un ar ôl y llall, yn melysu a chryfhau yn angerdd pleser. Teimlai'r Canon fel pe bai'n ymyrryd, dim ond wrth wrando arni.

'Mae Brian yno hefo chi.'

Gosodiad cellweirus, yn wên i gyd. Ni chymerodd hi sylw ohono am ychydig, dim ond dal ati yn ei phleser fel pe na bai'n ymwybodol o ddim arall. Yna fe atebodd.

'Nid Brian.'

Dim ond hynny. Daliodd ati i ochneidio. Yna 'roedd y Canon yn anghofio popeth am deimlad o ymyrryd.

'Nage, debyg iawn!' sibrydodd. Plygodd ymlaen yn sydyn a phwyntio'i fys ar y cerdyn ar lin y meddyg. 'Ewch â hi i'r selar!' hisiodd.

'Dyna ni,' meddai'r meddyg, bron yn ymddiheuro am darfu. 'Mae hyn yn ddiweddarach.' Cafodd frawddeg sydyn ar bapur gan y Canon. 'Mae Sonia Lloyd wedi mynd i Lundain i aros. 'Rydach chi yn y seler.'

Newidiai'r wyneb. Daeth terfyn disymwth ar yr ochneidio.

'Be sy'n digwydd?'

Mwmblian ofnus. Edrychodd y meddyg yn ddyfal arni, braidd yn ansicr. Cafodd frawddeg arall. Darllenodd hi, ac ystyried am ennyd.

'Pam ydach chi'n gorwedd ar y llechen?'

211

Yna 'roedd hi'n gweiddi. Dolefau brawychus o boen a dychryn. Gwaeddau a rhyw eiriau annirnadwy'n gymysg, yn troi'n sgrechfeydd arswydlon.

'Mae'n rhaid imi 'i deffro hi.'

'Gofynnwch ble mae Watcyn!' 'Roedd yn edifar gan y Canon yr eiliad honno ei fod wedi gofyn. Swniai ei gwestiwn yn llawn hunanoldeb. ''Dydi o ddim gwahaniaeth, siŵr,' mwmbliodd gan deimlo'n fwy o ffŵl fyth.

Yna, ar ganol sgrech, darfu'r llais. Sgrech yn peidio, ochenaid prin glywadwy, a darfod. 'Roedd yn ddychrynllyd. Rhuthrodd y meddyg ymlaen.

'Sioned!'

Nid ymatebai.

'Sioned! Deffrwch! Sioned!' Gafaelodd yn ei llaw a'i hysgwyd. 'Dowch! Sioned!' Rhwbiodd y llaw lipa'n sydyn argyfyngus. 'Sioned!' Curodd y llaw â blaenau'i fysedd. 'Deffrwch! Dowch!' Cododd yr wyneb diymadferth. 'Sioned!' Yna deffrôdd. Dim ond deffro ac edrych o'i chwmpas a gwenu.

* * *

'Be fedra i 'i wneud? 'Welis i o 'rioed yn troi arna i o'r blaen fel daru o gynna.'

'Ffonia'r doctor yn 'i gefn o.'

'Na wnaf. Mi gymra fo'r goes y munud y clywa fo sŵn y car. P'run bynnag, 'dydw i ddim yn meddwl mai rhwbath y medar doctor 'i drin sydd arno fo.'

'Roedd Watcyn Lloyd yn cadw iddo'i hun, o olwg pawb, yn gwrthod pob cymorth a phob cynnig am gymorth. Wedi cael hen ddigon, aethai Rhodri ato'n un swydd a throi tu min arno a chael mwy na chwech am chwech yn ôl. Wedi dychryn, yr unig beth y medrodd ei wneud oedd gwylltio a mynd. Amser cinio dechreuodd rannu cwynion efo Lleucu a llyfu mymryn ar ei friwiau annisgwyl yr un pryd.

'Ac os wyt ti wedi methu'i gael o o'i gragan, 'does gan neb arall fawr o obaith.' Syllai'n ddigalon arni'n paratoi'r cinio brysiog. 'Be wnawn ni?'

'Mae 'na rwbath rhyfadd o amgylch y lle 'ma. 'Dw i'n 'i deimlo fo ers dyddia. Rhwng dy dad a Gwydion.'

Âi Gwydion hefyd yn fwy annifyr ei fyd beunydd ac, yn anfwriadol, yn anos cydweithio ag ef. Ar ôl ei ffrae gyda'i dad, 'roedd Robin Owen wedi ceisio codi'i galon drwy drin y peth yn ffwr-bwt a'i droi'n gomedi, ond buan y rhoddwyd ar ddeail iddo nad oedd hynny'n mynd i dycio. Wedi hynny aethai Cetyn yn dawel, a'r methiant dieithr wedi'i sobri a'i siglo.

'A Morus.'

Cododd Rhodri'i ben yn ebrwydd. Rhythodd arni.

''Rwyt titha wedi'i weld o?'

'Deirgwaith, yn prowla o gwmpas y lle 'ma.'

''Rydw i'n meddwl mai busnesa ym mhetha Sioned y mae o. Ond 'dydi hi ddim yn gwybod.'

'Hen ddyn budr?'

'Na. 'Dydi o ddim mor syml â hynny. Mae'i olwg o'n dweud.'

'Siaradist ti hefo fo?'

'Naddo.'

'Mi ddaru mi, neithiwr.'

'O?'

''Tawn i haws. Mi chwrnodd a mi gluodd hi.'

''Fuo fo 'rioed yn fawr o arbenigwr ar eiria. 'Nhad, Gwydion, Morus. Neb yn dweud dim.'

'A chan mai felly y maen nhw, 'fydd dim angan iddyn nhw. Mi ddarganfydda i droso' fy hun.'

Fel arfer byddai Rhodri wedi gwenu.

'Mi wn i y gwnei di hefyd.'

*   *   *

'Nid Catrin oedd honna. Chdi.'

Gwrandawai Tecwyn eto ar y tâp. 'Roedd chwilfrydedd y gwrandawiad cyntaf yn prysur gael ei ddisodli gan anfodlonrwydd ac annifyrrwch. Cuchiai'n fwyfwy wrth wrando ar yr ochneidio.

'Busneswrs diawl.'

Daeth llais ar draws yr ochneidio, a chododd i ddiffodd y tâp yn chwyrn.

'Damia fo. Pa hawl sydd gynno fo i wrando ar neb yn caru?'

'Dyna sy'n dy boeni di?'

Bellach 'roedd Sioned wedi arfer â'r tâp ac yn gallu gwrando arno'n lled wrthrychol.

'Ia. A llawar o betha erill. 'Tasan nhw wedi dy weld di ar y llechan 'na go brin y byddan nhw wedi mynd â chdi drwy'r un peth wedyn.'

213

'Catrin yn rhoi genedigaeth. Poena esgor a phoena marw yn un.' Ysgydwodd ei phen rhag dagrau. 'Plentyn Watcyn.'

''Rydach chi i gyd yn siŵr mai dyna be oedd o?'

'Y gweiddi? Ydan. P'run bynnnag, mae'r dyn 'na'n ddoctor, yn hen gyfarwydd ag o. Mi fu Catrin farw ar y llechan oer 'na yn y selar wrth ddod â phlentyn 'i chariad i'r byd.'

'Pam fan'no? Pam y llechan?'

'Paid â gofyn i mi.'

''Chei di ddim mynd at y dyn 'na eto.'

Chwarddodd Sioned arno. 'Roedd y gorchymyn yn swta, bron yn arthio.

'A pha brawf sy' gynnoch chi mai plentyn Watcyn ydi o?'

Daliai ei lais i fod yn swta a chyhuddgar.

'Dim prawf,' atebodd hithau'n syml.

'Mae Watcyn yn iawn.'

'Be?'

'Hen foi dymunol.'

'Go brin bod 'na'r un hogan 'rioed wedi dymuno cael plentyn gan rywun annymunol.'

''Dydi hynny ddim yr un peth.'

'Nac ydi?'

'Nac ydi siŵr!'

'Be oedd ar dy feddwl di pan oedd y ddau ohonon ni yn y llofft y noson o'r blaen? Atal plentyn 'ta caru?'

Tawodd ef, wedi'i gornelu. Edrychodd arni, bron yn ofnus. Gwridodd.

'Ydan ni'n ffraeo?' gofynnodd yn syn.

Yna chwarddodd hi. Daeth ato a gafael amdano a phlycian ei grys yn ddiamynedd o'r ffordd. Tynnodd ef ar ei hôl ar y soffa.

'Nac ydan. 'Dydan ni ddim yn ffraeo.' Pwysodd ei phen arno, i gadarnhau. 'Os ydw i'n awgrymu rhwbath am Watcyn 'dydw i ddim yn 'i gondemnio fo.'

'Fyddi di'n breuddwydio?'

'Bydda.'

'Fyddi di'n rhoi coel arnyn nhw?'

'Dim peryg. Mae 'mreuddwydion i'n rhy wallgo.'

'Finna hefyd.'

'Ac 'rwyt ti am awgrymu bod y busnas hypnoteiddio 'ma yr un mor ynfyd.'

'Mi fedr fod. Dychymyg di-reol.'

'A Brian? A Jên Ji-binc?'

Gwgodd ei fethiant i ateb.

214

''Fydda i ddim yn mynd at y dyn eto, p'run bynnag.'
'Da iawn.'
'Mae o wedi fy rhybuddio i i beidio â chymryd fy hypnoteiddio byth eto gan neb am unrhyw reswm yn y byd. Mi fu bron iddo fo â methu 'neffro i. 'Roedd y Canon ac ynta wedi dychryn am 'u bywyda.'
'Blydi arbrofwyr.'
'Hidia befo.' Chwarddodd eto am ben ei gynnwrf. 'Mi ddwedodd na welodd o 'rioed neb mor gyndyn â Chatrin i rannu'i chyfrinacha. Fel rheol mi fyddan nhw'n siarad fel melin, medda fo.'
'Da iawn Catrin.'
'Dyna ddwedis inna hefyd.'
A'i olygu. 'Roedd gwrando ar y tâp rhyw ddeng munud ar ôl iddi gael ei deffro wedi bod yn brofiad cynhyrfus. Ei llais hi—ac nid oedd wedi arfer clywed hwnnw o unman ond ei cheg ei hun—yn sôn bron yn ddigymell am brofiadau a digwyddiadau a phobl na wyddai eu bod. Bu'n deimlad o ymyrryd, bron o fradychu. Ni welai fai ar Tecwyn am wylltio, ac ni fedrai wneud dim ond diolch yn hyglyw pan sylweddolodd cyn lleied 'roedd ei llais wedi'i ddatgelu. Ac yn union fel pe bai Catrin am gyfleu rhyw ddiolchiadau iddi am gydymddwyn, 'roedd wedi gadael llonydd iddi wedyn. Ni chawsai'r un profiad ar ôl hynny a theimlai ryw ysgafnder a hyder newydd. Aethai i'r fynwent, i'r seler a'r cwt lle cedwid y coed tân heb deimlo'r un rhithyn o ofn.
'Be sy'n mynd i ddigwydd rŵan?' gofynnodd ef.
''Wn i ddim,' atebodd. 'Gobeithio caiff Catrin lonydd.'
'Be ti'n 'i feddwl?'
'Mae hi'n gadael llonydd i mi. Mae'r profiada wedi darfod, wedi peidio â bod.'
'Sut gwyddost ti?'
'Mae'n amhosib egluro. Gwybod ydw i.' Cododd oddi wrtho. 'Tyrd. Doro dy grys yn ôl yn dy drowsus.'
'Mae gen i well syniad.'
'Oes, debyg iawn. Ond mi gei fynd â mi i ben y mynydd.'
'Eto?'
'Ia. Mi fedraf weld dy gynefin di o'r newydd rŵan.'
'Iawn 'ta.' Cododd. Gafaelodd ynddi. 'Ga' i ddweud rhwbath wrthat ti?'
'Tria.'
''Rwyt ti wedi newid.'
'O?'

''Dwyt ti ddim yn swnio nac yn ymddwyn mor—mor. . .'
Daeth penbleth i'w wyneb wrth iddo chwilio am air. ''Dwyt ti
ddim mor ddiamddiffyn ag yr oeddat ti. 'Ro'n i wedi mynd i
gredu mai rhyw ffliwc yn dy hanas di oedd dy wrthryfel di yn
erbyn Nico Bach.'
'Ydi'r Sioned drefn newydd yn plesio?'
Gwenodd.
'Mi fydd yn rhaid iddi, 'bydd?' Yna tynnodd hi ato'n ffyrnig.
'Siŵr Dduw 'i bod hi'n plesio.'
'Tyrd 'ta. Mae gen i waith magu plwc.'
'I be rŵan eto?'
'I ddweud wrth Watcyn Lloyd fod pob dim yn iawn.'

*　　　*　　　*

Bu'n ymdroi ddigon ar y ffordd. 'Roedd popeth yn esgus dros
sefyllian i fusnesa,—hynt llygoden yr ŷd yn chwilota ym môn
clawdd, tractor pell yn nogio ar ganol cae, dau gariad y gwyddai
pwy oeddynt yn mynd i fyny'r llethrau, ac yntau'n gallu sylwi
arnynt bob un gyda diddordeb anarferol a dal i ganolbwyntio
bron er ei waethaf ar ei neges yr un pryd.
Ond fe ddaeth pen y daith. Aeth i mewn. Cerddodd yn
ymddangosiadol benderfynol ar hyd y cyntedd ac i'r neuadd.
Edrychodd o'i gwmpas yn drist cyn croesi. 'Roedd yn dipyn o
syndod iddo pan atebwyd ei guriad bron ar unwaith.
'Mae'n rhaid i ni gael sgwrs, Watcyn.'
Aeth y drychiolaeth i'r stafell o'i flaen, ac eistedd ar ei gadair,
a disgwyl. Eisteddodd yntau gyferbyn. Ceisiodd osgoi'r llun
priodas.
''Dydan ni ddim haws â thwyllo'n gilydd bellach, 'rhen foi.'
Ni chafodd ateb. 'Roedd y dull gofalus yr oedd wedi'i baratoi
i ddweud ei neges eisoes yn mynd yn amherthnasol. Daliodd i
edrych i'w lygaid. Syllent yn ôl yn weigion, bron yn ddifater,
arno. Chwiliodd yntau am dalpiau o'i gynllun.
''Waeth i mi heb â gofyn am lun Catrin.'
Ni chafodd ateb.
'Mae—mae angan un ac un i wneud dau. 'Wela i ddim bai
arnat ti am 'i charu hi.'
Ni chafodd ateb. Rhoes ochenaid ddistaw.
'Mi ddweda i y stori i gyd 'ta,' meddai'n dawel, araf. 'Mi
ddaeth Catrin yma i weithio, a chyn hir mi aethoch yn gariadon.
Nid yn erbyn 'i hewyllys hi,—'dwyt ti ddim mo'r teip.'

Daliai i edrych arno, wedi cael cadarnhad.

'Dega o stafelloedd yn y Plas 'ma, a digonedd o welya cyffyrddus. Ond eto, 'roedd y coed a'r bwtias yn 'u curo nhw'n rhacs. Rhamant glasurol.'

Yna, nid edrych yr oedd, ond rhythu.

'Cyn hir mi ddechreuodd ymweliada Catrin â'i chartra, bedwar lled cae i ffwrdd, fynd yn anamlach. Mi gafodd gerydd o ryw fath gan Janw am 'i bod yn plastro powdrach ar 'i hwynab. Y dull ystrydebol ond yr unig un o guddio gwrid ne' welwedd beichiogrwydd.'

Peidiodd â rhythu. Dechreuodd ei wefusau geisio dweud rhywbeth. Petrusodd y Canon, rhag ofn.

'Yna, yn ddirybudd, mi ddigwyddodd rhwbath a hitha ar fin 'i hamsar. Mi ddigwyddodd rhwbath iddi yn y selar. Sioc, o bosib. Beth bynnag oedd o, mi fethodd fynd i fyny'r grisia ac mi aeth, ne' mi'i rhoed hi, ar y llechan am fod y babi'n cael 'i eni. Mae'n bosib mai diffyg gofal anfwriadol oedd yr achos i'r geni fynd yn drech na hi. Ond beth bynnag oedd y rheswm, mi fu hi farw.'

Distawrwydd llethol. 'Roedd wedi dechrau crynu, a cheisiai ei guddio. 'Roedd ei olygon wedi'u gostwng.

'Beth bynnag ddigwyddodd wedyn, 'roedd dy fyd di'n rhacs. Mae'n siŵr 'i bod hi'n dal i fod yn gariad i ti. 'Laddist ti mohoni hi. Ond mi fethist. Am ryw reswm mi fethist wynebu marwolaeth Catrin. Mi fethist fynd i Dyn Ffordd i ddweud. Duw a ŵyr, Watcyn, 'dydw i ddim am fod yn farnwr arnat ti.'

'Roedd y llygaid wedi cau.

'Yna, yn sydyn ne' ar ôl hir boeni a phanig, mi welist gynllun. Mi fyddai pawb yn dod i wybod nad oedd Catrin hyd y lle ac mi fyddai 'na chwilio amdani yn hwyr ne'n hwyrach, yn fyw ne'n farw. Unwaith 'roeddat ti wedi methu dweud, 'roedd hi wedi canu. Mi wyddat na fedrai'r un esgus esbonio deuddydd ne' hyd yn oed dridia o gadw'n dawal. Felly dyma ti'n cael syniad o rwla am y lle gora i guddio corff, lle na fyddai neb fyth yn dod o hyd iddo fo.'

'Roedd sŵn wylo tawel, ond nid oedd dagrau.

'Mae arna i ofn, Watcyn, fod yn rhaid i ni ddod â'r matar i'w derfyn. Er mwyn y gwir, er dy fwyn di. Ac er mwyn y ddau yr wyt ti wedi methu'u hwynebu nhw ers deng mlynadd ar hugian. 'Rwyt ti'n dallt hynny.'

Agorodd fymryn ar ei geg, ond ni ddeuai geiriau.

'Mi fydd yn rhaid 'i agor o, Watcyn.'

217

'Plismyn.'

Ebychiad bychan, brawychus.

'Ia, mae arna i ofn. Dim ond nhw geith wneud.'

Efallai y byddai wedi bod yn haws pe bai wedi dechrau gwadu.

'Mi lyna i wrthat ti, Watcyn. Mi ddadleua i dy achos di ym mhob rhyw fan, ac wrth bawb. Yn enwedig yn Nhyn Ffordd.' Arhosodd am ennyd. 'Oes arnat ti isio dweud rhwbath?'

'Llai na hannar y stori. Llai na'r hannar.'

Cododd ac aeth drwodd i stafell arall. Ni symudodd y Canon. Gobeithiai fod Watcyn Lloyd wedi mynd i nôl rhywbeth, rhyw fath ar dystiolaeth efallai, a fyddai o gymorth iddo ddweud y gweddill, neu ddweud y stori i gyd o'i dechrau. Rhoes ei ben yn ôl i orffwys ar gefn y gadair. Ffug oedd y rhan fwyaf o'r hunanhyder a ddangosodd i Watcyn; dechreuai ei gorff dalu amdano. Ceisiodd ymlacio. Anadlu dwfn, rheolaidd.

Cyn hir, cododd. Nid oedd Watcyn ar frys. Gobeithiai,—ni wyddai beth. Gafaelodd yn y llun priodas. Rhodri a Lleucu'n gafael yn hapus dynn yn ei gilydd, heb ffurfioldeb na swildod. Hollol wahanol i Watcyn ei hun, er ei holl ymdrechion. Efallai mai dyna pam mai'r llun hwn rhagor na'r un arall oedd ar ddangos. Rhoes y darlun yn ei ôl, gan gofio am un arall, a phlygodd ei ben. Sychodd ei lygaid cyn edrych eilwaith arno. 'Roedd Watcyn yn hir. Dychrynodd.

Rhuthrodd at y drws. Nid oedd olwg ohono. Rhedodd drwy'r stafell arall, at ddrws arall cilagored. Yna clywodd y sŵn.

'Watcyn!'

Ceisiodd y dwylo frysio i gwblhau'r gwaith. 'Roedd cledr un yn orlawn a'r geg, yn awchu i lowcio, yn gwasgaru llawer tabled ar hyd y lle gan ei brys. 'Roedd gwydraid o ddŵr yn y llaw arall, a photel wisgi wedi'i dechrau ond wedi'i rhoi o'r neilltu ar y bwrdd. 'Roedd poteli plastig bychain gweigion hyd y llawr. Neidiodd y Canon arno fel pe bai ar gae rygbi nes bod y gwydr a'r tabledi'n chwalu.

*   *   *

''Does arna i ddim isio difetha dy fodlonrwydd newydd sbon di.'

'Roedd y llwybr o'r pentref i'r mynydd yn dechrau cau gan yr haf. Distawodd clecian sioncyn y gwair wrth synhwyro'u dynesiad. Am unwaith siaradai hi fwy nag ef, gan fyrlymu'n ysgafn. Am unwaith 'roedd ef yn annodweddiadol dawedog, yn fwy yn ei feddyliau'i hun nag yn ei sgwrs hi. Pan welodd gyfle 'roedd y geiriau wedi rhuthro'n flêr o'i enau, bron fel pe bai arno ofn iddi'u clywed.

'Be sydd?' gofynnodd hi.

''Dwyt ti mwy na finna'n credu fod Catrin yn mynd i gael llonydd.'

Trodd oddi wrtho, gan gymryd arni chwilio am y sioncyn. Gadawodd iddi. Ond nid oedd am ateb.

''Fedri di ddim.'

Yna, trodd ato.

''Wnes i ddim dweud hynny. Dweud 'mod i'n gobeithio y câi hi ddaru mi. 'Does 'na ddim o'i le mewn gobeithio, 'waeth pa mor anymarferol ydi o.'

'Nac oes.'

'Felly 'dwyt ti'n difetha dim.'

'Nac ydw?' 'Roedd mwy o argyhoeddiad yn ei syniad nesaf. 'A 'dydi'r ffaith ych bod chi'n gwybod ne'n meddwl ych bod chi'n gwybod be ddigwyddodd iddi hi ddim yn golygu'ch bod chi'n gwybod ble mae hi.'

Petrusodd.

'Nac ydi. Nac ydi, 'rwyt ti'n iawn.'

''Ddaru cyn-Sioned ddim dweud hynnny wrth Doctor Mengele.'

'Hegar.'

'Wel, dyna be oedd y diawl. A 'does neb yn gwybod ble mae hi, i brofi nac i wrthbrofi dim.'

Petrusodd eilwaith.

'Nac oes.'

Cerddasant ymlaen. 'Roeddynt wedi cyrraedd cyrion y pentref.

'Wel, wel!'

Deuai Dei Gamfa ar hyd y llwybr tuag atynt.

'Hwn.'

'Ho ho.'

'Be wnawn ni?'

'Be wnawn ni?' 'Roedd ffugsyndod yn llond ei lais. 'Be neith o?'

'Ein hel ni o'ma, ella.'

'Mi fedar droi a rhedag i ffwr. Mi fedar neidio dros ben clawdd. Mi fedar fynd ar 'i gwrcwd a rhoi'i gôt dros 'i ben i edrach wnawn ni fynd heibio heb 'i weld o. Mi fedar fynd heibio i ni heb gymryd sylw ohonon ni. Ne' mi fedar aros i siarad. P'run fydd yn 'i wneud o'n lleia o ffŵl?'

'Mi ffraei di hefo fo.'

'Bobol annwyl! Fi? Helô, Dei.'

''Dach chi heno 'ma?'

Gwibiodd ei lygaid o un i'r llall ac i lawr. Am eiliad ymddangosai fel pe bai wedi penderfynu bod hynny'n ddigon o gyfarchiad am y tro, mai rhyfyg oedd mynd yn gawr yn syth ar ôl torri'r ias. Ond 'roedd Tecwyn wedi aros, ac nid oedd lle i fynd heibio heb wthio.

'Dal yn brysur, Dei?'

'Ydi. Ydi. Ydi, prysur iawn.'

'Well na segura.'

'Ydi. Ydi.'

''Ro'n i'n golygu be ddwedis i yn yr Armon y noson o'r blaen, Dei. Nid am bod 'na lond y lle yn gwrando y dwedis i o.'

'Naci. Naci, de'cini.'

Edrychai'n ddwys a chyfrifol, fel gŵr wedi bod wrthi'n rhoi ystyriaeth ddofn a chytbwys i achos cymhleth.

''Does arna i ddim isio i ni fod yng ngyddfa'n gilydd.'

'Nac oes. Nac oes, siŵr.'

'Mae bywyd yn rhy fyr,' ychwanegodd Sioned. Cafodd binsiad yn ei thin. 'A'r lle 'ma'n rhy fach.'

'Ydi. 'Rydach chi'n iawn.' Gloywai ei lygaid. 'Mae un byrbwylltra'n arwain at y llall bob gafael.'

'Ydi, Dei.'

'Mae—mae 'na waith canfasio o hyd. Mi—mi fydd croeso i chi ddŵad,—y ddau ohonoch chi.'

'Wel, diolch yn fawr iawn.'

Cafodd binsiad arall.

'Ia, wel, mi a' i. Ne' mi fydd rhywun yn chwilio amdana i.'

'Hwyl, Dei.'

Aethant bawb i'w hynt. Cyn hir, troes ef i edrych arni.

''Rwyt ti'n ddistaw iawn.'

'Mae'n anodd gwybod be i'w ddweud.'

'Pam felly?'

'Mae hi'n dipyn o sioc darganfod 'mod i wedi bod yn 'y ngwely hefo boi sgowt.'

'A! Mi eith o i'w wely heno cyn hapused â 'tasa'r Blaid wedi ennill tri dwsin o sedda.'

'Mae o wedi bod yn poeni. Mae'i ddychymyg o wedi bod wrthi ers y noson honno yn yr Armon yn dyfeisio amgylchiada

220

lle'r oedd o'n gwneud rhyw gampa clodwiw i ddangos i ni mor rhesymol a charedig ydi o. 'Fydd dim rhaid iddo fo ddychmygu rhagor.'

Cyraeddasant y copa. Eisteddasant. Ni bu'n hir nad oedd ef wedi darganfod.

''Dydi'r byd ddim mor wyn yma wedi'r cwbwl.'

Troes i edrych i'w lygaid.

'Nac ydi. Chdi oedd yn iawn.'

'Gwaetha'r modd.'

''Roedd 'y ngobaith i'n gryfach nag yr o'n i'n fodlon 'i gydnabod. Dechra mae petha, nid diweddu.'

'Mae'n rhaid i ti ddallt mai Math a Janw sydd i gael blaenoriaeth.'

Ochneidiodd.

'Ia.'

'Pa mor glên bynnag ydi Watcyn, Rhodri, Lleucu.'

''Rwyt titha'n 'i wynebu o hefyd.'

'Gan Math a Janw mae'r hawl i gael gwybod. Os ydi dy ddamcaniaetha di'n gywir . . .'

'Paid â chodi gobeithion gwag hefo dy ''os''.' Gwrandawodd ar seiren cerbyd yn y pellter. 'Mae arna i ofn 'u bod nhw'n gywir i gyd.' Edrychodd ar yr Eglwys islaw, a heibio iddi. 'Hunanoldeb rhonc oedd fy hapusrwydd i'n penderfynu dod i fa'ma i ddathlu'r ymwahaniad oddi wrthi hi.'

'Twt!' 'Roedd ef yn ddiamynedd. 'Mae gen ti hawl i fod yn hunanol bellach, siawns. Nid hunanoldeb ydi o, p'run bynnag.' Craffodd i gyfeiriad y Dref a'r seiren. ''Does gen ti'r un rhithyn o help am yr hyn mae cyn-Sioned wedi'i wneud i ti nac i neb arall. Ambiwlans.'

'Ymhle?'

'Mae hi'n troi am y pentra. Yli.'

Craffodd hithau. 'Roedd yr ambiwlans yn gadael y briffordd.

'Mae'n gas gen i 'u sŵn nhw.'

Fel pe bai ei geiriau wedi bod yn arwydd, darfu sŵn y seiren. Gwelent oleuadau'r ambiwlans yn cryfhau wrth iddi ddynesu. Rhoes bwt o seiren i oddiweddyd fen a'i diffodd drachefn. Daeth heibio i Dyn Ffordd a mynd o'r golwg i'r coed. Disgwyliodd y ddau iddi ddod i'r golwg drachefn. Yna, 'roedd Sioned yn gweiddi.

'Na!'

Trodd yr ambiwlans i ffordd Gartharmon a gwibio rhwng y

llidiardau gwynion. 'Roedd gwibio heb arafu i werthfawrogi bron yn sarhad. Neidiodd Sioned ar ei thraed a'i lusgo ar ei hôl.

'Tyrd!'

Dechreuodd redeg.

'Na, tyrd ffor'ma. Mae'n gynt. Dim ond dringo dau ne' dri o gloddia.'

Brysiodd ef i ddangos y ffordd arall iddi.

'Mae o wedi gwneud rhwbath!'

'Aros nes down ni yno. Ella mai rhwbath arall sydd,—Cetyn ne' Miriam.'

'Naci!'

Rhedasant.

*　　　*　　　*

'Mae Rhodri wedi mynd hefo'r ambiwlans a mae Lleucu a'r Canon wedi mynd ar 'u hola nhw.'

Rhyw fath ar ysgwyd y geiriau o Miriam a wnaeth Tecwyn. Fe'i gwelsant hi'n troi a throi yn yr iard ac yn ceisio rhedeg atynt pan welodd hwy ill dau'n cyrraedd. 'Roedd ei hwylofain yn sŵn rhyfedd ac annaturiol, bron fel tylluan.

'Be sy' wedi digwydd?'

Gofynnodd Tecwyn am y pedwerydd tro. Llwyddai i gadw'i lais rhag bod yn gras.

'O Dduw annwyl! Sioned fach. Mae Watcyn wedi llyncu tabledi,—Duw a ŵyr sawl potelad.'

Rhuthrodd Sioned i fraich Tecwyn a phwyso'i phen arni. Teimlodd ef ei hanadl bytiog yn cynhesu'i fraich noeth. Gafaelodd amadani, a gadael iddi, a cheisio'i sadio'i hun rhag y cynnwrf a ddechreuai ddyrnu o'i fewn. 'Roedd Miriam wedi ailddechrau wylo, a'r sŵn rhyfedd yn cael ei chwyddo gan y muriau o'u hamgylch i fod fel alaeth.

'Tyrd â hi i mewn.'

Rhyngddynt aethant â Miriam i fyny i'r balconi. Wylai ac ebychai bob yn ail, heb fawr o ddim dealladwy'n dod ohoni. Pwysai ar Tecwyn fel plentyn. Ar wahân i ambell 'dyna chi' dibwrpas, ni fedrai ddweud dim wrthi; 'roedd yn brofiad rhy newydd iddo. Gwyddai sut i geisio cysuro Sioned, ond nid hon. Aethant â hi i'r tŷ.

''Roedd—'roedd Peredur hefo fo. 'Wn i ddim am be'r oeddan nhw'n sôn. Ond mi gododd a'i adael o. Mi aeth Peredur i fusnesa, 'i weld o'n hir yn dŵad yn ôl, a mi glywodd sŵn potal yn disgyn. A dyma fo'n rhuthro arno fo.'

'Sut—sut oedd o?'

''Wn i ddim.' Wylai drachefn, ond yn ddistawach, efallai am ei bod ar ei haelwyd, nes bod ei bronnau llawn yn codi a gostwng o dan ei barclod flodeuog. 'Mi roddodd Peredur goes llwy i lawr 'i gorn gwddw fo i'w gael o i chwdu, ond . . .' Daeth bloedd arall, 'Ella 'i bod hi'n rhy hwyr!'

'Lle mae Cetyn?'

'Mae o wedi mynd i'r Foty i helpu hefo'r seilaj.'

'Mi fasa'n well iddo fo ddod adra. Mi ffonia i.'

'Mae Peredur wedi trio gynna. Maen nhw allan yn y caea.'

'Mi reda i yno 'ta.'

Nid oedd gweld oedolion yn wylo'n beth dymunol. 'Roedd yn falch o gael rheswm, a heb aros am ymateb rhedodd allan.

Gadawodd Sioned iddi ddweud ei stori drosodd a throsodd, yn ceisio gwrando arni, yn methu osgoi'r syniad a ddyrnai yn ei phen mai hi oedd yn gyfrifol, mai arni hi'r oedd y bai i gyd. 'Roedd Miriam yn cyfansoddi'n naturiol a diarwybod, a chyn hir 'roedd hi a'r Canon wedi ymdoddi'n un yn ei meddwl a disgrifiai fel pe na bai'r Canon wedi bod ar gyfyl y lle ac mai hi oedd wedi dod o hyd i Watcyn Lloyd. A phan ddaeth ei gŵr adref gyda Tecwyn aeth dros y stori drachefn a thrachefn wedyn i'w chynulleidfa newydd. 'Roedd profiadau ddoe a heddiw'n prysur asio'n un a châi Watcyn Lloyd ei drafod yn y presennol a'r gorffennol bob yn ail yn ddiatal. Cyfranogai Cetyn a hithau bob yn bwt ac ar draws ei gilydd. Bodlonodd y ddau arall ar wrando arnynt a gori yn eu meddyliau dryslyd eu hunain, a'r ddau fel ei gilydd yn benderfynol nad o'u genau hwy y byddai unrhyw ddatgeliad am hanes Watcyn Lloyd yn dod. Edrychai Miriam ar y ffôn bob hyn a hyn, ac ysgwyd ei phen am na wnâi hwnnw ufuddhau i'w gorchymyn dieiriau.

Aeth yn hwyr, a hynny o dywyllwch a oedd gan Fehefin braf i'w gynnig yn dod yn betrus ar eu gwarthaf. Aeth Sioned allan i bwyso ar y balconi. Wylai'n ddistaw. Teimlodd ei fraich yn ei hanwesu a phlygodd ei phen ar ei ysgwydd.

''Tawn i wedi magu plwc . . . 'Ro'n i'n gwir fwriadu dweud wrtho fo. Mi fedrwn fod wedi atal hyn.'

'Na fedrat.'

'Na fedrwn?'

'Na.'

'Ella dy fod yn iawn.'

'Mi fydd y plismyn yma fory. Mae hi wedi canu rŵan.'

'Mi fyddai'n dda gen i 'taswn i heb weld y lle 'ma 'rioed.'

223

Ni theimlodd y siom wrth ei hochr.

Clywsant sŵn car. Edrychodd hi'n ofnus arno. Brysiodd y ddau i ben draw'r balconi a gweld car Rhodri'n aros ar y graean. Nid oedd Lleucu na'r Canon yno.

Safodd Rhodri wrth y car. 'Roedd a'i gefn atynt, yn ddistaw. Mewn ofn mawr, dynesodd hi ato. Cyrhaeddodd. Nid oedd ef yn troi.

'Rhodri.'

Ni throes.

'Rhodri, sut mae o?'

Yna troes. Nid oedd y lled-dywyllwch yn ddigon i guddio'i wyneb. Wylai'n ddi-reol. Rhoes un edrychiad arni.

'Dos o 'ngolwg i!' 'Roedd yn gweiddi. 'Dos mor bell ag y medri di o'ma!'

'Iesu bach, Rhod!'

'Roedd Tecwyn yn cychwyn ato. Ond 'roedd Rhodri'n rhedeg ac yn rhoi hergwd iddo o'r neilltu. Rhedodd a rhedodd. Nid am ei dŷ, ond i'r cefnau, i lawr at y tai gwydrau. Gwrandawsant ar sŵn y rhedeg yn lleihau a pheidio. 'Roedd yn ddistawrwydd mawr ar ei ôl.

''Rwyt ti'n dod acw heno.'

'Y?' Difywyd.

''Chei di ddim aros yma. 'Rwyt ti'n dod adra hefo fi. Mi neith Mam wely sbâr i ti.'

Ni ddadleuodd. Aethant i lawr y ffordd, yn ddistaw, ac nid oedd cysuro arni.

*   *   *

'Roedd heddwas yn y Porth, yn cadw pobl draw. 'Roedd y gweddill bron i gyd y tu mewn i'r cynfas a godasid o amgylch y bedd. Safai'r Canon yn llonydd wrth y mur ar ochr llwybr yr Eglwys, yn syllu i rywle rhywle.

Rhywbeth o natur greddf a wnaeth iddo droi. Oeddynt, 'roeddynt yn ei drafod. Arolygydd, heddwas, a ditectif. Yr heddwas oedd yn siarad helaethaf o ddigon. Adnabu ef. Yna 'roedd ef a'r Arolygydd yn dod ato.

'Gair bach, Syr.'

'Ar bob cyfri.'

'Mae gan PC Llywelyns rwbath bach i'w drafod hefo chi.'

'O, ia.'

'Ia, Syr.' 'Roedd yr heddwas wedi gwneud ei waith rhagbaratoawl. ''Rydach chi'n cofio'r noson y buon ni'n siarad?'

'Siarad.'

'Ia. A chitha ar ych ffordd i'r Eglwys. Wedi anghofio diffodd y gwres, meddach chi.'

'O, ia.'

'Allan oedd y swits?'

'Sut?'

'Mi aethoch i'r fynwant.'

'Ddaru mi?'

'Do, Syr. Mi aethoch at fedd, a mi 'rhosoch wrtho fo am hir.'

'Ddaru mi?'

'Sydd, fel mae'n digwydd bod, yr union fedd yr ydan ni'n 'i agor y bora 'ma.'

'Ia.'

'Wel?'

'Wel?'

''Ddaeth o ddim i'ch meddwl chi i ddweud hynny wrthan ni?'

'Naddo?' Nid oedd ganddo amynedd. 'A minna'n meddwl 'mod i wedi bod wrthi am dair awr a hannar neithiwr yn dweud yr union betha hynny wrthach chi. A minna'n cymryd yn ganiataol mai oherwydd y tair awr a hannar hynny yr ydach chi yma rŵan.'

'Ond 'roedd gynnoch chi dystiolaeth y noson honno, a mi'i cadwoch hi rhagon ni.'

'Nac oedd, yn tad. Chwilio am dystiolaeth 'roeddwn i, nid 'i chuddio hi.'

'Ond mi fedrach fod wedi dweud...'

'A mi fedra'ch hynafiaid chitha fod wedi dal ati i chwilio ddeng mlynadd ar hugian yn ôl.'

Enillodd. Cymedrolodd.

''Rydw i'n cymryd yn ganiataol y byddwch chi'n edrach yn ofalus ar sut mae'r corff wedi'i gladdu.'

'Byddwn, yn naturiol,' atebodd yr Arolygydd yn betrus.

'Pan ddowch chi o hyd iddo fo...'

''Rydach chi'n siŵr iawn o'ch petha.'

'Pan ddowch chi o hyd iddo fo, sylwch nad wedi'i luchio yno y mae o, ond wedi'i gladdu gyda—gydag urddas.'

'Urddas?'

'A mi fydd gweddillion y plentyn yn 'i breichia hi.'

Anadliad dwfn.

''Rydach chi'n dallt fod y wybodaeth yr ydach chi...'

'Nid gwybodaeth, gyfaill. Adnabyddiaeth. Un peth bach arall. Ffafr.'

'Ia?'

'Ych gwaith diddiolch chi fydd mynd i ddweud wrth Math a Janw.'

'Ia.'

'Ga' i fynd yno o'ch blaen chi?'

'Cewch. Cewch siŵr.'

'Mi fûm i yno'n dweud, neithiwr. Mi addewis i yr awn i eto heddiw, i gadarnhau.'

'Roedd symudiadau newydd wrth y cynfas. Amneidiodd rhywun ar yr Arolygydd. Prysurodd ef at y bedd, a'r heddwas ar ei ôl. Plygodd y Canon ei ben, a chau'i lygaid. Rhwbiodd hwy cyn eu hagor. Aeth ar ôl y lleill heb wybod a oedd ganddo hawl i fynd.

'Be sy' 'na?'

Trodd yr Arolygydd ato.

'Mae o yna. Mae 'na ddarna o gynfas wedi pydru a hannar pydru, dafelli ohoni.'

'Ydach chi wedi'i godi o?'

'Naddo. 'Wnawn ni ddim cyffwrdd mewn na phridd na dim rŵan nes daw'r patholegydd.'

'Ia siŵr.'

Trodd, ac aeth i mewn i'r Eglwys.

PENNOD 11

''Rwyt ti wedi 'nhwyllo i o'r dechra un.'

'Naddo, Watcyn.'

'O'r dechra un.'

'Chdi ddaru hynny, 'rhen foi. Chdi ddaru dy dwyllo dy hun.'

Gorweddai Watcyn Lloyd yn llipa ar y gwely taclus, yn edrych yn bŵl ar y nenfwd. 'Roedd mewn ward ar ei ben ei hun, a heddwas yn eistedd o flaen y drws gydol yr amser. Pan ddeuent i'w holi nid atebai hwynt.

''Roeddat ti'n hel tystiolaeth yn 'y nghefn i gydol yr adeg.'

'Oeddwn.'

'I 'nghael i i dy drap. Dyna gyfeillgarwch.'

'Naci. Nid i gael neb i drap. Ond i gael at y gwir.'

'Busnesa.'

'Naci, Watcyn.' 'Roedd y Canon mor amyneddgar nes swnio'n ddi-hid. 'Mi ddweda i wrthat ti pam, gan na choeli di ddim arall yr ydw i'n 'i ddweud wrthat ti.' Nid oedd dihidrwydd o fath yn y byd yn ei lygaid. ''Roedd gen i gefndar. 'Roeddan ni'n ffrindia calon, er nad oeddan ni yr un oed. 'Roedd o ddeng mlynadd yn fengach na fi. 'Roeddan ni'n byw gryn ddeugian milltir oddi wrth ein gilydd a 'doeddan ni ddim yn gweld ein gilydd mor aml â hynny. 'Rydw i'n 'i gofio fo'n dengid acw unwaith,—mi aeth hi'n dipyn o storm ar y creadur yr adag honno.' Gwenai'n drist wrth gofio. Yna darfu'r wên. 'Ond 'doedd honno'n ddim o'i chymharu â'r storm oedd yn 'i aros o.'

Daliai'r llygaid i syllu yr un mor llonydd i'r un lle.

'Brian oedd 'i enw o.'

Yna, am y tro cyntaf, 'roedd y llygaid yn troi. Aeth y gwacter yn fraw.

'Ia, Watcyn. Dyna be 'dw i'n 'i gael anodda i fadda i ti. Nid be wnest ti i Catrin ar ôl 'i cholli hi. Nid be wnest ti i Math a Janw chwaith. Ond 'ddaru ti mo'r ymdrech leia un i droi'r bai oddi ar Brian pan y'i llusgwyd o i ganol dy helynt di.'

'Be fedrwn i 'i wneud?'

'Roedd yn sibrwd, yn llawn argyfwng.

''Wn i ddim. Ond beth bynnag oedd o, 'wnest ti mohono fo.'

'Twyllwr.'

'Na, Watcyn. 'Thwyllis i 'rioed mohonot ti.'

''Sonist ti'r un gair wrtha i amdano fo.'

227

'Am na ches i gyfla i wneud. 'Fedrwn i ddim sôn am Brian heb sôn hefyd am Catrin. A phob tro'r oeddwn i'n gwneud hynny, 'roeddat ti'n troi'r stori fel 'tasa 'na dân yn dy din di. Chdi ddaru dy dwyllo dy hun, Watcyn.'

'Ond be fedrwn i 'i wneud?'

Dechreuai dagrau ffurfio. 'Roedd y Canon yn ddiolchgar o'u gweld.

'Cwta ddeunaw mis fuo fo ar 'i hôl hi, a'r amheuon a'r ensyniada'n dal i gael 'u lluchio ato fo o bob cyfeiriad. 'Rydw i'n cofio syllu ar dystysgrif 'i farwolaeth o. Rhyw air hir fel pregath diwygiwr. O iaith sy'n meddwl cymaint ohoni'i hun, mi fasat ti'n meddwl y byddai'r Saesneg wedi darganfod gair symlach am dorcalon.'

Distawodd. 'Roedd Watcyn Lloyd wedi dechrau griddfan, a rhyw hanner pesychu achlysurol. Peswch neu wylo; nid oedd yn hawdd gwahaniaethu.

'A mi es i'n fwy penderfynol fyth o gael at y gwir.'

''Rwyt ti'n fodlon rŵan, debyg.'

'Gwrando. Mi ddwedis i wrthat ti neithiwr, cyn y lol yma, y byddwn i'n dadla d'achos di, a mi wna i. 'Dydi hi ddim yn hawdd, Watcyn, ond mi wna i. Mae'r plismyn yn 'y nhrin i fel 'taswn i'n gyfuniad o Natsi a chlown wrth 'y nghlywed i wrthi. Pam nad atebi di 'u cwestiyna nhw?'

'Nhw sydd wedi d'yrru di yma.'

'Dim peryg. Pan fydda i angan cymorth i benderfynu ble i fynd mi ro' i y gora iddi. 'Rydw i'n dallt nad wyt ti wedi cael dy gyhuddo eto.'

Nid oedd ganddo ddiddordeb.

'Dim ond dy rybuddio. Ydw i'n iawn?'

'Dim ots.'

'Cred di ne' beidio, mae hwnna'n arwydd da. Pan mae petha fel hyn yn digwydd, y peth cynta maen nhw'n 'i wneud fel rheol ydi lluchio cyhuddiad o lofruddiaeth a gweithio i lawr o hwnnw os ydi'n rhaid iddyn nhw. Mae'r ffaith 'u bod nhw'n petruso cyn dy gyhuddo di'n dangos 'u bod nhw wedi gwrando.'

Nid oedd yn ymateb.

'Mi wn i nad oes 'na ddim ar dy feddwl di rŵan ond y gwarth. Paid â disgwyl cydymdeimlad am hynny. O ran y gyfraith, gan nad ydyn nhw byth wedi dy gyhuddo di, yr unig beth sy'n d'aros di hyd y gwela i ydi cyhuddiad o rwystro i gorff gael 'i gladdu'n gyfreithlon ne'n briodol, beth bynnag ydi'r geiria ffansi, ac ella un o beidio â hysbysu marwolaeth. Ella y cei di garchar gohiriedig am hynny er mwyn cynnal parchusrwydd y Drefn.'

'Be 'di o bwys?'

'Ia, ella. Mi ddwedis i wrthyn nhw y bora 'ma y byddan nhw'n cael Catrin wedi'i chladdu gydag urddas. Mi fu bron i mi gael dwrn. Ond fi oedd yn iawn. Pan grafon nhw'r cynfas oddi arni mi welson nhw'r groes yn 'i dwylo hi. Mae'r corff mewn cyflwr annisgwyl o dda, Watcyn, yn ôl y bobol sy'n dallt y petha 'ma. Go brin y bydd 'na broblem darganfod mai newydd roi genedigaeth yr oedd hi.'

Trodd y pen oddi wrtho.

'Ond nid croes yr oeddwn i wedi'i ddisgwyl, Watcyn.'

'Dos rŵan.'

'Mae'n rhaid i ti atab. Ble rhoist ti o?'

Trodd y pen i edrych drachefn ar y nenfwd.

'Be?'

'Mi ddalion nhw i dyrchu, yn ara deg a gofalus, bron fesul llwyad, Watcyn. Dal i dyrchu nes iddyn nhw ddod at yr arch, a hynny ar f'anogaeth i yn fwy na dim arall. Ond 'doedd o ddim yna.'

''Doedd be ddim yna?' Llais blinedig, wedi diflasu.

'Y babi, Watcyn. Mi fydd yn rhaid i ti ddweud ble rhoist ti o, ne' mi fydd hi'n llawar gwaeth arnat ti.'

Trodd y llygaid eto. Am y tro cyntaf, 'roeddynt yn syllu i'w lygaid ef. 'Roedd braw newydd ynddynt.

'Mi fydd yn rhaid i ti ddweud, 'ngwas i.' Cododd. 'Cynta'n byd, gora'n byd. Mi ddaw meddwl clir i ddisodli'r gwarth os ymdrechi di. 'Rydw i wedi bod yn Nhyn Ffordd ar dy ran di.' Edrychodd yn syth i lawr arno. ''Waeth i mi orffan bod yn ddidostur hefo chdi ddim. Mi fydd yn rhaid i ti 'u hwynebu nhwtha hefyd, mêt, a hynny'n reit fuan.' Aeth at y drws. 'Mi bicia i i dy weld di fory eto.'

Aeth. Edrychodd yr heddwas yn ddisgwylgar arno. Ysgydwodd yntau ei ben.

*   *   *

'Mae'n well i chi aros yma heddiw eto. Mi fydd yn haws i chi beidio â chael ych cysylltu â'r peth.'

Nid oedd llawer o gysuro ar Sioned o hyd. Cawsai lety a chawsai lonydd, a cheisiai ddangos ei gwerthfawrogiad. Lle i lechu oedd ei angen arni p'run bynnag. 'Roedd y pentref yn llawn ac yn llenwi. Caewyd llidiardau Gartharmon ac ni châi neb nad oedd yn plesio'r heddlu fynd trwyddynt. Deuai hofrennydd yn awr ac yn y man i bererindota'n swnllyd a busneslyd rhwng y Plas a'r fynwent a deuai'n ddigon isel i ddangos y tynnwr lluniau'n brysur o'i mewn.

''Does 'na ddim i'w chysylltu hi ag o p'run bynnag,' meddai Tecwyn, yn trin ei fam fel arwres am ei pharodrwydd y noson cynt. ''Neith y Canon ddim datgelu. 'Wn i ddim am y peth Doctor Cwac hwnnw chwaith,' ychwanegodd yn sydyn a chwyrn, 'ella siaradith hwnnw am bres.'

'Na neith, nid un felly ydi o.'

''Dydi Doctor Cwac ddim wedi plesio o gwbwl,' meddai'r fam. ''Fuo 'na 'rioed y fath ferwi am neb yn y tŷ 'ma.'

''Chlywsoch chi mo'r sgrechfeydd. Na'u gweld nhw.'

Daeth cnoc sydyn ar y drws. Tynnodd Sioned ei gwynt ati.

'Hidiwch befo, Sioned, mi ofala i na fydd 'na groeso os na fydda i'n dymuno.'

Aeth y fam i'r drws a'i agor. 'Roedd heidiau o dynwyr lluniau y tu ôl i Rhodri, yn clician am y gorau. Tynnodd y fam ef i'r tŷ yn ddiseremoni a rhoi clep i'r drws ar ei ôl.

'Oni bai am dy amgylchiada di mi fyddwn i'n dy flingo di'n fyw.'

'Ble mae hi?'

'Dos i'r parlwr. Mi ddaw atat ti rŵan.'

Aeth, yn ufudd, a sefyll yn ei unfan ar ganol y llawr. Aeth hithau'n ôl i'r cefn.

''Roedd hi'n hen bryd iddo fo ddŵad, on'd oedd? Cerwch ato fo i'r parlwr, Sioned. Mi gewch lonydd yn fan'no.'

''Rarglwydd! Mi a' i hefo hi.'

'Aros ble'r wyt ti.'

'Ond...'

'Aros! Go damia unwaith!'

Cododd Sioned, yn ofnus. Aeth i'r cyntedd, a gwthiodd y drws cilagored. Edrychai Rhodri arni'n gwneud. Plygodd ei ben. Dychrynodd hithau eto, wrth sylwi. Yna, brysiodd ef ati, a gafel amdani'n dynn.

'Ydi o wahaniaeth gen ti 'mod i'n gafael ynot ti?'

'Dim o gwbwl.'

''Wn i ddim am ffordd arall o ddifaru ac ymddiheuro. Mae geiria mor—mor ffurfiol a diddychymyg.'

'Ydyn, weithia.'

'Gobeithio na ddaw o i mewn ne' mi eith hi'n Nico Bach yma.'

'Na neith.' Ymryddhaodd. 'Sut mae o?'

'Oni bai am y Canon mi fyddai wedi bod yn rhy hwyr. 'Roedd o wedi trio cymryd wisgi hefo'r tabledi, ac wedi methu. 'Roedd hynny'n help. Mae o—mae o'n gwella.'

'Sut mae'i gyflwr o?'

'Drwg. Mae o'n gwrthod dweud dim wrth neb.'

''Rydw i am fynd i'w weld o. Mae arna i isio mynd heddiw. Mae o'n bwysig.'

'Oes 'na rwbath yn bwysig bellach?'

Eisteddodd Sioned.

'Damia unwaith!' Brysiodd Rhodri at y ffenest a chau'r llenni'n dynn. 'Busneswrs diawl!' Aeth at y drws, a'i gau. Rhoes olau.

''Rydach chi'n gwybod y cwbwl, felly?'

'Ydw, am wn i.' Daeth i eistedd gyferbyn â hi. 'Mi fu'r Canon wrthi'n ddi-stop tra buon nhw'n pwmpio 'Nhad, ac wedyn hefyd.' Rhoes y gorau i siarad yn sydyn, a chuddio'i ben yn ei law. Yna, cododd ef. 'Roedd ei lygaid yn fawr wrth syllu ar y carped wrth ei draed. 'I feddwl, ar hyd yr adag, o'r amsar pan o'n i'n blentyn yn chwara ceffyl bach ar 'i gefn o ac yn plycian yn 'i wallt o, tan neithiwr. 'Roedd o'n cadw hyn i gyd iddo'i hun gydol yr adag, bob dydd, bob blwyddyn.' Trodd ati. Aeth ei lais yn floesg. 'Sioned bach, 'does gen ti ddim syniad faint o sioc ydi hi.'

'Nac oes. 'Does gen i ddim.'

''Rydw i wedi crio fel babi drwy'r nos.'

'Sut mae Lleucu?'

'Distaw. Yn syllu i'r un lle am hydoedd. Diarth.'

'Mae'n rhaid i mi gael gweld ych tad.'

'I be, Sioned?'

'Pa hawl sy' gen i i ddweud a oedd 'i gamgymeriad o'n un gwirion ai peidio? Ond un camgymeriad oedd o. Os na fedran ni ddangos ymddiriedaeth ynddo fo rŵan pwy arall neith?'

'Wyt ti'n golygu hynna?'

'Ydw, pob gair.'

'Hyd yn oed ar ôl i mi ddweud be ddwedis i wrthat ti neithiwr?'

'Twt!' Daeth dagrau sydyn i'w llygaid. ''Taswn i wedi siarad ynghynt hefo'ch tad, ella . . .'

'Wyt ti'n meddwl y down ni drwy hyn?'

'Down siŵr. A'ch tad.'

'Os down ni, wnei di aros?'

231

'Gwnaf. Os ca' i.'

'Os cei di!'

*   *   *

Ni fuont ar frys i gyrraedd. Siaradai dyn o flaen camera teledu ger y prif ddrysau a'r munud y'u gwelodd chwiliodd Sioned yn wyllt am fodd i'w hosgoi. Aethant i mewn trwy ddrws ochr a busnesa'u ffordd ar hyd cynteddau cyhoeddus a phreifat am gryn bum munud cyn cyrraedd y dderbynfa. Cawsant gyfarwyddiadau sychion Saesneg wrth y ddesg ac atebasant yr un mor sych ond nid yr un mor Seisnig. Cerddasant wedyn ar hyd cyntedd ac i fyny dau risiau. Daliodd Tecwyn ddrws yn agored iddi.

'Be ddweda i wrtho fo?' gofynnodd, ychydig yn daer.

'Chdi ydi chdi.'

'Anfarwol.'

'Dacw fo.'

'Roedd presenoldeb yr heddferch fel arwyddbost. Edrychodd arnynt yn dynesu. Ymbaratôdd Sioned am ffrae, ond cawsant fynd heibio iddi ac i mewn i'r ward. Gorweddai Watcyn Lloyd a'i lygaid yngháu. Edrychai'n hen.

'Helô 'ma.'

'Roedd llais Tecwyn yn llawer mwy naturiol nag yr ofnai. Agorodd y llygaid. Edrychasant mewn dychryn ar y ddau cyn troi draw.

'Be 'dach chi'i isio?'

'Dŵad i edrach amdanoch chi siŵr.'

Daliodd y llygaid i edrych draw. Yna caeasant, i ystyried y frawddeg yn ofalus, ddi-frys. Yna agorasant.

''Rydach chi'n dod i edrach amdana i?'

'Wel ydan, debyg.'

'Roedd y llygaid yn synnu. Yna troesant yn araf i edrych ar y ddau. Dim ond cip, cyn troi i lawr.

'Ydach chi'n teimlo'n well? Be ddiawl ddaeth dros ych pen chi, ddyn?'

Daeth Sioned yn nes at y gwely.

'Mi gre'is i helynt i chi.'

'Nid chi, Miss—Miss Davies.'

'Duw Duw, galwch hi'n Sioned bellach.'

'Arna i 'roedd y dial. 'Ches i ddim ond fy haeddiant.' 'Roedd yn ymdrech gwrando arno. ''Fedra i ddim byw hefo fo.'

'Peidiwch â dweud hynna.'

''Ro'n i wedi meddwl dŵad â photal o Lwcosêd i chi, ond—diawl . . .'

Ac yna 'roedd gwên ar yr wyneb. Dim ond megis awgrym, ond 'roedd yn wên. Y gyntaf ers wythnosau. Trodd Sioned i edrych ar Tecwyn. 'Roedd y diolch yn ei llygaid yn ddigon a'i wegian. Trodd ef at Watcyn Lloyd.

'Oes arnoch chi isio sôn am y peth?'

'Nac oes.'

'Ydi'r Canon wedi dweud wrthach chi am brofiada Sioned?'

'Do.'

'Nid arni hi'r oedd y bai.'

'Naci. Arna i.'

'Nid arnoch chi i gyd chwaith. Soniodd o am y bwtias?'

'Be—be wyt ti'n . . .'

'Naddo, mae'n siŵr. Sioned yn rhedag drwy'r glaw i'w canol nhw. Catrin yn 'i gyrru hi. Mi awgrymis inna'n gynnil . . .'

'Cynnil!'

'. . . yr awn i hefo hi drannoeth. Mi jibiodd munud hwnnw.'

'Roedd gwên arall, well. Dechreuodd Sioned deimlo'n hapus. Ond agorodd y drws a galwodd yr heddferch arnynt. Troesant, yn anfoddog.

'Mae arna i ofn fod yn rhaid i chi fynd rŵan. Mae'r Inspector ar ei ffordd i fyny.'

'O'r gora.'

Troes Sioned yn sydyn a mynd yn ôl at y gwely. Gafaelodd yn gadarn yn y llaw.

'Mae'n rhaid i chi wella.'

Trodd ei wyneb draw, ac aeth hi ymaith. Arhosai Tecwyn amdani.

''Doedd hi ddim mor ddrwg ag y tybis i. 'Ro'n i wedi ymbaratoi i sbio ar y wal a thrwy'r ffenast.'

'Mi wnest ti'n llawar gwell na hynny.'

''Wyt ti ddim dicach am imi sôn am y bwtias?'

Gafaelodd ynddo.

'Nac ydw.'

'Mi ddwedis i ddoe fod Watcyn yn hen foi iawn. 'Rydw i'n dal i'w ddweud o.'

'Helpi di fi i'w wella fo?'

'Gwnaf. 'Rwyt ti'n llawar mwy hunanfeddiannol na bron neb yma.'

'Wedi cael mwy o amsar na nhw i ymgynefino'r ydw i.'

233

''Roeddat ti'n gwybod lle'r oedd Catrin cyn mynd at Cwacyn?'

Ystyriodd.

'Nac o'n. Ond 'ches i mo fy synnu.'

'Roedd Lleucu yn y dderbynfa. Arhosodd Sioned yn stond pan welodd hi. Trodd at Tecwyn ond 'roedd ef, heb ei gweld, wedi sleifio at gownter a werthai frechdanau a diod. Yna gwelodd Lleucu hi. Edrychasant ar ei gilydd. Sioned a symudodd.

''Tawn i heb gael y gwaith 'ma 'fyddai hyn ddim wedi digwydd.'

'Na fyddai.' 'Roedd ei llygaid yn fawr ac yn ddwl. ''Fyddai o ddim.'

'Yr un ydi o o hyd â'r un yr ydach chi wedi bod yn ffrindia calon hefo fo ers pan oeddach chi'n canlyn Rhodri.'

'Ia?'

'Ia, Lleucu. Os na chredwch chi hynny 'neith o byth wella.'

'Na neith?'

'Mae Tecwyn wedi'i gael o i wenu.'

'O.'

'Do. Gwên fach oedd hi. 'Tasa bwys am 'i maint hi.'

'O.'

Daeth Rhodri. Daeth Tecwyn, gyda dau ddiod. Rhoes un i Lleucu, ond fe'i gwrthododd. Safodd y pedwar yn ddistaw anghyffyrddus, gyda llawer yn edrych arnynt. Yna, symudodd Lleucu. Rhoes ddyrnod ysgafn i Tecwyn yn ei ysgwydd.

'Diolch, mêt.'

Aeth. Syllodd y lleill ar ei hôl.

'Mi ddaw,' meddai Rhodri'n ddistaw syn. Yna, troes at Sioned. 'Ddwedodd o rwbath?'

'Dim llawar.'

'Dim byd o bwys?'

''Roedd y wên . . .'

'Ond mae 'na gymhlethdod arall. 'Wyt ti ddim wedi gweld neb?'

'Pwy?'

'Y Canon, ne'r plismyn.'

'Naddo.'

'Maen nhw wedi methu dod o hyd i'r babi. 'Doedd o ddim hefo hi . . . 'Rarglwydd! Sioned bach!'

'Roedd rhyw ebychiad, bron fel gwaedd sydyn, wedi dod o'i genau. Yn ofni'r gwaethaf, ac yn dal i gofio, rhuthrodd Tecwyn i afael ynddi nes gwneud i beth o'r ddiod a roesai iddi neidio o'r cwpan i lawr ei dillad.

'Wyt ti'n iawn?' gofynnodd yn llawn panig.

Ni fedrai ateb, dim ond nodio ac edrych yn ymbilgar o un i'r llall.

*   *   *

Fe gysgodd yn hwyr. Nid oedd dim arall i'w ddisgwyl, a hithau wedi methu cysgu hyd nes ymhell ar ôl toriad y wawr. Yn ei diniweidrwydd 'roedd wedi cymryd popeth mor ganiataol, fod pethau wedi'u deall heb eu dweud. 'Roedd wedi syllu ar y darlun am oriau, yn wylo uwch ei ben, yn erfyn am ei gymorth. Nid y Canon a hi oedd y cynllwynwyr, ond Watcyn Lloyd a hi.

Ond 'roedd yn well methu cysgu yn ei gwely'i hun nag mewn gwely arall. O leiaf gallodd ddychwelyd. 'Roedd Tecwyn a'i rieni'n gyndyn iawn o'i gollwng, ond 'roedd hi'n benderfynol mai yng Ngartharmon yr oedd hi am fod, a gwnaeth ddigon o arwyddion ar ôl cyrraedd i roi ar ddeall i bawb ei bod yn ôl.

'Roedd ar ganol rhyw fath ar frecwast pan ddaeth Lleucu i mewn. Edrychodd y ddwy ar ei gilydd eto, yn hollol sobr, yna rhoes Lleucu chwarddiad bychan braidd yn chwerw.

'Ar p'run ohonon ni mae'r olwg waetha?'

''Wn i ddim. 'Ddaru mi ddim meddwl.' Tywalltodd baned yn ddigymell iddi. 'Rhwbath heddiw?'

'Na. 'Rydw i'n well. Mae'n ddrwg gen i am neithiwr.'

'Am be?'

''Doeddwn i ddim yn siŵr o'n i'n ych casáu chi ai peidio.'

Ni fedrai ymateb i hynny.

'Ond chi sy'n iawn. 'Rydw i am 'i wella fo.' Yfodd ei the. 'Wnewch chi helpu?'

'Gwnaf. Mae'n rhaid iddo fo wella.'

'Nid dyna'r o'n i'n 'i feddwl.'

'Be 'ta?'

'Cael at y gwir.'

Yna gwelodd y darlun. Daethai Sioned ag ef i lawr wrth godi, bron yn ddiarwybod iddi fel plentyn yn llusgo tedi bêr. Cododd ato.

'Hwn?'

'Ia.'

Daeth ag ef yn ôl at y bwrdd. Rhoes ef ar ei glin, a'i astudio a sipian ei the bob yn ail fel pe bai'n darllen papur newydd.

235

'Roedd Sioned hefyd yn ddistaw, yn synfyfyrio'n ofnus ar y bwrdd.

'Fedrwch chi drio tynnu'r gwir ohono fo, Sioned?'

'Fi?' Diymadferth.

'Ia. Mae'r Canon wedi methu. Mi gollodd Rhodri 'i 'mynadd. Mi fethis i. 'Does 'na neb ond chi ar ôl. Er 'i fwyn o.'

'Ia,' atebodd yn llywaeth ffrwcslyd.

''Roedd 'na ryw Inspector wedi trio troi tu min arno fo neithiwr ac wedi bygwth pob math ar gosba. 'Doedd o ddim mymryn elwach.' Nid oedd yn sylwi nad oedd Sioned yn gwrando. 'Mi driodd Rhodri a finna wedyn nes ein bod ni wedi laru. O, Duw!' Rhoes glep i'r gwpan ar y bwrdd. Cododd Sioned ei llygaid. 'Pam na ddaru o gladdu'r babi hefo hi?'

'Am nad oedd o'n llofrudd.'

Dim ond sibrwd ei hateb y medrodd ei wneud. Ni ddeuai llais. Ond yna penderfynodd.

'Mae'n rhaid i mi 'i weld o.'

'Roedd yn amhosib osgoi ei llygaid.

'Y babi'n fyw?'

'Lleucu, peidiwch â holi tan ar ôl i mi 'i weld o.'

Rhuthrodd Lleucu i'r darlun.

'Ond ble mae o? Be ddigwyddodd?'

''Rydw i am fynd ato fo rŵan. Mi helia i esgusion fod yn rhaid i mi gael 'i weld o ynglŷn â'r gwaith.'

'Mae Gwydion yn mynd i'r Dre.' Geiriau peiriannol, a'i sylw'n llwyr ar y darlun.

'Mi gerdda i. Mi geith 'y nghodi i wrth y giatia.'

'Peidiwch â cherddad ymhellach. Maen nhw'n dal i heidio.' Tynnodd ei llygaid oddi ar y darlun. 'Ga' i fenthyg hwn?'

'Cewch. Ne'i gadw fo.'

A dechreuodd obeithio.

'Be 'dach chi'n 'i wybod, Sioned?'

'Lleucu . . .'

'O'r gora.'

Aeth Lleucu. Gorffennodd hithau wisgo amdani. 'Roedd un cwmwl llonydd mewn awyr glir. Cerddodd i lawr y ffordd, yn damio'r gwir. Adlewyrchai'r haul oddi ar geir wedi'u parcio ar ffordd y pentref. Damiodd hwythau. Gwelodd gar Morus Garth yn dod i lawr o'r fferm, ac arafodd. Nid oedd arni eisiau cyrraedd unman yr un adeg ag ef.

Ond nid mynd at y llidiardau wnaeth y car. Trodd i fyny at y Plas a dynesu'n wyllt tuag ati. Fferrodd. Arhosodd y car.

'Y wrach!'
'Roedd wedi dod allan.
'Gadwch imi!'
'Ble mae o gen ti?'
'Ble mae be?'
'Mi wyddost yn iawn. Y tâp!'
'I be...'
'Tyrd â fo i mi!'
Dechreuodd frasgamu. Ni phetrusodd hi. Rhuthrodd ar draws y ffordd a neidio ar y clawdd. Bachodd ei jîns wrth fynd dros y weiran bigog ar y ffens ar ei ben a chlywodd y rhwyg sydyn a theimlodd losg y sgriffiad. Cafodd un arall ar ei llaw wrth neidio i lawr i'r cae. Gwasgodd hi rhag y boen a dechreuodd redeg. Clywodd ddrws y car yn cau a gwelodd ef yn dechrau bagio'n gyflym i lawr y ffordd. Rhedodd yn gyflymach. Anelodd am lidiart yn y gwrych gyferbyn. Ni thrafferthodd i'w hagor, dim ond dringo drosti. 'Roedd ar lôn y fferm a deuai'r car tuag ati. Rhedodd ar draws y ffordd a'i gwneud hi am y coed. Aeth y car heibio a dal i fynd. Arhosodd yn uwch i fyny, a daeth Morus ohono. Gwnaeth yntau hi am y coed, ond nid ar ei hôl. Arafodd hithau. Arafodd yntau. Troes ei gyfeiriad a dynesu. Rhedodd hithau.

Aeth i'r coed. Rhedodd ar hyd y llwybr i fynd i'w canol cyn neidio oddi arno. Dewisodd goeden, a chuddio y tu ôl iddi. Ceisiodd anadlu'n ddistawach. Plygodd i gael golwg ar ei choes. 'Roedd y sgriffiad yn llosgi, ond 'roedd wedi peidio â gwaedu. Daliai ei llaw i waedu ac i losgi. Llyfodd hi a sugno'r briw. Nid oedd ei hofn yn goresgyn ei siomiant o weld bod y bwtias wedi darfod a'r lliw wedi mynd. Arhosodd yn dawel, yn gwrando. Chwiliodd am eglurhad. Ceisiodd ei gorfodi'i hun i ystyried yn rhesymol. Ond 'roedd popeth blith draphlith.

'Roedd yn dawel. Gwrandawodd. Troes yn ei hunfan i wynebu'r goeden cyn rhoi ei phen heibio iddi i sbecian. Safai ddwylath oddi wrthi, wedi'i dal.

Sioc, ac yna nid oedd arni ofn. Nid oedd arni ei ofn o gwbl. Daeth oddi wrth y goeden a sefyll o'i flaen. Gwelodd ei hyder newydd yn ei lorio. Ni fedrai wneud dim ond chwythu.

'Ac i be mae arnoch chi isio'r tâp, ys gwn i?'
'Roedd ei llais yn fwriadol uchel, oherwydd cawsai syniad arall. Pwy fedrai ymguddio yng nghoed Gartharmon ar ddiwrnod fel hwn?

''Dydach chi 'rioed yn meddwl mai dim ond gen i mae'r unig gopi ohono fo?'

''Dydi o ddim yn wir, wyt ti'n 'y nghlywad i? 'Dydi o ddim yn wir!'

Parhaodd hithau i chwarae'i thwyll.

'Os felly, be sy' arnoch chi 'i ofn?'

Camodd ati. Safodd hithau.

''Rydach chi'n ffŵl. Os gwyddoch chi am y tâp yna mi wyddoch fod 'na hannar dwsin a rhagor o bobol wedi bod yn gwrando arno fo.' Cyfansoddai'n rhwydd. 'Y Canon a'i wraig, Rhodri, Lleucu, Robin Owen, Miriam, Tecwyn.'

'Mi dy setla i di!'

'Fel setloch chi Catrin?'

Dim ond ergyd wyllt, heb bwt o gyfiawnhad iddi ond yr hyn oedd o'i blaen.

'Celwydd! Wedi'i ddyfeisio fo'r wyt ti, y sopan fach! Celwydd pob gair!'

Gwaeddodd ddigon i syniad Sioned weithio. Efallai fod Gwydion wedi'i gweld yn rhedeg ar draws y cae, a'i dad ar ei hôl. 'Roedd wedi gweld y car yn sicr. Clywid ei weiddi a'i sŵn yn rhedeg tuag atynt. Daeth buddugoliaeth oer i'w llygaid.

'Be sy'n digwydd yma?'

'Paid â phoeni, Gwydion. Mae popeth yn iawn rŵan.'

'Ydi o ddiawl!' Camodd at ei dad, a golwg y fall arno. 'Be 'dach chi wedi'i wneud iddi?'

Cerddodd ei dad ymaith. Rhuthrodd Gwydion ato.

'Gwydion! Paid!'

Peidiodd. Syllodd ar ôl ei dad. Daeth Sioned ato.

'Mae arna i ofn fod gen i newydd drwg i ti.' Gafaelodd yn ei fraich. 'Mae'n ddrwg gen i, Gwydion.'

'Mae'n ddrwg gen inna hefyd.' Trodd ati, a'i lygaid yn syn. 'Mi wn i. 'Does gen ti ddim newydd i mi.'

'Oes.'

'Nac oes. Mi wn i am yr hypnotydd. Mi ddwedodd Tecwyn wrtha i neithiwr. Mi soniodd am y tâp a dyma finna'n sylweddoli rhwbath ganol nos. Yr holl geir, yr holl dempar ers i ti ddechra gweithio yn y Plas. Mi osodis drap iddo fo. Mi ddwedis wrtho fo am y tâp a mi ddwedis dy fod di wedi siarad cyfrola arno fo.' Edrychodd i lawr, yn welw a siomedig. ''Ddaru mi ddim bargeinio am hyn chwaith, iddo fo dy ddychryn di a dy fygwth di.'

'Mae'n ddrwg gen i, Gwydion.'

'Mae o'n gwybod am Catrin o'r dechra un. Be wnawn ni?'

Daeth sŵn. Craffasant.

'O, Arglwydd! Plismon ni.'

Daeth yr heddwas drwy'r coed atynt.

'A be 'di hyn?'

'Dim byd.'

'Dim byd? Un yn rhedag ar ôl y llall i'r coed, un arall yn 'i gluo hi ar 'u hola nhw fel 'tasa fo'n mynd i golli'r sbort i gyd. Dim byd ydi hynny, ai e?' Edrychodd o'i amgylch. 'Lle mae'r llall?'

'Wedi mynd.'

'I ble?'

'Adra. 'Nhad oedd o.'

'A Santa Clôs ydw inna. Be 'di'r gêm, medda fi!'

'Camddealltwriaeth,' meddai Sioned. 'Dim byd arall.'

'Os na ddwedwch chi be sy'n digwydd yma mi a' i â chi i mewn.'

'Am be?' gofynnodd Gwydion.

'Sys.'

'Be uffar 'di hwnnw?'

'Mi gei di weld. Am y tro ola, be sy'n digwydd?'

'Matar preifat,' meddai Sioned.

Edrychodd yr heddwaas o un i'r llall, am hir.

'Mae o drosodd rŵan, p'run bynnag,' ychwanegodd Sioned.

'Oes a 'nelo chi rwbath â'r helynt 'ma?'

''Roedd yr hogan druan wedi'i chladdu cyn ein geni ni, Cwnstabl.'

'Hm. O'r gora. Cerwch 'ta. Ond dalltwch chi y bydda i'n cadw golwg arnoch chi, y ddau ohonoch chi.'

'Mi neith hynny i ni deimlo'n ddiogel.'

Aethant. Syllodd yr heddwas ar eu holau nes iddynt fynd o'i olwg. Edrychodd o'i amgylch, yn fanwl. Wedi methu gweld dim anarferol, aeth yn ôl, gan ddal i chwilio yma ac acw. Yna, gwelodd rywbeth. Wedi syllu am ychydig, aeth ato. Plygodd. 'Roedd y tamaid bychan o dir yn wahanol i'r gweddill, yn fwy marw. Craffodd. 'Roedd ôl torri ar y dywarchen. Tynnodd hi. Daeth dwy ochr iddi'n rhydd bron ar unwaith. Rhwygodd y gweddill o'r ddaear a thyrchu yn y twll odani. Teimlodd ei fys yn gwlychu a thynnodd ef ymaith. Rhythodd arno. 'Roedd yn ddu.

'Wel, myn diawl!'

Tyrchodd eto, a thynnodd dun paent o'r twll. Tyrchodd eto fyth, a gafael mewn pren wedi'i drin. Cododd y brws.

'Aha!'

* * *

'Os medrwch chi beidio â'i styrbio fo.'

'Os bydd o'n waeth ar ôl 'y ngweld i 'i fai o fydd hynny.'

Sgubodd Janw heibio i'r nyrs. Nodiodd yn gynnil ar yr heddwas wrth y drws i gydnabod ei fodolaeth. Yna, aeth i mewn.

Clywsai ei llais. Rhythai at y drws, yn methu troi ei olygon draw. Am ennyd synnodd o weld mor fach ydoedd. 'Roedd het gapel dynn ar ei phen a phin trwyddi i'w dal yn dynnach fyth. Bach a thaclus ac ofnadwy.

'Os wyt ti'n chwilio am ddagra mae'r rheini wedi bod.'

'Mae—mae . . .'

'Ne' os wyt ti'n chwilio am alar mae hwnnw wedi bod hefyd.'

'Tria ddallt.'

'Be?'

'Tria ddallt.'

'Siarada'n uwch, wir Dduw, i bobol gael dy glywad di.'

'Roedd cais ymarferol yn chwalu hynny o blwc yr oedd wedi ceisio'i grynhoi.

''Rwyt ti'n gwybod be wnest ti. 'Rwyt ti'n gwybod be ddigwyddodd. 'Chawson ni mo'r fraint honno.'

'Roedd ganddi fag bychan. Safai ger erchwyn y gwely, yn ddi-ofn o agos ato, gan anwybyddu'r gadair yn ei hymyl yn llwyr. Gafaelai bysedd dwy law yn gadarn yn y bag.

'A phan ddaeth hi'n bwyso arnat ti dyma chdi'n cachgïo.'

'Do, mi wnes.' O leiaf 'roedd ei gadarnhad yn hyglyw.

'Mi dwyllist dy wraig. 'Waeth gen i am hynny. Mi dwyllist Brian. Mi'i defnyddist o nes lladdist ti o . . .'

'Naddo!' Gwaedd. 'Naddo!' Distaw.

'Ella nad oedd Catrin yn santas. 'Fasa gen i ddim diddordab mewn magu peth felly. Ond 'doedd hi ddim yn hwran chwaith.'

'Nac oedd.'

'A hyd yn oed pe tasa hi 'fyddai hi ddim yn haeddu be gafodd hi. 'I thaflu dan ddaear fel dafad.'

'Nid dyna . . .'

'O, ia, mi wn i. Mae Peredur yn trio achub dy gam di. Dyna 'di waith o, de'cini.' Tawodd yn sydyn. Gwelodd hi'n llyncu.

240

'Dim ond dweud oedd isio i ti.' Yna darfu'r hyder yn llwyr. 'Roedd y llygaid yn llenwi. 'Ond wnest ti ddim, naddo?'

Trodd yn gyflym a brysio ymaith, a'r pethau a baratowyd mor fanwl uwchben haearn smwddio diwyd yn gorfod cael eu gadael heb eu dweud.

'Janet!'

Ond 'roedd wedi mynd.

*   *   *

Edrychodd braidd yn hurt ar Sioned yn dadlwytho ffrwythau i'r ddesgil ar ben y cwpwrdd. Cwta awr oedd ers yr ymweliad arall a dyma Sioned yn dod a throi'r cyfan eto.

'Miss Davies...'

'Sioned.' Eisteddodd, a thynnu'r gadair yn nes at y gwely. ''Rydach chi'n gwybod pam dois i ar fy mhen fy hun. 'Roeddwn i wedi cychwyn bora ond mi ddigwyddodd rhwbath.'

'Be?'

'Mi ddweda i toc. Mi ddweda i a mi gewch chi egluro.'

''Dydw i ddim yn dallt.'

'Mi wnewch.' Ymdrech ddiarbed i swnio'n sicr ohoni'i hun oedd yr unig obaith. 'Mwya'n y byd yr ydach chi'n benderfynol o wrthod dweud y stori i gyd lleia'n y byd o obaith sy' gynnoch chi i bobol goelio'r hyn 'rydach chi wedi'i ddweud yn barod.'

''Dydi o ddim ots am hynny.'

'Ydi.'

Petrusodd, yna rhyfygodd. 'Roedd ei law lipa ar ymyl y gwely. Gafaelodd ynddi, a'i chodi i'w llaw arall. Teimlodd ei ddychryn. Ond nis gollyngodd.

'Ylwch, pan ddois i acw, 'roeddach chi fel cneuen o iach. Rhwbath dros dro ydi hyn a mi fyddwch chi mor iach ag erioed unwaith y bydd o drosodd, dim ond i chi roi'ch meddwl ar hynny. Mae gynnoch chi flynyddoedd.' Yn raddol, teimlai'r llaw yn mynd yn llai llipa. 'Mae ots. Ac mae'n rhaid i chi ddweud.'

''Fedra i ddim.'

'Mi'ch helpa i chi 'ta. Pam oeddwn i'n argyhoeddedig mai llun ych gwraig barodd y fath sioc i chi pan welsoch chi o ar y ddesg?'

Dechreuai'r llaw ei gwasgu.

'Peidiwch, Sioned. Er mwyn popeth...'

Nid oedd yn edrych arni.

'A pham oedd ych gwraig yn sgrifennu negeseuon côd ym mhobman?'

'Negeseuon côd?'

'Naci, debyg iawn. Cysur. Trio'i chysuro'i hun oedd hi 'te?'

'Cysuro?'

'Gwyn eu byd y rhai amhlantadwy.'

'Na!' Tynnodd ei law ymaith fel o drydan. Trodd ei holl gorff oddi wrthi. 'Na!'

''Rydw i wedi dweud wrth Lleucu bora 'ma mai'r rheswm na chawson nhw hyd i'r babi ydi nad oes 'na'r un i ddod o hyd iddo fo. Mi wrthodis ddweud rhagor. Ych gwaith chi fydd hynny.' Dymunai afael yn ei law eto ond rhoesai ef hi o dan y dillad. 'Dowch rŵan. 'Roedd ych gwraig yn methu cael plant. Mi ddechreuwn ni o fan'no.'

Ni wnaeth. Edrychai draw, yn syllu'n ddwl ar wal ddwl.

'Dowch.'

Ni wnaeth.

'O'r gora. Mi symuda i 'nghadair i'r ochor yna 'ta.'

''Roedd hi mor oer, mor siomedig.' Daeth y llais a sŵn ei chadair gyda'i gilydd. 'Roedd fel pe bai'n ceisio cuddio'i ben yn y gobennydd wrth orfod dechrau. ''Roedd hi'n iawn cynt,— pob dim yn iawn. Ond pan ddarganfu hi . . .'

Tawodd. Wylai.

'Eich bod chi a Chatrin yn gariadon?'

'Naci. Pan ddarganfu hi na fedrai hi ddim cael plant, mi newidiodd yn llwyr. Mi gollodd ddiddordeb,—yno i, ym mhopeth. 'Fedrai hi ddim rhoi na derbyn cysur. 'Roedd bywyd yn—yn anodd hefo hi.'

Tawodd. 'Roedd yn gyndyn.

'Yna mi ddaeth Catrin?'

'A phan—pan feichiogodd hi, mi ddarganfu Sonia rywfodd nad Brian oedd—oedd—y tad.'

'Roedd y geiriau mor amhersonol.

'A be ddigwyddodd?'

''Doedd dim gwahaniaeth ganddi hi. Yna, mi ddarganfu nad oedd ar Catrin isio'r babi. 'Doedd cael plentyn anghyfreithlon—beth bynnag ydi ystyr hynny—ddim mor—mor ffasiynol yr adeg honno. Ond mi wellodd drwyddi. Mi benderfynodd y byddai hi'n magu'r plentyn.'

'A mi aeth i Lundain gyda'r esgus o gael trafferthion gyda'r cario.'

'Do.'

'At gyfeillion.'

'Naci. I dŷ ar 'i phen 'i hun. 'Doedd hi ddim yr un ddynes. 'Roedd hi'n trefnu popeth, y twyll i gyd, gydag afiaith. Pan aeth i ffwrdd i Lundain 'roedd Catrin yn cael llythyr bob yn eilddydd ganddi hi. Yr unig amod osododd hi oedd y byddai'n rhaid i Catrin a minna roi'r gora i garu.'

Ni feiddiai hi dorri ar ei saib y tro hwn.

'Yna, mi—mi anwyd y babi heb rybudd. 'Roedd tua phythefnos o flaen 'i amser. 'Doedd 'na ddim amser i baratoi— O Dduw mawr!' Wylai'n ddi-reol eto.

'Mi fu Catrin farw,' meddai Sioned yn dawel, 'ond mi lwyddoch chi i achub y babi.'

''Wyddwn i ddim be i'w wneud!' Deuai sŵn o ffrâm y gwely wrth iddi ysgwyd odano. ''Roeddwn i'n gafael ynddi hi ac yn trio helpu ond . . .' Llenwai ei ochenaid y lle.

'Peidiwch!'

Nid oedd angen i Sioned sibrwd ei rhybudd. 'Roedd yr heddwas yn y drws, a nyrs y tu ôl iddo. Daethant i mewn.

'Mae'n siŵr fod hyn yn naturiol,' cynigiodd Sioned yn ddiniwed i gyd.

'Ydi.'

''Neith o ddim drwg, mae'n siŵr.'

'Na. O fewn rheswm.'

Aeth yr heddwas yn ôl i'w gadair. Arhosodd y nyrs. Gwyliodd Sioned hi'n tacluso'r gwely ac yn ailbobi'r gobennydd. Darganfu ddagrau.

''Rhoswch chi.'

Aeth allan ar frys. 'Roedd llaw Watcyn Lloyd allan eto, a gafaelodd Sioned ynddi. Cynyddodd y dagrau. Daeth y nyrs yn ôl gyda châs gobennydd glân. Gollyngodd Sioned ei gafael a'i gwylio'n newid y ddau gâs.

'Dyna ni, cariad. Dowch rŵan, 'does arnon ni ddim isio crio, nac oes? Ych tad ydi o, del?'

'Na.'

Gwnâi Watcyn Lloyd ymdrech i ymdawelu. Bodlonodd y nyrs, ac aeth. 'Roedd Sioned am adael iddo ailddechrau pan ddymunai ond syllai'n ddistaw o hyd ar ei wely gan ochneidio'n dawel. 'Roedd yn rhaid iddi siarad.

'Ac yn hytrach na mynd i Dyn Ffordd mi aethoch i Lundain.'

'Mi fu hi farw mor—mor ddirybudd. 'Roedd meddwl am fynd i Dyn Ffordd mor amhosib. A 'doedd 'na ddim i'r plentyn, dim bwyd, dim potel. 'Roeddwn i wedi trefnu i fynd â Chatrin

i ffwrdd pan ddeuai'i hamser hi, a 'doedd 'na ddim yn y Plas.'
Wylai eto. 'Mi glo'is y selar a mi es â'r babi i Lundain. Dreifio
drwy'r nos. Stopio bob hyn a hyn i drio gofalu 'i fod o'n fyw.
O Dduw mawr, dyna daith!'
    ''Roedd hi'n rhy ddiweddar wedyn.'
    'Mi fynnodd Sonia 'mod i'n aros noson yno. Mi fethis i'n lân
â dweud wrthi. 'Roedd hi'n hapus, wedi morol am bob dim ar
ei gyfer ymhell cyn iddo fo ddod.' Sychodd ei lygaid a chymryd
cip ofnus ar y gobennydd. 'Yn y diwedd mi fu'n rhaid i mi
ddweud. Mi newidiodd yn llwyr. Nid mynd yn oer fel cynt ond
mynd yn drist. A thrist y buo hi tan y diwedd. Ond 'roedd hi
mor benderfynol o ddal 'i gafael yn y babi fel y gorfododd fi i
sicrhau na fyddai neb yn Nhyn Ffordd yn cael gwybod.' Am y
tro cyntaf, edrychodd arni. Dim ond cip. 'Mae Rhodri ddau fis
yn hŷn na'r hyn sydd ar 'i dystysgrif o. 'Roedd hi'n haws peidio
â gwneud i bobol ama felly.'
    Distawodd. 'Roedd wedi peidio ag wylo.
    'Mae'n rhaid i chi ddweud y cwbwl.'
    'Y claddu.'
    'Na. 'Dydi hwnnw ddim yn bwysig. 'Dydach chi ddim wedi
sôn am Morus Garth.'
    Dychrynodd.
    'Sut—sut...'
    'Fo 'i hun.'
    'Be ddwedodd o?'
    'Dim byd. Yr euog a ffy.'
    'Ond...'
    'Mae Gwydion yn gwybod hefyd. Ac os ydi Morus yn rhan
o'r gwarth mae'n rhaid iddo fo dderbyn hynny. A'i dderbyn o
mor gyhoeddus ag yr ydach chi'n gorfod 'i wneud.'
    'Pan—pan ddois i adra 'roedd Morus yn 'y nisgwyl i. 'Roedd
o wedi bod yn y selar ac wedi gweld y corff.'
    'Ac 'rydach chi'n talu byth.'
    Dim ateb.
    'Sut aeth o yno?'
    'Be?'
    'Sut aeth o i'r selar?'
    ''Wn i ddim.'
    'Be ddigwyddodd i Catrin fynd yn sâl pan wnaeth hi? Pam
roddodd hi enedigaeth mor ddirybudd?'
    Ni wnâi ddim ond ysgwyd ei ben.
    'Sut daeth Morus i'r Garth?'

Dechreuai ei chwestiynau fagu cyflymdra croesholi.

''I dad o yno o'i flaen o. Gwrandwch, Sioned.'

'Ia?'

'Os teimlith Morus ych bod chi'n busnesa yn 'i betha fo mi eith o'i ffordd i'w gwneud hi'n ddrwg rhwng Tecwyn a chi. 'Fynnwn i ddim gweld hynny'n digwydd. Mae gynno fo ddylanwad.'

Chwarddodd Sioned dros y lle. Teimlodd ddieithrwch y sŵn yn syth. Anwybyddodd ef.

'Ar bwy? Ar Tecwyn, 'ta 'i fam?' Yna difrifolodd. 'Mae'n rhy hwyr i hynny. A nid fi fydd yn busnesa.'

'Pwy?'

'Gwydion. A Rhodri.'

'Rhodri?' Swatiodd yn 'i gilydd yn sydyn. 'Na na! Nid Rhodri!'

'Ia, Mr. Lloyd.' 'Roedd hi'n daer, yn ceisio argyhoeddi. 'Ydach chi'n meddwl fod Rhodri'r math ar berson i adael i beth fel hyn fynd heibio?'

'Roedd sŵn yn y drws. Distawodd Sioned, a throi. Daeth Rhodri i mewn, ac aeth ei hwyneb yn euog yn syth. 'Roedd ganddi ddewis o gywilyddio neu ruthro. Rhuthrodd.

'Rhodri, mae'n iawn i chi gael gwybod nad ych tad ydi'r unig un sy'n gysylltiedig â chladdu Catrin. 'Dydi hi ddim yn deg 'i fod o'n gorfod derbyn y cwbwl i gyd 'i hun.'

'Nac ydi.' Safodd wrth draed y gwely, yn edrych ar ei dad. ''Rydw i wedi cael y stori gan Gwydion, hynny'r oedd o'n 'i wybod ohoni. Ydach chi wedi bod yn prynu ceir i Morus?'

Trodd Watcyn Lloyd i wynebu'i wal.

''Y musnas i ydi hynny.'

'Naci!' 'Roedd llais Rhodri'n beryglus ddiamynedd. Daeth yn nes. 'Ydach chi?'

Yna aeth ei dad yn llywaeth.

'Do.'

'Ers deng mlynadd ar hugian?'

'Do.'

'Pob un?'

'Ia.'

'Am be?'

Ni chafodd ateb. Rhoes Sioned gip ar Rhodri i'w rybuddio. Distawodd yntau, a cheisio rheoli tymer a gynyddai. Cododd Sioned a gafael drachefn yn llaw Watcyn Lloyd. Anghofiodd

Rhodri'i dymer am ennyd a daeth syndod gwerthfawrogol i'w wyneb.

''Rydw i am fynd rŵan.'

'Sioned.'

'Mynd ydi'r gora.'

'Os. . .'

'Mi fydda i yn y cyntedd.'

Cododd fawd arno, ac aeth allan. Brysiodd ar hyd y cyntedd nes dod at ffôn. Nid oedd angen petruso.

'Lleucu?'

'Ia.'

'Fedrwch chi ddod yma?'

'Be sy'n bod?' Yn gyflym, gynhyrfus.

'Dim byd argyfyngus. Ond mae'n well i chi fod yma.'

'Y llun 'na, Sioned. 'Rydw i wedi bod yn edrach arno fo drwy'r dydd.'

'Dowch, Lleucu.'

*　　　*　　　*

'Roedd am gael mynd adref. Gwnaed penderfyniad ar ei ran ei fod yn ddigon diogel i'w ollwng, fod bwnglerwaith yr ymgais i'w ddifa'i hun yn ychwanegu at y dystiolaeth mai dyn un cynnig ydoedd. Wedi setlo ar y cyhuddiadau, 'roedd y plismyn diolchgar wedi rhoi heibio'r wyliadwriaeth a chawsai ei symud i ward fawr fusneslyd. Gorau po gyntaf y câi gau drws y neuadd arno'i hun. Cymerai arno hepian bron yn wastadol i'w arbed ei hun rhagddynt.

'Roedd llais wrth draed y gwely. Agorodd ei lygaid. Dychrynodd. 'Roedd hi wedi cael gafael arno yma hefyd.

'Mi fedran fod wedi cael ŵyr i'w fagu, i gofio amdani, i'n cysuro ni. 'Fyddai dim rhaid iddo fo fod yn byw acw, mi fyddai 'i weld o a'i gael o unwaith 'ddwy yr wsnos wedi bod yn ddigon, a chael gwybod 'i fod o. Ond 'roedd yn rhaid i ti gael 'i gadw fo i gyd i chdi dy hun, 'toedd? 'Chawson ni ddim hyd yn oed hynny gen ti.'

Trodd, a mynd. Yr un pin yn dal yr un het yr un mor dynn. Syllodd yn wag o'i flaen. 'Roedd am gael mynd adref.

*　　　*　　　*

Aethant am dro i'r goedwig cyn mynd i'r Plas. Cerdded ar hyd y llwybr drwyddi, a dod allan yn ymyl y fferm. Nid oedd neb

i'w weld ar ei chyfyl. Aethant yn ôl ar hyd y ffordd a hithau'n
gafael yn dynnach ynddo wrth fynd heibio i'r llidiart y bu'n
dringo drosti ar ei ffo ryfedd. 'Roedd cigfran ar y boncyff, yr un
a welodd y tro cyntaf hwnnw o bosib.

Troesant i ffordd y Plas. Drannoeth fe fyddai Catrin yn cael
ei rhoi'n ôl yn y fynwent. 'Roedd Math a Janw wedi gofyn i
Tecwyn gario ac 'roeddynt wedi plesio. I fyny yn y Plas 'roedd
Robin Owen a Miriam wedi cael achlust o hanes Sioned gyda'r
hypnotydd ac nid oedd hynny'n plesio o gwbl.

'Os ydi Cetyn a Miriam yn gwybod mor gysylltiedig â'r
busnas 'ma ydw i, pwy arall sy'n gwybod?'

'Mae'n siŵr 'i bod yn fwy naturiol iddyn nhw ddod i wybod.'

'Nid dyna ofynnis i. Be am bobol y pentra?'

''Chlywis i neb yn sôn.'

''Fasa 'na neb yn sôn wrthat ti.'

'Na. Mi fydda i'n clywed llawer sgwrs yn darfod yn swta pan
fydda i'n dod i'r golwg. Fel 'taswn i'n un o'r cynllwynwyr.'
Chwarddodd yn fyr. 'Hidia befo, mi eith drosodd.'

'Os daw'r plismyn i wybod ella y byddan nhw'n defnyddio
hynny fel tystiolaeth.'

'Braidd yn simsan.'

''Wna i ddim tystio yn erbyn Watcyn. Pwysa ne' orfodaeth,
'wna i ddim.'

'Roedd wedi cael digon o hyder o rywle i ddweud hynny yn
Nhyn Ffordd hefyd. Nid oedd Janw'n gweld achos yn erbyn
Watcyn Lloyd yn berthnasol, ac ni welai fai ar Sioned. 'Roedd
hi wedi dweud neu fethu dweud yr hyn yr oedd arni eisiau ei
ddweud wrtho, ac ni faliai beth a fyddai gan ynad neu farnwr i'w
ychwanegu at hynny. Am Math, nid oedd wahaniaeth ganddo
ef y naill ffordd na'r llall. Nid ymddangosai fod ganddo
wahaniaeth am un dim. Eisteddai'n wastadol lonydd a syn-
fyfyrgar pan alwai pobl heibio, gan adael y siarad bron i gyd i
Janw. Pan ymunai ef yn y sgwrs, nid Catrin fyddai'r testun. Ac
felly'n union y bu y tro cyntaf y galwodd Rhodri a Lleucu heibio
hefyd.

Daethant at y Plas. 'Roedd Rhodri a Robin Owen yn yr iard.
Dim gwamalu. Dim pryfocio. 'Roedd yn anodd, a diflas, ac yn
amlwg fod Sioned newydd fod yn cael ei thrafod.

'Sut mae o bellach?'

'Yr un fath. Yn 'i gongl.' 'Roedd gan Rhodri bapur yn ei law.
Rhoes ef i Sioned. 'Cyhuddiad arall. Mae'r plismon newydd
fod.'

'Cyhuddiad arall?'

'Ia. Y mwya difrifol o'r cwbwl. Dwyn camdystiolaeth gerbron clustia sanctaidd cofrestrydd genedigaetha. A gwneud hynny yn Llundain.'

Rhoes Sioned y papur yn ôl iddo, heb ei ddarllen.

''Dydi o ddim yn deg!' bytheiriodd Robin Owen. 'Y Morus diawl 'na a'i draed yn rhydd a Watcyn druan yn gorfod cymryd y cwbwl. 'Wn i ddim be haru o na ddwedith o.'

'Gadwch iddo fo,' meddai Sioned yn dawel.

'Ella medrach chi gael at y gwir.'

'Fi?'

'Ia. 'Tasach chi'n mynd at y peth hypno nhw eto a . . .'

'Na neith!' 'Roedd Tecwyn yn ysgyrnygu'n sydyn. ''Neith hi ddim!'

'Duw, paid â chodi dy wrychyn, hogyn!' Arthiai Robin Owen yn ôl arno. 'Isio gweld cyfiawndar sy' arna i.'

'Heb fy help i, mae arna i ofn.' 'Roedd Sioned yn ddigyffro a phendant. ''Waeth gen i am y llechan 'na fel mae hi heddiw. Ond 'does arna i ddim isio'i chofio hi fel 'roedd hi ar unrhyw gyfri yn y byd.' Amneidiodd. 'Na'r cwt 'na.'

'Cwt?' gofynnodd Rhodri. 'Cwt blocia?'

'Ia. 'Ofynnodd yr hypnotydd ddim am hwnnw, diolch am hynny.'

'Wel ia.' Yn sydyn 'roedd Robin Owen yn ffrwcslyd. 'Anystyriol o'n i braidd, 'te?' Gwingai. 'Mi fydd y Manijment . . .'

Trodd ar ei sawdl a'u gadael. Synasant arno'n tuthian mynd i fyny i'r balconi ac o'u golwg.

'Duw Duw.'

'Be am Morus?' gofynnodd Tecwyn.

'Mae o yr un fath ag oedd 'Nhad pan synhwyrodd o fod hyn ar ddigwydd, meddai Gwydion. Yn cael 'i gnoi'n ddi-drugaradd.'

'Mae'n ddrwg gen i os ydw i'n gwrthod helpu,' meddai Sioned.

'Paid â phoeni.' 'Wêl neb fai arnat ti. Os ydi'i gydwybod o wedi dechra chwara'r diawl ag o mi neith drylwyrach gwaith na neb arall.'

'Beth am y ceir?'

'Go brin y medar o dalu dim yn ôl. 'Fydd 'na ddim pwyso, er mwyn Gwydion.' Daeth cysgod gwên i'w lygaid wrth iddo gael

248

syniad. Llonodd Sioned o'i gweld. 'Dy deulu di ydi o, mêt. Ella ma chdi geith y bil.'

'Dim diawl o beryg! 'I wraig o 'di'n brid ni. 'Nelo ni ddim ag o. 'Rydan ni'n nabod ein brid.' Arhosodd, yn syfrdan euog, a gwrido fel peth gwirion. ''Rarglwydd, mae'n ddrwg gen i, Rhod. 'Doeddwn i ddim . . .'

'Nac oeddat.' Aeth gwên Rhodri'n wên go iawn. 'Os bydda i mor groendena â hynna 'ddo i byth drwyddi.'

''Rwyt ti'n llwyddo'n eitha hyd yma.'

'Ydw i?'

'Wel,—ar yr wynab.'

'Mae'n anodd.' Aeth y wên yn beiriannol. 'A 'chydig yn anos bob dydd. Ail-fyw plentyndod cyfa. Wynebu pawb o'r newydd. Ailfeddwl am bopeth. Pob dim ond Lleucu, am wn i.'

'Ond chdi wyt ti o hyd.'

'Ia.' Gwenodd eto ar ymgais Tecwyn i naturioli'i fyd newydd. 'Ia, debyg.'

'Dim ond dy fod ti'n mynd i Dyn Ffordd rŵan, pryd nad oeddat ti o'r blaen.'

'Ia.'

Ar ôl y tro cyntaf digysur, 'roedd Rhodri wedi galw yn nhŷ Math a Janw bob dydd. Arhosai weithiau hanner awr, weithiau oriau. Ni wyddai'n iawn pam, ac ni faliai. Câi'r ymweliadau eu gwerthfawrogi heb i neb bregethu hynny, ac 'roedd hynny'n ddigon.

'A bod gen ti un car yn fwy nag yr oeddat ti'n dybio.'

'Wel ia.'

'A llai o bres.'

''Tasa waeth am hynny. Llawar llai, a dweud y gwir. Mae Watcyn wedi bod yn bwydo achosion da yn ogystal â ffarmwr y Garth ar hyd y blynyddoedd. Miloedd o bunna, y creadur anobeithiol.' Agorodd y papur yn ei law drachefn, fel 'myrraeth. Yna stwffiodd ef i'w boced heb drafferthu i'w blygu. 'Tystysgrif genedigaeth. Sanctaidd ar y diawl. A dyna finna hefo dau ben-blwydd.' Cofiodd rywbeth. 'O, 'roedd y plismon yn holi amdanat ti,' meddai wrth Sioned.

Dychrynodd hithau. Gwelodd ef.

'Nid hyn. Matar arall. Chdi a'r hyn oedd o'n 'i alw'n beth arall 'na'r wyt ti'n 'i ganlyn hyd y lle 'ma. Mi ddwedis i wrtho fo nad oeddat ti adra ond mi fynnodd gael mynd i ddyrnu ar dy ddrws di. 'Roedd golwg bwrw llid arno fo.'

'Wel wel!' Gwenai Tecwyn yn hapus. 'Mi fedrwn ni wneud hefo dipyn o hwyl bellach. Tyrd adra hefo fi i weld a fuodd o acw.'

Aethant. Cawsant ras i lawr y ffordd, a Sioned yn rhedeg yn llawer cyflymach nag yr oedd Tecwyn wedi'i dybio, yn ddigon cyflym er ei syndod i gyrraedd y llidiardau o'i flaen. Arhosodd i bwyso ar un i gael ei gwynt ati. Cyrhaeddodd ef, a hanner disgyn yn ddigon dianghenraid arni.

'Wyddost ti nad ydw i wedi gweld y giatiau 'ma'n iawn? 'U hastudio nhw.'

'Mi gei wneud hynny eto.'

'Roedd eu hwynebau a'u gwefusau'n boeth ar ôl rhedeg, a'r anadlu dwfn yn cyffroi, a bysedd yn dechrau symud a chwilio a gwasgu.

'Nid i fa'ma y dylan ni fod wedi rhedag.'

'Naci?'

'Wyt ti'n hapus?'

'Mi fydda i ar ôl yr helynt 'ma.'

'Mae'n iawn, felly.'

Daeth sŵn. Troesant.

'Dyma hi.'

Daeth yr hers heibio ar ei ffordd i'r Eglwys a chododd y gyrrwr fawd ar Tecwyn. 'Roedd cwrlid porffor a chroes arno'n gorchuddio'r arch. Edrychasant arni'n mynd o'u golwg.

'Wyt ti'n iawn?'

'Ydw.'

''Deimlist ti rwbath?'

'Dim ond yr un cwmwl tristwch.'

'Mi eith hwnnw.'

''Ddaru Janw ddim sôn tan heddiw faint maen nhw'n 'i boeni am fory. Nid y cnebrwn, ond y sylw.'

''Fedar y Canon ddim stopio hynny?'

'Medar, yn y fynwent o bosib. Ond nid y tu allan iddi. Mi fydd isio cyfri dagra, a'u disgrifio nhw. Mi fydd isio gweld a fydd yr ŵyr bach newydd yn gafael yn llaw Taid a Nain. Mi neith honno glamp o stori, a llun i'w chanlyn.'

''Fedrwn ni wneud rhwbath?'

''Wn i ddim. Cwta awr y dylan nhw gael llonydd drwyddi. Ond 'chân nhw ddim, mae'n siŵr.'

*　　　*　　　*

Ond fe gawsant. Syniad Sioned ydoedd, a phorthwr brwd iddo. Hanner awr wedi saith y bore, a phawb oedd i fod yno wedi cyrraedd. 'Roedd Janw wedi mynnu ei bod hi'n dod i eistedd ati hi a Math. 'Roedd Math wedi mynnu bod Rhodri'n dod i eistedd ato ef.

Aeth y Canon drwy'r gwasanaeth yn dawel, bron fel pe bai arno ofn i rywun o'r tu allan glywed. 'Roedd yr arch o flaen yr allor, ac edrychai Sioned arni heb ddagrau, a llaw Janw'n gwasgu'n dynnach bob hyn a hyn. Anaddas braidd oedd arch mor sgleinus am gorff mor hen. Edrychai ar Tecwyn hefyd, yn eistedd gyferbyn â'r arch, yn newydd sbon mewn siwt.

Ac fe'i claddwyd. Heibio i'w hen fedd nad oedd wedi cael ei garreg yn ôl arno, ac at y newydd, lle'r oedd digon o le i ddau arall ynddo. Ar ôl rhoi'r rhaff i'r ymgymerwr, camodd Tecwyn yn ôl ati hi, a gafael yn ei llaw yn slei. Pwysodd hithau yn erbyn y siwt, a Janw'n dal ei gafael tynn yn ei llaw arall. Bron nad oedd golwg ddireidus ar y Canon, wrth ei fodd am fod yr angladd yn cael llonydd a phawb arall yn cael ail.

Ymhell y tu ôl iddynt, safai dyn llonydd yn y coed, yn gwylio. Dim ond gwylio. Cyn hir, fel y troai'r dyrfa fechan oddi wrth y bedd, daeth un arall o'r tu ôl iddo yntau. Edrychasant ar ei gilydd, heb ddweud dim. Nid oedd casineb. Efallai fod awgrym o dynerwch. Yna pwyntiodd y llall tuag at y fynwent.

'Os derbyniwch chi'ch cyfrifoldab mi gadwa inna atoch chi fel mae Rhodri a Sioned a phawb wedi'i wneud hefo Watcyn.'

Ni chafodd ateb.

''Rydw i'n erfyn arnoch chi. 'Fedra i ddim diodda fel hyn. Dad, be ddigwyddodd?'

Ni chafodd ateb. Trodd y tad ymaith, a cherdded yn araf ddibwrpas drwy'r coed. Edrychodd y mab arno, a dal i edrych nes nad oedd olwg ohono. Trodd yntau y ffordd arall, a cherdded yn benisel tuag at y Plas.